史记里的谜

司马迁未言明的历史真相

林屋 著

天地出版社 | TIANDI PRESS

图书在版编目（CIP）数据

史记里的谜：司马迁未言明的历史真相 / 林屋著.
成都：天地出版社，2025. 9. -- ISBN 978-7-5455
-6432-7

Ⅰ. K207

中国国家版本馆CIP数据核字第20251F14V9号

SHIJI LI DE MI：SIMA QIAN WEI YANMING DE LISHI ZHENXIANG

史记里的谜：司马迁未言明的历史真相

出 品 人	陈小雨　杨　政
作　者	林　屋
责任编辑	武　波
责任校对	曾孝莉
封面设计	北极光书装
责任印制	王学锋
出版发行	天地出版社
	（成都市锦江区三色路238号　邮政编码：610023）
	（北京市方庄芳群园3区3号　邮政编码：100078）
网　址	http://www.tiandiph.com
电子邮箱	tianditg@163.com
经　销	新华文轩出版传媒股份有限公司
印　刷	北京文昌阁彩色印刷有限责任公司
版　次	2025年9月第1版
印　次	2025年9月第1次印刷
开　本	710mm×1000mm　1/16
印　张	19.5
字　数	299千字
定　价	68.00元
书　号	ISBN 978-7-5455-6432-7

版权所有◆违者必究

咨询电话：(028) 86361282（总编室）
购书热线：(010) 67693207（营销中心）

如有印装错误，请与本社联系调换

目 录

序 一场有趣的解谜游戏 ……………………………………… 001

传说篇

"五帝"到底是哪五帝？ …………………………………… 003
太昊和少昊是什么人？ ……………………………………… 005
伏羲和女娲是什么时候在一起的？ ………………………… 007
盘古的原型包括哪些形象？ ………………………………… 009
蚩尤到底是不是黄帝的儿子？ ……………………………… 012
射日的夷羿和篡夏的后羿是不是同一个人？ ……………… 014
嫦娥的原型是商朝的男性始祖吗？ ………………………… 016
为什么说彭祖活了八百岁？ ………………………………… 018
古姓起源于上古时期吗？ …………………………………… 020
《尚书》中第一个重大事件居然是神话传说？ …………… 022
上古禅让是和平让位还是流血政变？ ……………………… 024
"九州"到底是哪九州？ …………………………………… 026
到底有没有一场世界大洪水？ ……………………………… 028

夏商篇

大禹去世的"会稽山"是在江南还是山东？ ……………… 033

为什么商朝国君大都以天干为名？..................035
到底是"司母戊鼎"还是"后母戊鼎"？..................037
商纣王真的是恶贯满盈吗？..................039
妲己是怎么由凡人变为狐妖的？..................041
历史上有没有纣王太子殷郊？..................043
"千里眼"和"顺风耳"的原型是谁？..................045
"四大伯侯"在历史上是什么情况？..................047
鬼方是个什么"鬼"？..................049
姜子牙到底有多少个称呼？..................051
吕尚的真实形象是中年贵族还是老年平民？..................053
吕尚是如何由一介凡人变成半人半神的？..................055
盟津观兵是不是子虚乌有的事件？..................057
春秋吴国人是太伯、仲雍的后人吗？..................059
伯夷、叔齐到底有没有饿死？..................061
三星堆文化真的是域外文明吗？..................063
李白诗篇中的"蚕丛及鱼凫"是什么人？..................065

西周篇

《周易》真的是一本神秘的天书吗？..................071
周文王、周武王为什么不能叫姬昌、姬发？..................073
伯邑考这个名字是什么意思？..................075
伯邑考是被周文王吃了吗？..................077
周公究竟有没有称王？..................079
西周大分封是在武王时还是在周公执政时？..................081
先秦时期存在"五服"制度吗？..................084
周代有没有五等爵制？..................086
周代真的有井田制吗？..................088

晋国受封是因为"桐叶封弟"吗？.................................090
周昭王是死于楚人的谋害吗？.....................................093
"国人暴动"中的国人是平民吗？.................................096
"共和"是公卿联合执政还是共伯和执政？.....................098
西周的灭亡真的是因为"烽火戏诸侯"吗？.....................100
真正的西周王陵在丰镐还是周原？.................................102
《史记》没有记录的周携王是谁？.................................105

春秋篇

东周的开始居然是在公元前738年？.............................109
先秦时期的戎狄是游牧民族吗？.....................................111
灭亡西周的犬戎去哪里了？...113
郑桓公有没有死于犬戎之乱？...115
"郑伯克段于鄢"之前还有什么精彩的故事？.................117
"假途伐虢"的"虢"是一个什么样的国家？.................120
论战的曹刿和劫盟的曹沫是同一个人吗？.....................122
齐桓公是在回国路上被管仲射中的吗？.........................124
救了齐桓公一命的带钩是什么东西？.............................126
齐桓公救的是北燕还是南燕？...128
为什么说管子用经济战打垮敌国不可信？.....................130
介子推真的是被烧死的吗？...133
百里奚是不是秦穆公用五张羊皮买来的？.....................135
百里奚和孟明视是父子俩还是同一个人？.....................137
"赵氏孤儿"其实是由乱伦和阴谋引发的血案？.............139
程婴是用自己的儿子顶替"赵氏孤儿"的吗？.............142
掉入粪坑淹死的先秦国君竟是一代霸主？.....................144
春秋美女夏姬真的"三为王后，七为夫人"吗？.............146

伍子胥到底有没有对楚王掘墓鞭尸？ 148
端午节祭祀屈原和伍子胥哪个更早？ 150
"孙武斩二姬"的故事真实存在吗？ 152
银雀山汉简能证明孙武与孙膑是两个人吗？ 154
兵圣孙武的原型是伍子胥吗？ 156
要离刺杀的庆忌是吴王僚的儿子吗？ 158
干将、莫邪最早到底是剑师还是宝剑？ 161
先秦青铜剑为什么从一时风靡到走向没落？ 163
"夫差"和"勾践"的名字是什么意思？ 166
吴王夫差的夫人到底是谁？ 168
美女西施到底是沉水而死还是泛舟而逝？ 170
商圣范蠡是和西施私奔了还是被勾践杀了？ 172
孔子"野合"而生到底是什么意思？ 174
子贡是勾践灭吴和田氏代齐的操盘手吗？ 176
为什么说"叶公好龙"是被儒家抹黑的？ 179
孔子真的被盗跖骂得无话可说吗？ 181
孔子真的见过老子吗？ 183
海昏侯墓出土的《论语》能改写语文课本吗？ 185
先秦时期"大人国"的人究竟有多高大？ 188
先秦时期"小人国"的人究竟有多矮小？ 190

战国篇

战国时代到底是从哪个事件开始的？ 195
曾国和随国到底是不是同一个国家？ 197
自称"寡人好色"的齐宣王为什么娶了个丑女？ 200
百家争鸣的"稷下学宫"真的存在吗？ 203
扁鹊见的是蔡桓公还是齐桓公？ 205

鬼谷子真能操纵战国这盘棋吗? 207
孙膑到底是在哪场战争中杀死庞涓的? 209
张仪的对手是苏秦吗? 212
苏秦是被人嫉妒所杀的吗? 215
楚辞是屈原开创的诗歌体裁吗? 218
考古发掘的楚国最高级别墓葬的墓主是谁? 220
《盗墓笔记》里的楚帛书有原型吗? 223
战国时期的"西周国"和"东周国"是什么? 226
周天子的"九鼎"哪儿去了? 228
秦始皇的父亲是吕不韦吗? 230
神秘的昌平君到底是谁? 232

秦汉篇

秦人是西部原住民还是东部来客? 237
秦始皇为什么不立皇后? 240
孟姜女哭倒的到底是哪国的城墙? 242
神秘的"十二金人"究竟是什么? 244
卫国真的在秦二世时才灭亡的吗? 247
秦朝版"百鬼夜行"讲了哪些有趣的鬼怪? 250
秦始皇到底有没有"焚书坑儒"? 253
秦始皇临终时到底想让谁继位? 256
赵高到底是不是阉人? 258
秦朝的"失期,法皆斩"是不是谎言? 260
陈胜建立的政权是叫"张楚"吗? 262
项羽到底有没有烧阿房宫? 264
项羽真的自刎在乌江边上了吗? 266
刘邦斩蛇的故事有什么寓意? 269

刘邦只比秦始皇小三岁吗？...271
汉文帝霸陵的位置为什么以讹传讹两千年？.................................273
钩弋夫人是怎么死的？...276
《鬼吹灯》中的古滇国真实存在吗？...278
"夜郎自大"中的"夜郎"是个什么样的国家？...280
神话中和现实中的昆仑山是什么关系？...282

参考文献...285

序　一场有趣的解谜游戏

1936年，顾颉刚先生为《史记》白文本作序，曾有一段精辟的评语：

窃谓《史记》一书，"厥协六经异传，整齐百家杂语"，实为吾国史事第一次有系统之整理，司马氏既自道之矣。后世史家或仰兹高荫，或化厥成规，支流纵极夥颐，导源则靡不于此。是书固亦有甚多之误漏在，然其误后人可得而正，其漏后人可得而补，独其创定义例，兼包巨细，会合天人，贯穿古今，奠史学万祀之基，炜然有其永存之辉光。自古迄今未有能与之抗颜而行者也。（《宝树园文存·卷二·史记白文本序》）

在顾老看来，《史记》是中国历史上第一次对古代史事的系统化整理，可谓首部中国通史。受限于当时条件，《史记》在史实记载中难免存在讹误与疏漏，但这些问题可以由后人更正、补足。其真正不可取代的价值，在于它"究天人之际，通古今之变"，所创之义例、体例，兼包巨细，会合天人，贯穿古今，奠定了史学的恒久根基，至今炜然长存。太史公因此成为后世史家仰望的精神图腾。

然而，我们在品味"史家之绝唱，无韵之《离骚》"的文采时，也不得不承认顾老所言的现实——司马迁虽有圣人之才，却非无所不能。作为首部系统梳理上自黄帝下至汉武帝三千年历史的鸿篇巨制，《史记》出现若干讹误与疏漏实属必然。更何况，太史公所掌握的史料本就互有矛盾，真伪混杂，语焉不详，他在取舍编排时，不免迷惘，必然经历过反复权衡。这是前无古人的开创者难以回避的境遇。

正因如此，《史记》自成书以来，便成为史学研究与评议的重镇。历代学者针对其疑点、漏失与讹误，留下了卷帙浩繁的探讨。虽然司马迁记述的时代已十分久远，但凭借代代积累与薪火相传——尤其是近代以来在史学理论、考古学、古文字学、民族学、神话学等交叉学科的助力下——我们得以对《史记》中的许多记载有了新的解读与更深的认识。

本书题为《史记里的谜：司马迁未言明的历史真相》，是一部尝试为《史记》"打补丁"的大众历史读物。全书分为传说、夏商、西周、春秋、战国、秦汉六个部分，共计一百二十篇。本书以通俗易懂、简明扼要的方式书写，每篇篇幅在一千至一千五百字之间，使读者即便在快节奏的生活中，也能快速读完一篇，收获一则有趣而有料的历史新知。若意犹未尽，可参阅附录所列文献和我的其他作品。

本书所收文章，大致可分为两类：

一是"旧事新知"，即普及大众鲜少知晓的"冷知识"，如《为什么商朝国君大都以天干为名？》《"夫差"和"勾践"的名字是什么意思？》《曾国和随国到底是不是同一个国家？》《周天子的"九鼎"哪儿去了？》等。

二是"旧识新说"，即颠覆大众耳熟能详的"滥知识"，如《兵圣孙武的原型是伍子胥吗？》《为什么说"叶公好龙"是被儒家抹黑的？》《百家争鸣的"稷下学宫"真的存在吗？》《项羽真的自刎在乌江边上了吗？》等。

最后，我要说明，书名虽曰"历史真相"，但这些探讨更多是立足前人研究之上的一家之言。我们没有时光机，无法回到历史现场去亲眼见证当时的一切。然而，我们可以追踪文献在不同时代的书写与流传情况，梳理一则历史事件在文本中的演变脉络，从而逼近它的本来面目。

这个过程，就像是一场绵延千年的解谜游戏——我们在蛛丝马迹中寻找正确的密码，在判断推理间体验发现的乐趣。或许有些谜题终将无解，但相信您在这场趣味横生的游戏里，会收获与以往历史阅读全然不同的感受与思考。

翻开这本书，就像推开一扇古旧的门，门后是太史公留下的迷宫。您或许找不到尽头，但在每一个转角处，都可能遇见一盏忽明忽暗的灯火——照见的，不只是历史的背影，还有求索的心灵。

林屋（林屋公子）

2025 年 8 月 11 日

传说篇

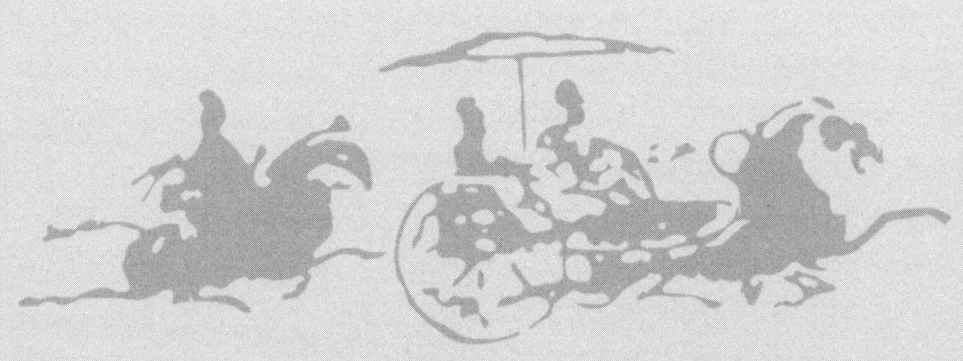

"五帝"到底是哪五帝？

在《史记·五帝本纪》中，"五帝"指的是黄帝、颛顼、帝喾（kù）、尧和舜，这五位帝王是相继在位的，其中后四位都是黄帝的子孙。但是《史记·封禅书》中还有另一个版本，那就是白帝、炎（赤）帝、黄帝、青帝和黑帝等五位天帝。春秋初期，秦襄公始祭祀白帝；春秋中期，秦宣公始祭祀青帝；战国前期，秦灵公始祭祀黄帝和炎帝；到刘邦的时候把黑帝补上，凑足了对五位天帝的祭祀。如果说《五帝本纪》中的五帝是纵向的、时间的、历史的五帝，那么，《封禅书》中的五帝就是横向的、空间的、观念的五帝。

注意，这两种五帝组合中都有一个黄帝。那么，他们之间是什么关系呢？商代甲骨文的"帝"字是柴火的形状，表示用柴火祭祀天帝，所以"帝"这个字也用来指天帝。战国时期，"五行"思想传播渐广，当时有些人认为，世界万物由金、木、水、火、土五种物质组成。他们将这五种物质与五方、五色、四季对应，其中，木对应东方、青色、春季，火对应南方、红色、夏季，金对应西方、白色、秋季，水对应北方、黑色、冬季，土对应中央、黄色和季夏。季夏，就是夏天的最后一个月，从夏天过渡到秋天的时节。明显是四季不够用，强行分出来的。

这种对应的观念，对后世影响很大。北京社稷坛就有"五色土"。金庸小说《射雕英雄传》中，"五绝"包括"中神通"王重阳、"东邪"黄药师、"南帝"一灯大师、"西毒"欧阳锋和"北丐"洪七公，他们的绰号、名字和装束就暗含了五行思想。王重阳的名号里有"土"，道士穿杏黄袍多；黄药（藥）师的名号里有"木"，喜欢穿青袍；一灯大师的名号里有"火"，穿红色袈裟；欧阳锋的名字里有"金"，喜欢穿白袍；洪七公的姓字里有"水"，常穿黑色衣服。

按照五行的理论，天帝就被拆分为五行天帝或五方天帝。这五行天帝有没有名字呢？战国时期流传一种说法，五行天帝就是五位上古帝王。例如《礼记·月令》《吕氏春秋·十二纪》等认为，中央天帝是黄帝，属神后土；南方天帝是炎帝，属神祝融；北方天帝是颛顼，属神玄冥；东方天帝是太昊，属神句芒；西方天帝是少昊，属神蓐收。其中，太昊和少昊本来都是传说中东夷族的首领，但少昊是秦人的祖先，正好秦国迁徙到了中原以西，所以少昊就和西方配对，太昊就和东方配对。

汉代一本叫《河图纬》的书又给他们取了新的名字，把青帝叫灵威仰、赤帝叫赤熛（biāo）怒、黄帝叫含枢纽、白帝叫白招拒、黑帝叫叶光纪。这些生造的名字，既不好听又不好记，也没有什么故事来陪衬，所以后世就没什么人提起了。不过这种五帝的组合，在民间文化中却一直存在，比如有一种用来驱邪招福的"五帝钱"，就被认为代表了来自五行五方的力量。

《五帝本纪》中的五帝，与这种宗教性质的五帝不一样。它采用的是战国时期的著作《五帝德》和《帝系》的说法，目的是建立一支以黄帝为始祖的上古帝王世系，也就是形成一种历史性质的五帝。

历史学家顾颉刚认为，这些古帝王的原型是东周时期各国家和部族的祖先神，彼此之间本身不存在父子、君臣关系。也就是说，黄帝、颛顼、帝喾、帝尧和帝舜，他们与太昊、少昊一样，本来都是相对独立的祖先神，相互之间没有统属关系。不过，因为春秋战国时期国家和部族互相兼并，不少大国吞并了小国，为了消除彼此之间的隔阂，他们崇拜的祖先神，也由原先的横向改为纵向，这才有了上古帝王的君臣、父子关系。

考古发现也可以证实这一点。考古学家苏秉琦就认为，在时间上与五帝时代相仿的新石器时代晚期是一个"满天星斗"的时代，并无一个所谓的中心文化或核心文化存在，自然没有《五帝本纪》中描述的这种大一统王朝了。

太昊和少昊是什么人？

在战国秦汉时期的一些文献里，人们把太昊称为青帝、少昊称为白帝，和黄帝、炎帝、颛顼并列为五帝。这种组合的五帝，不是从时间上先后相承的五位帝王，而是在同一时空并列的五行天帝。

他们是什么身份呢？据说周代的嬴姓之民是少昊的后裔，嬴姓国家除了秦国、梁国在西边，其他大都分布在东方，比如河南的江国、黄国，安徽的钟离国，江苏的徐国，山东的郯国、莒国。少昊的国都在山东曲阜，今天曲阜有个少昊陵景区，当然这只是个宋代以来造神运动下才应运而生的陵墓，墓中并非真有其人。

周代的风姓是太昊的后人。风姓国家分布在山东的济水流域，主要包括任国、宿国、须句和颛臾四个。颛臾就是《论语》中"季氏将伐颛臾"的颛臾，在今天山东省平邑县。总之，太昊和少昊都是古代东夷部落的祖先神。他们的事迹其实比较模糊。西汉桓宽编著的《盐铁论》说，黄帝杀死二昊和蚩尤而称帝，但这只是一种小众的说法。

不过，后世还有一种影响很大的说法，说太昊就是伏羲，少昊则是黄帝的长子青阳，也就是颛顼的伯父、帝喾的祖父。这种说法是怎么来的？战国秦汉流传的"五行相胜说"，在西汉末年被改为了"五行相生说"。"五行相胜说"认为黄帝是土德、夏是木德、商是金德、周是火德、秦是水德、汉先水后土，后面朝代的德行胜出前面的，所以能够取而代之。王莽准备和平取代汉朝，就制造了相对和缓的"五行相生说"。

"五行相生说"是按照土生金、金生水、水生木、木生火、火生土的模式更替的，王莽认为自己是黄帝和帝舜的后人，所以先明确了黄帝、帝舜和自己是土德，颛顼是玄帝，对应水德，帝喾和帝尧，就是木德和火德。那么金德是谁呢？自然就是白帝少昊。然而，因为少昊本来不在黄帝世系中，所以就把少昊与青阳合并，于是后世也管他叫"少昊青阳氏"，但在《史记·五帝本纪》里，青阳是玄嚣。

《五帝本纪》还说，黄帝之前是日渐式微的神农氏，而黄帝又与侵犯欺凌诸侯的炎帝作战，神农氏和炎帝本来是两个人，但为了符合火生土的模式，后世将神农氏和炎帝合并了，把他们当作一个人，这也是不对的。《史记·封禅书》提到春秋时齐国管仲的说法，据他所说，在齐桓公以前曾有七十二位君王封泰山、禅梁父，但他只记得十二位，其中前五位分别是无怀氏、伏羲、神农、炎帝、黄帝。可见，在《史记》里，神农氏和炎帝还是两个人。

既然木生火，炎帝前面自然就是青帝太昊了，但太昊本来只是一位不太著名的东夷祖先神，所以就把他和知名的文明始祖神伏羲合并，从而使太昊成为"五行相生说"中最早的一位帝王。至于夏、商、周，本来分别是木德、金德、火德，现在也被依此改为金德、水德、木德。王莽是土德，汉是火德。那么秦又是什么德呢？其实秦最早是由水德被改为金德的，一边是汉胜秦，一边是汉生王莽，两说是并存的；而随着"五行相生说"的全面普及，应该是周生秦和秦生汉才对，但这里已经没有了秦的位置。所以就说，秦仍然是水德，但秦比较缺德，所以被踢出了五行相生的序列，也叫"闰水德"。

这样一来，我们就发现，《史记》中的两种五帝被叠加到了一起，从而形成了太昊伏羲氏、炎帝神农氏、黄帝轩辕氏、少昊金天氏、颛顼高阳氏、帝喾高辛氏、帝尧陶唐氏和帝舜有虞氏的先后次序。但历史文献中毕竟没有"八帝"的说法，所以就形成了一种新的"三皇五帝"的说法，即以太昊、炎帝、黄帝为"三皇"，少昊和后四帝为"五帝"。

这个说法，是东晋梅赜的《伪古文尚书》首倡的。虽然它是一部伪书，但古人长期以为它是真"经"，而《史记》却是比"经"地位更低的"史"，所以尽管《伪古文尚书》不符合《史记》的记录，可这种说法影响却更大。唐朝的官方就设了三皇五帝庙，祭祀的就是这种组合的"三皇五帝"。黄帝也就是这样，从"帝"变成"皇"了。

伏羲和女娲是什么时候在一起的？

伏羲和女娲是传说中的人类始祖。唐代李冗的《独异志》说，宇宙初开时，天下只有"女娲兄妹俩"。他们想结为夫妻，又觉得很羞耻。后来哥哥就带妹妹上了昆仑山，祷告说：如果天意让兄妹俩在一起，那就让所有的烟聚合起来；如果不让兄妹俩在一起，那就让烟分散。结果烟全部聚合在一起，于是兄妹俩就结为夫妻。二人就是伏羲和女娲。唐代诗人卢仝在《与马异结交诗》中说"女娲本是伏羲妇"。另外，五代时期的敦煌写本《天地开辟已来帝王纪》中也有类似的伏羲女娲故事，故事来源可能还在唐朝之前。

不过，在先秦秦汉时期的传世文献中，伏羲和女娲似乎没有形成夫妻关系。伏羲在当时被认为是一位古帝王，后世往往将其列为"三皇"之一，并被附会上了许多发明创造。至于女娲，战国时期以创世神的形象出现。屈原《天问》说，"女娲有体，孰制匠之"，意思是女娲的身体，是谁创造的？《山海经·大荒西经》也说，女娲的肠子变化为十个神。东汉许慎《说文解字》解释"娲"字是"古之神圣女，化万物者也"，就是说世间万物都是女娲变化而成的。西汉刘安及其门客所著《淮南子》记载了女娲补天的故事。东汉应劭《风俗通义》记载了女娲造人的故事。这些大家都比较熟悉。

虽然女娲有这么多创世传说，但从汉代开始，她就被认为是继伏羲之后的古帝王，而且她还是伏羲的妹妹，与伏羲同为风姓。从传世文献来看，伏羲与女娲在先秦文献中并无关联，直到汉代才演变为兄妹关系，晚至唐代才演变为夫妻关系。不过，考古发现给我们带来了新的认识。

1942年，湖南长沙子弹库战国楚墓出土了一批帛书，后来研究者将其中比较完整的一部分命名为《四时令》。《四时令》主要由甲、乙、丙三篇文字组成，李零分别命名为《岁》《四时》《十二月》，其中乙篇《四时》主要讲的是一个失传已久的远古创世神话。

原来在远古时代，宇宙一片混沌，没有日月，也没有时间和空间。之后，天神包戏娶了女填为妻，生下四个儿子，分别是青、朱、黄、墨四神。当时没有日月，只能依靠寒热来定阴阳，包戏夫妇就让四神分别守卫四极，并在固定的时间调换位置。就这样，春、夏、秋、冬这一年之内的"四时"产生了。又经历了一千多年，日月初生，世界发生大灾难，九州不平，山陵崩堕，天帝炎帝命天神祝融派遣青、朱、黄、墨四神，以青、赤、黄、白、墨五种神木作为天柱，奠定了"三天"和"四极"。"三天"就是古人认为的三重天，"四极"就是地上的东、南、西、北四方极点。之后，日月运行才进入正轨，天神共工又创造了一旬十日和宵、朝、昼、夕四时。就内容而言，这篇文章讲的就是三种"四时"的起源。

那么，这里的包戏和女填是谁呢？战国秦汉时期的书写，往往重读音不重字形，包戏其实就是伏羲。《史记·封禅书》说"虙（fú）羲封泰山，禅云云"，《太史公自序》又说"伏羲至纯厚，作《易》八卦"，"虙羲"就是伏羲。伏羲在历史文献中的写法非常多，有伏羲、伏戏、伏牺、伏希、虙羲、虙戏、虙牺、包羲、包牺、庖牺、炮牺、宓戏、宓牺、宓羲等。

至于女填，著名学者李学勤认为可以释为女娲。东汉画像石中也经常有人首蛇身的男女形象，其中男性手拿太阳或圆规，女性手捧月亮或曲尺。很明显，这象征他们创造了自然和社会，是先民心中的创世神。东汉王延寿《鲁灵光殿赋》也说"伏羲鳞身，女娲蛇躯"，意思是西汉鲁恭王刘余建造的灵光殿中，就有人首蛇身的伏羲和女娲。

单从传世文献来看，伏羲和女娲的兄妹夫妻关系，是经历上千年慢慢建立的；而通过楚帛书和汉画像石来看，伏羲和女娲是夫妻关系的传说，战国秦汉时期就已存在。

盘古的原型包括哪些形象？

《史记》中最古老的人物是谁呢？《五帝本纪》提到了黄帝的父亲少典，还有比黄帝更早的神农氏；《封禅书》则提到了黄帝之前的无怀氏、伏羲氏和神农氏、炎帝氏。注意，有两个我们熟悉的人物没有记录，一个是开天辟地的盘古，一个是造人补天的女娲。其实在《史记》成书的时代，已有女娲的传说了，但司马迁认为她的故事神话色彩比较浓厚，所以没有收录到《史记》里。

关于盘古的记录，其实在西汉时期还没有出现，他最早是由三国时期吴国太常卿徐整在《三五历记》（又写作《三五历纪》）和《五运历年记》两部书里记录的。这两部书到今天已经没有全本流传下来，只能从其他书的引用中一窥其吉光片羽。

唐代类书《艺文类聚》引用过《三五历记》，最早提到了盘古开辟天地的神话，说盘古用身体把混沌一片的天地撑开。清代学者马骕（sù）的《绎史》卷一引用过《五运历年记》，最早提到了盘古化生万物的神话，"首生盘古，垂死化身，气成风云，声为雷霆，左眼为日，右眼为月……身之诸虫，因风所感，化为黎氓"。就是说盘古死后整个身体化为了自然万物，连身上的寄生虫也化为了人类。明代小说还给盘古左手添了一把凿子，右手加了一把斧头，成为我们熟知的盘古形象。

此外，明代董斯张的《广博物志》卷九也引用过《五运历年记》，说："盘古之君，龙首蛇身，嘘为风雨，吹为雷电，开目为昼，闭目为夜，死后骨节为山林，肠为江海，血为淮渎，毛发为草木。"即盘古是龙首蛇身，呼气就风雨交加，吹气就电闪雷鸣，睁眼就白日当空，闭眼就半夜三更，死后身体化为江河湖海、山林草木。

这几个版本的盘古形象，其实是有些差别的。最后一个版本的盘古形象，明显是来源于《山海经》的烛龙。烛龙是钟山之神，它长得人面蛇身，睁开双眼就是白天，闭上双眼就是黑夜，吹气为冬，呼气为夏，睡眠的气息就是风。而烛龙与盘古之间，应该有一个承上启下的形象，那就是伏羲。东汉画像石中的伏羲就是人首蛇身的创世神形象，不同的是伏羲还有一个配偶女娲。

至于盘古开天辟地和化生万物的神话，跟古印度神话中的创世大神梵天非常相似，"大安荼生如鸡子，周匝金色，时熟破为二段，在上作天，在下作地，中间生梵天。一切众生，从梵天生"。因为佛教在东汉传入中国的缘故，他们的故事也被带了进来，从而影响了盘古故事的演化。当然，盘古故事主要源自本土。比如变化产生为世间万物的主角，在东汉的《说文解字》中是女娲；东汉时期湖南一带瑶族的始祖神叫作盘瓠（亦作槃瓠），他是一神犬，盘古的名字应该是从这里抄来的，而"瓠"的本义是葫芦，因为盘瓠出生之后，是被放在盘子里，用葫芦瓢扣着的。

过去不少学者探讨盘古神话的起源，有中国说、外国说、北方说、南方说。其实，盘古形象并非单线发展形成，而是多线综合的结果。类似的还有大家熟知的孙悟空。孙悟空的形象来源也很复杂，其中就有印度史诗《罗摩衍那》中的神猴哈奴曼，也有福建地区民间信仰的猴神，还有玄奘法师收的第一个弟子胡人石磐陀。至于孙悟空从石头里蹦出来的说法，应该是取自《淮南子》所记载的"禹生于石"和"石破北方而启生"，夏禹和夏启父子都有生于石头的神话。

另外，汉代的纬书《遁甲开山图》也记录了一位巨灵神，他与元气同生于混沌时期，它的形象和盘古也有些关系。混沌就是天地未开以前的模糊状态，这样的认识在先秦时期就已经有了。《庄子·应帝王》讲了一个寓言，说南海的天帝叫倏（shū），北海的天帝叫忽，中央的天帝叫浑沌，也就是混沌。有一次，倏和忽路过浑沌家，浑沌就热情款待他们。他们想着怎么回报呢？因为浑沌没有七窍，也就是没有两个眼睛、两个耳朵、两个鼻孔和一个嘴巴。

所以他们就拿出凿子，对着浑沌一天凿一窍，想帮浑沌，但在七天之后，浑沌却死了。这个寓言很有哲学意味，很明显儵、忽表示的就是时间，而浑沌类似一个大鸡蛋，象征宇宙未开的形态。

总之，盘古的形象来源不是单一的，而是由多种形象整合而成的。虽然盘古的形象要晚至三国时期才诞生，但因为盘古神话中的背景时代更早，所以盘古反而后来居上，成为后世最为大家熟知的创世神。

蚩尤到底是不是黄帝的儿子？

《史记·五帝本纪》一开始就讲了黄帝在阪泉之战中打败炎帝的故事，然后又讲了黄帝在涿鹿之战中打败蚩尤的故事。黄帝战蚩尤的故事，《史记》讲得比较简单，而《山海经·大荒北经》讲得复杂一些。据说黄帝派应龙去攻打蚩尤，应龙就积蓄洪水准备作战，而蚩尤那边派出了风伯、雨师。风伯、雨师一阵暴风雨过来，应龙抵挡不住。之后黄帝又派出了女儿魃（bá），魃能够使风雨停止，这下风伯、雨师没辙了。应龙就趁机攻杀了蚩尤。这显然是个神话故事，有明显的寓意，应龙代表的是水，风伯、雨师代表的是风、雨，魃能止雨，代表的是干旱。这种神话故事，司马迁不会写入《史记》里。

近年来，有种说法比较流行，说蚩尤是黄帝的儿子。这种说法是怎么来的呢？大家应该听过"清华简"。"清华简"是清华大学于2008年收藏的一批战国时期的楚国竹简，之后几乎每年都会整理一部分出版。类似命名的简牍，还有收藏于上海博物馆的"上博简"，收藏于安徽大学的"安大简"，它们都是战国时楚国竹简。收藏于湖南大学岳麓书院的"岳麓秦简"，收藏于北京大学的"北大秦简""北大汉简"，它们都是秦汉时的竹简。这些竹简都是被盗掘且流落市场后被收购的，因为不知道具体出土位置，所以只好以收藏它们的高校或博物馆等研究机构命名。

"清华简"在2021年出版了第十一辑，内容是一篇叫作《五纪》的文献。"五纪"这个概念在《尚书·洪范》里有，指岁、月、日、星辰和历数，历数就是历法；但在这里，指的是日、月、星、辰和岁，辰是指天空的十二分。

这篇文章提到，蚩尤本来是黄帝的儿子，但他却发明兵器，在云雾的掩护下攻打黄帝，最后战败被黄帝杀了。作为惩罚，黄帝将蚩尤分尸，将其身体化成了各种植物和器具。其中，蚩尤的头发成了韭菜，眉毛和胡子成了野蒿，眼睛成了菊花，鼻子成了大葱，嘴巴成了芍药，腋毛成了芦苇，骨骸成了殳，手臂成了鼓槌，胸膛成了大鼓，最有趣的是耳朵，成了鸟笼。这些其实都是古人关于植物和器具的起源传说，是民间传说中的一个常见母题，大家一看就知道是神话。这则故事最吸引人的，还是"蚩尤为黄帝之子"的说法。

媒体将"蚩尤为黄帝之子"这一发现进行报道，有不少网友认为这代表了历史事实。其实这种说法不算新鲜，《史记·建元以来侯者年表》中早有暗示。当时汉武帝的太子刘据造反失败自杀，后来武帝有点后悔逼反儿子。这时，大臣田千秋就对武帝说："子弄父兵，罪当笞。父子之怒，自古有之。蚩尤畔（叛）父，黄帝涉江。"意思是说，儿子调动父亲的军队，也就是造父亲的反，罪行应当只是被鞭打而已。父亲和儿子之间的怒气，也就是战争，自古就有。当年蚩尤背叛了父亲，黄帝就渡江去征伐他。田千秋这里就是把太子刘据造反比作蚩尤作乱，那么汉武帝对应的自然就是黄帝了。

过去大家都不明白为什么这样比喻，历史学者王子今就指出过，"或许说明了当时蚩尤传说尚有今人已经不能确知的其他情节"，现在一对照《五纪》就真相大白了。不过，这种说法虽然在战国秦汉时期存在，但在当时只是一种小众的说法，也谈不上是什么史实。

《五纪》的整理者、清华大学的程浩就认为，"《五纪》中的黄帝故事，应该就是战国时的思想家为了申论其'五纪'学说，汇集当时有关黄帝的材料剪裁而成的"。他还认为，"虽然一些关于黄帝的传说渊源有自，但即便是战国时的黄帝故事，也不能全部看作史实"。也就是说，战国时期流传的各种各样的黄帝故事，包括这个故事，都不能完全视为史实。

其实，《管子》中还有一种说法，说的是蚩尤是黄帝的部属。父子说与君臣说，实际上都是不太可靠的小众说法。因为蚩尤是传说中的东夷九黎氏族长，与西边的黄帝更多还是一种平起平坐的对手关系。

射日的夷羿和篡夏的后羿是不是同一个人？

后羿是中国神话传说中一位著名的神箭手，关于他的故事在春秋晚期就有记录了。《论语》中孔子弟子南宫适就说"羿善射"，《史记·仲尼弟子列传》也抄录了这段。

羿最有名的故事是"后羿射日"。"后羿射日"最早见于战国屈原《天问》中的"羿焉彃（bì）日"，"彃"就是射。《山海经》也说，帝俊赐给羿红色弓和白羽箭，让他来到人间救苦救难。羿就到昆仑山之东的寿华之野，射杀神兽凿齿。羿又作"仁羿"，"仁"是"夷"的异写，表示他出身东夷。要注意的是，在《天问》和《山海经》中，羿都没有"后羿"的称呼。"后"在先秦时期表示氏族首领，所以羿在先秦的传说中应是神话人物，而非一方君长。

《淮南子·本经训》在《山海经》的记录之上又有所演进，说尧之时十日并出，庄稼和草木都枯萎了，又有猰貐（yàyǔ）、凿齿、九婴、大风、封豨（xī）、修蛇等怪兽，给民众造成极大的危害。尧就派遣羿将十日中的九个射了下来，并把这些怪兽都除去。羿大功告成，民众非常高兴，都拥戴尧为天子。

从《山海经》到《淮南子》，有明显的神话古史化倾向。可以发现，帝俊这一形象变成了帝尧，而羿也顺理成章成了帝尧的射官。《淮南子》还说，羿是被桃木棒子打死的，因他为天下除害，死后便被封为除灾的宗布神。其实，羿的原始面目可能就是宗布神，《淮南子》反而把他给历史化了。后世最有名的一位宗布神就是大名鼎鼎的钟馗。钟馗并非历史人物，他的名字来自"终葵"，也就是木棒子的意思。

与羿在《山海经》《淮南子》中呈现出的英雄形象不同，在其他一些文献中，羿虽然也是神箭手，但却被赋予负面的道德评价。

《天问》就提到上帝降下夷羿为夏民排忧解难。这里的"夏民"通"下民",就是人间百姓的意思。但羿却射伤河伯并霸占了他的妻子洛嫔,又射死封豨,还将其做成肉饼送给上帝,导致上帝反感。最后,羿被妻子纯狐眩妻与手下寒浞合谋害死。此外,羿还曾西征穷石,越过巨岩,得到仙药,但最终为人所窃。《离骚》也在夏启、太康、五子(太康的五位兄弟)之后提到羿、浞,说羿因游玩而被浞夺家。

　　对羿人化最彻底、最详细的是《左传》。据《左传》襄公四年和昭公二十八年的记载,羿是有穷国首领,称为后羿,他夺了太康的君位。乐官后夔有妻子玄妻,长得美艳动人,生了个儿子伯封。伯封贪得无厌,被称为封豕。后羿将伯封消灭,并霸占玄妻。之后,后羿沉溺田猎,荒于行政,抛弃贤臣,信任奸臣寒浞。寒浞慢慢收拢人心,最终谋杀后羿。寒浞又杀夏后相,相的妻子后缗逃回娘家,生下遗腹子少康。少康长大后收拢遗民,攻杀寒浞,复兴夏朝,史称"少康中兴"。耐人寻味的是,虽然《左传》记载了这个故事,但《史记·夏本纪》中却只有夏王太康、相、少康的先后即位,并没有后羿、寒浞事迹的乱入,这说明司马迁似乎未将其作为史实对待。

　　其实这个历史故事,很可能也是《楚辞》一系神话传说的演变。《左传》里面提到的后夔、玄妻、封豕,原型应该都是神话传说中的动物。《山海经》中有夔,是一种独脚兽。玄妻就是《天问》里的眩妻,原型应该是黑色狐狸。封豕应是《山海经》《淮南子》里的封豨,即大野猪。至于河伯、洛嫔夫妇,当是黄河、洛水之神。

　　为什么作为除灾的宗布神的羿,会变成篡夏的有穷氏后羿呢?历史学者杨宽指出,羿最早是被天神派出来拯救下国下民的,但因为下面的"下"和夏朝的"夏"字通假,所以才讹传为后羿依靠夏民夺取了夏朝。杨先生还把上古神话分为东西二系,认为羿的形象起源于东方部族的社神,传入西方的周人神话后,人物才饱受非议。

　　尽管从文献记录来看,射日的羿与篡夏的后羿并非一人,但这些文献并非信史,而是来自神话传说的演变。总之,《山海经》的善神仁羿、《淮南子》的善人羿、《楚辞》的恶神羿以及《左传》的恶人后羿,其实是同一形象的分化。

嫦娥的原型是商朝的男性始祖吗？

"嫦娥奔月"这个故事我们都很熟悉。这个故事在传世文献中最早见于《淮南子·览冥训》，"羿请不死之药于西王母，姮（héng）娥窃以奔月，怅然有丧，无以续之。何则？不知不死之药所由生也"。说羿向西王母求到了不死药，结果姮娥窃取到仙药奔月去了。最后，羿怅然若失，因为他不知道不死药是怎么炼制的。姮娥就是嫦娥，"恒"和"常"是可以通用的，汉朝因为避汉文帝刘恒的名讳，"恒"一般写作"常"，但从这段看，避讳好像还不是很严格。

注意，在这段记录中，羿和嫦娥的关系如何并不明显，而所谓的夫妻关系，实际上是东汉学者高诱注《淮南子》的观点。这就说明一个问题，羿和嫦娥的故事，可能是后世逐渐形成的。其实，《淮南子》这段记录也是有原型的。

湖北荆州王家台秦简出土了"三易"之一的《归藏》，里面说"恒我"，也就是嫦娥，窃取不死之药奔月，将要出发时去占筮。后面的记录缺失了，后世文献说，嫦娥问的这个人叫有黄，给嫦娥占筮的结论是吉。这里完全没有提到羿，似乎嫦娥奔月是个独立的传说故事，与羿无关。

其实，嫦娥的由来源远流长，有多远呢？一直可以追溯到商代的甲骨文。

甲骨文里有个被称为高祖的商祖先，字形像一个人侧着眼睛和身子，举起手蹲着的样子，历史学者王国维最早将其释为"夔（náo）"字，并认为这个"夔"字后来又讹传为"夋（jùn）"字。"夋"后来又分化成了两个人的名称：一个就是《史记·五帝本纪》中的帝喾，西晋皇甫谧《帝王世纪》就说帝喾名夋；还有一个就是《山海经》中频繁出现的天帝"帝俊"。

王国维的弟子吴其昌先生则注意到，商代甲骨文中的"夋"还有一种从"我"的写法。他认为，因为甲骨文中"夋"和"我"字经常连用，所以容易让人误会这个"我"是和"夋"一起祭祀的配偶。"夋"后来又分化为另一个人，那就是帝舜。这样一来，"夋"就流传成了帝俊、帝喾和帝舜，而"我"也就流传为他们三者的配偶。

在《山海经》中，帝俊有三个配偶：第一个是娥皇，她生下了姚姓的三身国；第二个是羲和，她生下了十日；第三个是常羲，她生下了十二月。"娥"字、"羲"字都从"我"，可通假，也就是说，娥皇、羲和、常羲的来源是相同的，但又分别演化出了不同的形象。

随着帝俊分化出帝舜，娥皇又成了帝舜的妻子。因为帝舜是帝尧的女婿，所以娥皇又成了帝尧的女儿。西汉刘向《列女传》就说帝尧把两个女儿嫁给帝舜为妃，长女叫娥皇，次女叫女英。《山海经·大荒南经》记载，"帝俊妻娥皇，生此三身之国，姚姓"，也就是说，娥皇以姚为姓的三身之国，与帝舜姓姚正相符合。后世说帝舜死于九嶷，娥皇、女英也被带到湘江。后来又和湘水之神结合，分别被称为湘君、湘夫人，把舜撇在一边，两姐妹成了一对。

《山海经》说羲和浴日，本来说的是羲和为十个太阳沐浴，后世又流传为羲和驭日，羲和就从太阳的母亲变成了太阳的车夫。《离骚》中就说"吾令羲和弭节兮，望崦嵫（yān zī）而勿迫"，意思是说：我让羲和放慢车速，看到日落的西山不用太靠近。后来，羲和又被分化成两人甚至四人，《尚书·尧典》说帝尧时有天文官员羲仲、和仲、羲叔、和叔，《史记·夏本纪》说夏王中康时有日官羲和。可见，羲和不管如何变化，始终和太阳有关。

随着帝俊分化为帝喾，常羲也变成他的妻子常仪（仪）。《史记·历书》曰："黄帝考定星历。"司马贞《索隐》引《世本》《汉书·律历志》说黄帝让"羲和占日，常仪占月"。可见，常仪也就是常羲。《大戴礼记·帝系》说帝喾的第四个妃子是娵訾氏，为帝喾生下了帝挚，娵訾氏即常仪。《史记·五帝本纪》也提到了娵訾氏。娵訾本是我国上古十二星次之一，神话传说的性质仍然浓厚。很明显，嫦娥应是来自常羲、常仪之演变。可见，嫦娥不管有多少变化，始终都和月亮有关。

为什么说彭祖活了八百岁？

彭祖是传说中一位著名的老寿星，据说他活了八百多岁。民间流传一句话："彭祖活了八百八，有话莫对妻子说。"传说阎王爷手上有本生死簿，掌管人的生死。有一天阎王爷发现生死簿松了，顺手撕下一页搓成纸捻子，将生死簿固定住。彭祖的名字正好在那页上，这下阎王爷勾不到他的名字，彭祖也就死不了了。就这样彭祖活到八百八十岁，后来终于被阎王爷发觉了。阎王爷不明就里，派两个小鬼去套话。两个小鬼灵机一动，就跑到他家附近河里洗木炭，彭祖的第五十任老婆过来洗衣服，一看就乐了，说："我老公活了八百八，也没听说黑炭能洗白呢！"两个小鬼说："你骗人，人怎么会活八百八十岁呢？"彭祖的老婆就得意扬扬地说了实情。两个小鬼马上回禀阎王爷，结果彭祖马上就被牛头马面给抓走了。

当然这只是后世的民间传说，不过彭祖作为长寿老人的代表，在战国时期就有这种说法了。

《庄子·齐物论》说，天下最大的莫过于秋毫之末（秋毫之末就是秋天鸟兽长出来的新毛的末梢），而天下最小的莫过于泰山；天下最长寿的莫过于早殇的婴儿，而天下最短命的莫过于彭祖。这是道家的一种辩证思维，大就是小，小就是大，长就是短，短就是长，所以彭祖在当时其实就是长寿的象征。彭祖为什么能够长寿？《庄子·大宗师》说，是因为彭祖得了"天道"，从有虞时期一直活到了五霸时期。《庄子·刻意》又说，因为彭祖是按照呼吸术、导引术进行养生的。

后世道教也非常关心长寿，彭祖自然就被作为重点宣传的对象。托名西汉刘向、成书于东汉的《列仙传》说，彭祖是商朝大夫，姓籛（jiān）名铿，本为颛顼之孙陆终中子，从夏朝到商末活了八百多岁，经常服用灵芝，擅长导引术和行气术。东晋葛洪《神仙传》还说，殷王派人向七百六十七岁高龄的彭祖请教养生之道。这样一来，彭祖又成了房中术的代言人。后来殷王为了独占秘方，想杀死彭祖，彭祖就跑路了。殷王活了三百岁，因为后宫淫乱，背弃了彭祖的道术而死。

"清华简"的第五辑有一篇《殷高宗问于三寿》，殷高宗就是商王武丁，"三寿"指三个不同年龄阶段的老者。按照《庄子》的说法，百岁为"上寿"，八十为"中寿"，六十为"下寿"，彭祖就是其中的"上寿"。与传世文献一般托名彭祖养生不同，这篇文章说武丁向彭祖等三位老者咨询治国之道，所以更偏向以儒家为主体的治国理念。"上博简"中也有一篇《彭祖》，内容是耇（gǒu）老与彭祖的对话，这篇文献也混杂了儒、道的一些思想；这位耇老在西汉马王堆帛书《十问》中出现过，他曾经向商王盘庚传授房中术。这样看来，这里的彭祖是一位商朝人物。但是在《史记·五帝本纪》中，彭祖又是尧舜之时的一位官员。他为什么能从上古活到商代呢？《史记·楚世家》说：颛顼的后代陆终有六个儿子，称作"陆终六子"；因为陆终一族担任祝融一职，后代也称为"祝融八姓"。陆终的第三子叫籛，也就是彭祖，彭祖以彭为姓，他的后代发展为三个古国：第一个叫大彭国，在今天江苏徐州一带，这里春秋时期就叫作彭城，现在还有彭祖园景区；另外，还有一个豕韦国和一个诸稽国。《国语·郑语》中说："大彭、豕韦为商伯"，即大彭国和豕韦国在商朝衰落时相继担任过诸侯之长。然而当商朝中兴之后，大彭、豕韦以及诸稽国，都被商朝灭亡了。

所以，彭祖长寿的说法，最早应该说的是彭祖国从尧舜时期延续到商代后期。根据"夏商周断代工程"所公布的《夏商周年表》，夏朝建立约是公元前2070年，盘庚迁殷是公元前1300年，所以彭祖国存在的时间正好是八百年左右。正因如此，后来才讹传成了彭祖其人活了八百年。

古姓起源于上古时期吗？

我们知道，每个人都有姓。今天的姓和氏是一回事。不过，在先秦时期，姓和氏是不一样的。

近百年来，学术界一直流传一种说法：姓起源于母系氏族社会，氏起源于父系氏族社会。持这种观点的代表人物有梁启超、丁山等。这种说法时至今日仍然是主流，其中主要有三方面的原因。第一，从民族学的角度说，远古群婚状态下孩子只知道母亲是谁；第二，从文献学的角度说，五帝时代就有了姓和氏的记录，氏是姓的分支；第三，从古文字学的角度说，姬、姜、姒、妫、姚等这些先秦古姓，大多是女字旁。

事实上，从民族学的角度看，说姓起源于母系社会是没有依据的。

受到古文献的影响，学者往往认为古姓来源于三皇五帝时期。比如姬姓和姜姓的来源，《国语·晋语四》说，少典娶于有蟜氏，生下黄帝和炎帝，炎帝因姜水为姜姓，黄帝因姬水为姬姓，所以姬姓可以追溯到黄帝，姜姓可以追溯到炎帝。《晋语》还说，黄帝的儿子有二十五人，其中十四人共得到了十二个姓，分别是姬、酉、祁、纪、滕、箴、任、荀、僖、姞、儇（xuān）、衣。《史记·五帝本纪》也采用了这种说法。

按照这个说法，姬姓的来源是黄帝。但《史记·周本纪》中，又说帝舜把周人祖先后稷封为姬姓。那么后稷的姬姓是帝舜封的，不是黄帝传下来的；《五帝本纪》也没有说颛顼和帝喾姓什么，倒是尧和舜，一个姓祁，一个姓妫。那么，后稷为什么可以被封为姬姓呢？另外，周代的姓表示的是血缘，是不会变化的。那么，黄帝的其他后代为什么又不和黄帝同姓呢？如果说祁、姚这些是从母系而来的，那后稷为什么又不从母系姓姜呢？

先秦古姓大多是女字旁，就能代表这是母系社会遗存吗？目前最早的成熟文字是商代文字，我们就看看其对姓氏是如何记录的。

商代甲骨文中有"羌方"，指的是位于西部的"羌"族，他们的族人也被叫作羌。商代甲骨文中又有各种"妇某"，"某"代表的是她们的族源，也可以指她们的名字，其中就有"妇姜"。一般认为，羌和姜同源，所以"妇姜"就是羌方女子。从用法可以看出，"姜"是"羌"的女化字，用来表示女性身份。

周代也有"妇姜"的称呼，而且明确就是"妇 + 姓"的结构，但这不能反推商代也是"妇 + 姓"的结构。因为周代文献记录的古姓非常少，但商代甲骨文中的"妇某"相当多。比如武丁的王后妇妌，"妌"在周代没有对应的姓，但却有对应的氏"井"或"邢"。也就是说，"羌""井"都是商代族名，到周代"姜"变成了姓，"井"却变成了氏。

由此可见，商代没有姓、氏之分，姓、氏之分来自周人。姬姓是怎么来的呢？既不是从黄帝传承的，也不是帝舜册封的，而是周人自己发明的。在商代甲骨文中，"姬"代表女性神灵，或者女性人牲。周人就用"姬"字作为姬族标志，"姜"字作为通婚的姜族标志。

甲骨文中有"子某"，是商人贵族的通称，周人就以"子"作为商人的姓；商人的王后叫"姻（sī）妇"，"姻"也作"姒"。周文王的王后叫太姒，最早应该只是长妇的意思，或许要宣传其出身夏人，周人就以"姒"作为夏人的姓。

这样一来，再读传世文献就好理解了。姓实际上起源于西周时期，战国人已经不了解了，就制造了"古帝赐姓说"；因为黄帝被各族追溯为共同始祖，所以有了"黄帝十二姓"的说法，而黄帝本人则跟随周天子姓姬。姜姓到战国时期衰落了，就被安排给炎帝之族。

周人为什么要区分姓氏呢？这和西周的分封制有关。商朝没有分封制，封地都集中在商王都一带，而且属于自然分裂，居住仍以血缘氏族为主。商朝族群居住地一般比较稳定，不需要以姓氏区分。而西周将子弟分散各地，为了加强他们之间的血缘联系，并巩固扩大势力范围，才制定了姓氏制度，并确定"同姓不婚"的规则。姓氏与分封、宗法都是周朝一系列的配套制度，并非起源于茫昧无稽的远古时代。

《尚书》中第一个重大事件居然是神话传说？

　　《史记·五帝本纪》讲帝尧即位后，他办理的第一件大事就是"观象授时"，他派人去观察天象，从而给民众颁布历法。这段记录其实不是司马迁原创，而是改编自《尚书·尧典》。《尧典》是《尚书》的第一篇，"观象授时"又是帝尧办理的第一件大事，可见这事相当重要。

　　《尧典》说，帝尧派了四位天文官员出去。这四位官员分别是羲仲、羲叔兄弟以及和仲、和叔兄弟。羲仲到了东方嵎（yú）夷一带的旸（yáng）谷，在一年中白天与夜晚一样长的时候，鸟星在黄昏出现在南方天空时，确定这天就是春分日；羲叔到了南方南交一带的明都，在一年之中白天最长的时候，火星在黄昏出现在南方天空时，确定这天就是夏至日；和仲、和叔也采用类似的方式，确定了秋分日和冬至日。

　　在历法颁布后，春分之时出现一片"厥民析，鸟兽孳尾"的景象；夏至之时又见一片"厥民因，鸟兽希革"的景象；秋分之时变成"厥民夷，鸟兽毛毨（xiǎn）"的样子；冬至之时已是"厥民隩（yù），鸟兽氄（rǒng）毛"了。

　　司马迁对这段记录非常相信。他在《五帝本纪》中基本照搬了这段史料，仅个别字词修改了一下。春分时就叫"其民析，鸟兽字微"，夏至时就叫"其民因，鸟兽希革"，秋分时就叫"其民夷易，鸟兽毛毨"，冬至时"其民燠（yù），鸟兽氄毛"。司马迁把"厥"释成"其"倒是容易理解了，不过，将"孳尾"改成"字微"，反而不清不楚。

　　按照后人的注解，这四句话说的是：春分时人们来到田野破土耕种，鸟兽也开始交尾生育，"析"就是"分"，"孳尾"就是交尾、繁殖；夏至时人们忙着在田里除草，鸟兽的羽毛也变得稀疏了；秋分时人们忙着收割庄稼，鸟兽的羽毛也进行了更换；到了冬至，人们留在屋子里取暖，鸟兽的羽毛也变得又厚又硬。这样看起来一切都非常合理。

不过，随着两片带有文字的商代甲骨的发现，这段记录被认为是不可靠的。

古文字学家胡厚宣先生从一片牛肩胛骨中，释读出了一组文字，第一句是"东方曰析，凤曰协"，接下来就是南方曰什么，凤曰什么，西方曰什么，凤曰什么，北方曰什么，凤曰什么。这片牛肩胛骨收藏于中国国家图书馆典籍馆。1936年，殷墟又出土了一片商王武丁时的龟甲，内容和那片牛肩胛骨非常相似，第一句是"贞帝于东方曰析，凤曰协"。

胡先生认为，"贞"就是商人占卜时贞问，"帝"是一种祭祀的方式，也就是"禘"，"析"是东方主神的名字，"协"就是东方风神的名字。商人认为风来自凤鸟展翅（当时只有"凤"字，没有"风"字）。接下来的三句，说的也是另外三个方向的主神和风神。类似的说法，在《山海经》中也有记录，其中就提到"东方曰折，来风曰俊，处东极以出入风"等。只不过，《山海经》的神话色彩比较浓厚，在过去不太受重视。但如果我们用甲骨文和《山海经》去对照《尧典》和《五帝本纪》，就会明白一个真相：后者显然是前者的讹误！

战国或西汉初的人在编写《尧典》之时，搜集了一些古代史料。这些古代史料带有浓厚的神话性质，作者或许是不懂这些意思，或许是有意为之。总之，在他们的笔下，四方主神和四方风神被望文生义地解释。比如"东方曰析，凤曰协"一句，他们把"析"理解为分开，"凤"理解为鸟类，"协"理解为和谐，再加上把神人理解为人民，所以就变成了"厥民析，鸟兽孳尾"，民众分散到田间去干活了，而鸟兽也追求生命的大和谐了。

因为《尚书》《史记》的权威性，没有人会认为一部荒诞不经的《山海经》，足以驳倒《尚书》和《史记》两部经典。当然了，《尚书》《史记》的材料虽然是神话的改造，但却是货真价实的战国秦汉政治思想史史料。正因为当时的学者需要服务于现实，所以才设计出这样一幅大一统的图景，而大一统的第一件事"观象授时"，正是走向秩序安定、文明开启的象征。

上古禅让是和平让位还是流血政变？

说到五帝时代，最有争议的一个话题就是：尧舜禹之间是否存在禅让？虽然我们熟悉的《史记·五帝本纪》把上古描写成君臣和谐的黄金时代，但另外一些史料，如古本《竹书纪年》等，又把尧舜禅让说成鲜血淋漓的篡政，像"舜囚尧于平阳，取之帝位""舜囚尧，复偃塞丹朱，使不与父相见也""后稷放帝朱于丹水"等等，网上铺天盖地的文章说《竹书纪年》才是"毁三观的真相"。那么，禅让和篡夺，到底哪个才是历史事实呢？

其实，近几十年出土的不少战国简牍，像郭店楚简《唐虞之道》、上博简《容成氏》和《子羔》、清华简《保训》等，它们成书时间大概与《竹书纪年》相当，无一例外都提到尧舜禅让，当时的传世文献《论语》《墨子》，也都提到了尧舜禅让。

历史学家顾颉刚认为，禅让起源于墨家的尚贤主义。墨家巨子就是由上一代指定下一代，加上墨家信众基本出身社会底层，所以对尚贤的呼声最高。不过，整体来看，禅让说应该是春秋战国之际普遍的一种社会思潮。不少底层平民希望登上政治舞台，不独儒、墨两家，这种思想走向极致当然就是禅让，如果连王位都能授予贤人，那么一官半职又算什么呢？

结果当时就真有一个人禅让了，那就是燕国国君燕王哙。根据《战国策》《史记·燕召公世家》等记载，燕王哙受到策士苏代、鹿毛寿等人怂恿，把王位让给相国子之，结果引发了国家内乱。公元前314年，齐国趁火打劫，燕王哙和子之都死于乱军之中。燕王哙和子之的身死国灭，代表着禅让说实践的破产。从此禅让说开始被质疑，篡夺说才崭露头角。

根据《孟子》的记载，在齐国出兵燕国之前，孟子认为可以攻打，为什么呢？因为燕王哙不应该把王位相让，子之也不应该接受王位，这是倒行逆施的行为。但孟子同时又认可禅让的存在，因为舜不是从尧这里获得王位的，而是从上天那里获得的。什么是天意呢？舜辅佐了尧二十八年，尧去世后，诸侯们朝见舜而不朝见尧子丹朱，这就是天意。

　　注意，孟子的这一补充解释非常重要，之后也被《史记·五帝本纪》吸收。有不少学者认为禅让反映的是原始民主制，但仅从《论语》《墨子》和战国竹简中根本看不出这点，权力交接都发生在前后两任首领间，并没有其他人参与表决。《五帝本纪》抄录的《尚书·尧典》也只提到帝尧咨询四岳，但四岳并没有决策权。所以，禅让并非原始民主制的反映。

　　另一位儒家大师荀子也说，"尧舜擅让，是虚言也，是浅者之传，陋者之说"，直接断其为无稽之谈。不过《荀子》中同时也有尧、舜、禹禅让的说法，这可能并非荀子原著，同时也体现禅让说在战国后期仍然有一定的市场。

　　道家代表庄子则对禅让表示轻蔑。他在《让王》篇中列举了很多禅让被推辞的故事，比如尧让许由、舜让善卷。他还认为，尧舜禅让埋下了千年祸端，千年之后一定会发生人吃人的事件。

　　法家巨擘韩非子则化用前辈的史料，《墨子》强调尧、禹生活节俭，韩非子却说尧、禹没有条件享受，所以禅让算不上什么大不了的事。《庄子》歌颂务光的高风亮节，韩非子却说真实情况是商汤派人告诉务光，商汤让位给你，是想让你承担杀夏桀的恶名，务光就自杀了。

　　可以发现，战国前中期禅让备受推崇和主张，但自从燕王哙禅让失败后，儒、道、法三家从不同角度反对这一行为，而古本《竹书纪年》对禅让说的抨击最极端，但它也只是一种观点，并不代表史实。韩非子本人也说过，孔子、墨子都说尧舜故事，但取舍不同。这些人都说自己讲的才是真尧舜，可尧舜不能复生，谁能判断真假呢？所以这些人不是愚昧无知，就是存心骗人呢！

　　不过，因为儒家经典的提倡以及司马迁的发扬，上古禅让传说作为一种政治理想，还是保存了下来，但后世帝王都不可能再去实践这种行为。总之，战国时期盛行的禅让传说，本质上还是诸子百家的政治学说，其中的尧、舜、禹实际上都是战国专制君主的投影，与民族史资料中的原始民主毫无关系。

"九州"到底是哪九州？

我们知道，"九州"是中国的代称。那么，"九州"到底是哪九州呢？《史记·夏本纪》提到，大禹治水就先后到过九州，其中包括冀州、兖州、青州、徐州、扬州、荆州、豫州、梁州和雍州。

大体来说，冀州主要包括今天北京、天津、河北、山西以及河南北部等地，今天河北衡水市还有个冀州区；兖州主要包括今天山东西部和河南东北部，今天山东济宁市还有个兖州区；青州主要包括今天山东东部，今天山东潍坊市还有个县级市叫青州市；徐州主要包括今天山东南部和江苏北部，正好以今天江苏徐州为中心；扬州主要包括今天江苏、安徽和江西东部；荆州主要包括今天湖北、湖南和江西西部；豫州主要包括今天河南大部；梁州主要包括今天重庆、四川和陕西南部；雍州主要包括今天陕西中部、北部。

那么，《夏本纪》中的"九州"就是唯一说法吗？其实仔细看《史记》的话，会发现还隐藏了"十二州"的说法，那就是《五帝本纪》中的"十二牧"。"牧"的本义是畜牧，引申为治理民众，作为官职名即指一州长官。东汉末年，刘备就当过豫州牧，因此被称为"刘豫州"。所以既然有"十二牧"，对应的就应该有"十二州"，但到底是哪十二个州，《史记》没有明说。

为什么《史记》会自带两种矛盾的说法呢？这就和《史记》的史料来源有关了。《夏本纪》的"九州"来源于《尚书·禹贡》，而《五帝本纪》的"十二牧"来源于《尚书·尧典》。《禹贡》和《尧典》虽然都是《尚书》的篇章，但都是后人整理的，它们本身并非一个作者所写，所以会出现两种相互矛盾的记录并存的情况。

其实，"九州"也并非只有一种说法。《吕氏春秋·有始览》中的"九州"

就和《禹贡》不同,没有梁州,但多出了燕地的幽州;《周礼·夏官·职方氏》中的"九州"也和《禹贡》不同,没有梁州和冀州,但多出了东北的幽州与北方的并州;还有就是《尔雅·释地》,没有梁州和青州,但多出了燕地的幽州和齐地的营州,"营"和"青"音近,所以说法和《吕氏春秋》算是差不多的。

此外,上博简《容成氏》也有一个版本,这个版本没有冀州和梁州,却多出了并州和莒州。这里提到的莒州,是一个非常独特而小众的说法,大概是今天山东日照市莒县一带,周代这里本来有个莒国,战国前期被楚国灭亡,后来又成为齐国的莒县。莒能作为"九州"之一,可能与《容成氏》作者为莒人有关。

《禹贡》相比其他几种说法,最大的区别就是有一个梁州,而这一带并入华夏,是在秦惠文王灭巴蜀后,所以这种说法应是最晚的。按照《吕氏春秋》的说法,豫州就是周地,冀州就是晋地,兖州就是卫地,青州就是齐地,徐州就是鲁地,扬州就是越地,荆州就是楚地,雍州就是秦地,幽州就是燕地。很显然,这对应的是战国初年的行政区划,所以这一说法应该较早些。

战国开始流行的是"九州",但后来随着华夏版图的扩大,有人提出"十二州",但没说具体是哪十二州。东汉学者马融就解释说,大禹置九州后,帝舜又从冀州北部分出并州,从燕地分出幽州,从齐地分出营州,这样才有十二州。这种说法,其实就是把不同的"九州"说法拼凑了一下。

上古是没有所谓"九州"和"十二州"的,"九州"的思想大概出自春秋时期。"州"的本义是水中的小岛,也写作"洲","关关雎鸠,在河之洲"嘛,当今世界有七大洲,本义也是指水中的陆地。

春秋不少诸侯国有带"州"字的地名,但其实只是村落、社区的规模。当时就出现了"九州"的说法。例如,齐国大夫叔齐铸造了一青铜钟,说商汤"咸又九州,处禹之堵",意思是商汤占有了九州,居住在大禹足迹的范围之内;晋国大夫魏绛引用周初太史辛甲的《虞人之箴》,也说"芒芒禹迹,画为九州",意思是大禹足迹广大辽阔,被划分为九州。这都表示"九州"成了华夏的代名词,但在当时应该只是泛指,到战国才有了具体的"九州"说。

到底有没有一场世界大洪水？

女娲补天、大禹治水是大家耳熟能详的故事，这又很容易让大家联想到《圣经》中的挪亚方舟神话。如果放眼全世界的话，会发现洪水神话非常普遍。那么，到底有没有这样一场世界大洪水？

关于"大禹治水"的最早记录，是在西周时期的青铜器"豳（bīn）公盨（xǔ）"中，说的是上天命令大禹规划天下土地，顺应山势，疏浚河川。之后经过战国时期《孟子》《尚书·禹贡》等文献的发展，到《史记·夏本纪》才正式定型。说的是帝尧时期洪水滔天，大臣先举荐鲧去治水，鲧填塞封堵洪水。鲧治水失败，后被流放。帝舜又任命鲧的儿子禹继续治水。禹改"堵"为"疏"，疏通河道，耗费了十三年时间，三过家门而不入，终于平定了水患。

"女娲补天"故事的出现比"大禹治水"还晚，是在西汉《淮南子·览冥训》中首次提到的。说的是水神共工与颛顼争夺帝位，失败后用脑袋去撞不周山，使得支撑天空的柱子倒塌，结果大地裂开，大火蔓延，洪水泛滥。女娲以五色石来补天，用芦灰止水，终于使得世界恢复原状。此外，后世还有一些民间传说，比如"地陷为湖"就是一个古代洪水故事的典型母题。它们共同构成了中国的洪水传说。

西方的洪水神话以《圣经》为代表，说的是上帝决定用洪水来惩罚世人的罪恶，但又不想生物灭绝，就把消息透露给了挪亚。挪亚就从世界上的每一种动物中选择一雄一雌，把它们带到方舟里。最后洪水降临，毁灭一切，唯独留下了一叶挪亚方舟。

神学家们曾长期对这个故事坚信不疑，直到1872年，大英博物馆考古人员在清理古巴比伦遗址时，才发现神话史诗《吉尔伽美什》上有与《圣经》

类似的故事,后来的考古学者甚至还在这里发现了大洪水的遗迹。而类似的洪水神话,又可以追溯到大约公元前 2000 年时就灭亡了的苏美尔人。大家才开始怀疑,这个故事并非上天的神谕,而是由苏美尔传到巴比伦,然后再传到希伯来的。

总之,虽然东西方早期的洪水神话中都提及一场淹没世界的大洪水,但因为文献形成的早晚差异,西方强调的是上帝惩罚,体现的是神本主义,中国强调的是英雄救世,体现的是人本主义。那究竟有没有这样一场世界性的大洪水存在呢?自然科学学者对此进行了不少探索,有的认为是北冰洋融化引发大洪水,有的认为是陨石撞击地球导致气温上升引发大洪水,但并没有达成共识。

2016 年,我国地理学者吴庆龙指出,在青海省黄河上游积石峡发现了大洪水的遗迹,从而认定夏朝存在。今天青海省海东市的民和县有一座喇家遗址博物馆,陈列的就是一个新石器时代晚期的齐家文化村落遗址。这个村落就是被地震引发的洪水摧毁的,其中有一位母亲紧紧抱着婴儿丧生于此,这四千年前的母爱至今仍令人感动不已。

但问题是,即使黄河上游有洪水遗迹,也不能认定中下游发生了洪水;至于大禹是否治水,那就需要更加严谨的论证了。

近代地质学家丁文江曾写信给顾颉刚,指出大禹治水之说绝不可信,所有江河都是天然水道,没有人工疏导的痕迹。顾颉刚在复信中也提出:"水患的事,现在固因交通的便利有了清楚的地域观念,知道是一地的,但在古代各以自己地域看作世界中心的时候逢到了水患,一望汪洋无际,说不定是看得极普遍的。《创世记》中的洪水和《诗》《书》上的洪水恐怕都是这种心理的表现。若把《创世记》和《诗》《书》上的洪水并作一物,以为这真是全世界同时共起的一件事,这更是一种错误的联想了。"英国人类学家弗雷泽也持类似观点。

也就是说,后世关于洪水神话的文本记录,时间跨度长达数千年之久,很难说是基于同一场世界大洪水的记忆,更可能是在各自区域受到洪水灾害的投影。至于其中宣传的神本主义或人本主义,自然也不能作为实录对待,只是后世历史编撰者的认识。在自然科学研究尚未取得共识的前提下,这种观点应该是目前最具有说服力的。

夏商篇

大禹去世的"会稽山"是在江南还是山东？

夏朝开国国君大禹去世后，一般认为是葬在会稽山。今天位于浙江绍兴的会稽山，有大禹陵、禹庙和禹祠景区。早在《史记·夏本纪》中，最后一段"太史公曰"就提到"或言禹会诸侯江南，计功而崩，因葬焉，命曰会稽"。意思是有人说大禹在江南大会诸侯，计算功绩时去世，于是就葬在这里，所以叫作会稽。

《史记·越王句践世家》也多次提到"会稽"这个地名，开头就说越国的先祖是夏帝少康的庶子，"封于会稽，以奉守禹之祀"，受封至会稽，来供奉守卫大禹的祭祀。春秋越国的都城正是会稽，这在《左传》等先秦文献都有提到过，就是在今天浙江绍兴的会稽山一带，这一点没有争议。《史记·秦始皇本纪》也说秦始皇"上会稽，祭大禹，望于南海"，说明在秦朝官方就认证过了。

所以，大禹去世葬在绍兴会稽山，这个说法至今也深入人心。

但是倘若仔细读《夏本纪》，就会发现还有另一种说法。在《夏本纪》正文叙述大禹去世时，说的是"十年，帝禹东巡狩，至于会稽而崩"，同样说的大禹在会稽山去世，但与"太史公曰"的区别在于，这里说的是大禹在东方巡狩时去世。"巡狩"一般指古代帝王巡视疆域、考察地方治理的礼仪活动，兼具巡视和狩猎的含义。那么，"巡狩"与"计功"的行动倒也有重合，帝王从中央下地方，自然都会见诸侯。

那么，太史公为什么要区分这两种说法呢？实际上，这两种说法最大的区别在于方位的不同，正文说的是大禹往东方巡狩而去世，而"或言"说的是大禹在江南会计而去世。

夏朝的核心统治区域，一般认为在今山西南部、河南西部一带，绍兴在夏国的东南方向，从中原到江南，主要的方向是往南而不是往东。《秦始皇本纪》说秦始皇"上会稽，祭大禹，望于南海"，正是把会稽山作为南方区域对待。所以大禹去绍兴会稽山，应该说"南巡狩"而不是"东巡狩"。

　　大禹东巡去世的说法，来源也已经很悠久了。早在战国文献《墨子·节葬》中，就提到"禹东教乎九夷，道死，葬会稽之山"，说大禹往东教化九夷，死在路上，葬在会稽山。"夷"，一般指的是东方部族，主要是山东地区，也包括豫东、皖北、苏北一带。后来一直经历夏商到西周，这里的部族还是中原王朝的大敌，也被称为"东夷""淮夷"。可见，会稽山应该在东夷区域范围内。

　　其实，这个会稽山在《史记》中也提到过，《封禅书》就说大禹"封泰山，禅会稽"，"封禅"是古帝王祭祀天地的活动，"封"就是在东方最高山泰山祭天，而"禅"就是在泰山附近小山祭地。《封禅书》这段内容，又来自《管子·封禅》。《淮南子·氾论训》也提到秦朝的男子服役，"西至临洮狄道，东至会稽浮石"。看来，战国秦汉时期，还存在一个和江南会稽并列的东方会稽。

　　这两个会稽从战国时期就开始混淆了。《国语·鲁语》说吴王夫差攻破越国会稽，得到一块大骨头，让使者去向孔子请教其来源。孔子就提到，当年大禹在会稽山大会众神，防风氏迟到，被大禹处死了，这就是防风氏的遗骨。这种"怪力乱神"的内容，当然不会是孔子亲口所说，而是后人的附会。

　　从"防风"这个名字看，它更像是东方部落名，《诗经》中陈国（都今河南周口淮阳区）有防地，《左传》中宋国（都今河南商丘）、鲁国（都今山东曲阜）、莒国（都今山东莒县）也都有防地，《史记·孔子世家》说孔子父亲去世葬在曲阜东边的防山。至于"风"是东夷祖先神太昊的姓，太昊的都城据说就在陈国，太昊的后代在春秋有任、宿、须句、颛臾四国，也都在山东。可见，防风氏应该就是"九夷"中的一位族长，那么大禹在附近的会稽山大会诸侯才合理。

　　这样看来，大禹死于山东会稽山，应该是来源更早的传说；因为后来越国的强大，所以江南会稽山才更加出名，并取代了大禹归葬地的位置。

为什么商朝国君大都以天干为名？

我们注意到一个有趣的现象，商朝不少国王的名字里都带了个天干符号。比如商朝开国国君商汤，他又叫"大乙"或"天乙"；盘庚迁殷中的商王盘庚，名字有个"庚"；妇好的老公是商王武丁，名字有个"丁"；商朝末代国君纣王，名叫"帝辛"。甲、乙、丙、丁、戊、己、庚、辛、壬、癸（guǐ），这些就是所谓的"十天干"。商朝国君都喜欢用天干命名。这是为什么呢？

其实这就是商朝的一种"日名"制度。日名，就是以日为名。我们知道，阴历一个月有上、中、下三旬，每旬一般有十日（小月下旬为九日），这种概念商朝就有了。商朝人还认为，每日由一个太阳轮值，甲、乙、丙、丁……这些就是太阳的名字，同时也就是一旬之中某一天的名字。商朝国君为什么要使用日名呢？学者公认的是，日名代表的是在商朝后期的"周祭"制度中，他们的祭日在每一旬中的某日，比如武丁的日名是"丁"，商人就是在每旬的第四天祭祀他。

那么，日名又是怎么得出的呢？一种说法认为日名来自他们的生日，还有一种说法认为日名来自他们的死日。但这两种说法都不可靠，因为在相邻的商王里，日名没有相同的案例，说明后人有意识地进行了区分，那日名就不是生日与死日。而且，纣王叫帝辛，但众所周知他去世是在甲子日。著名学者李学勤就认为，日名其实是占卜选出来的祭日，相邻的商王之所以日名不同，是为了避免在同一天，这种说法比较简单，也好理解。

不过，还有一种比较复杂的模型值得关注，这是考古学者张光直先生最早提出的。他认为，商朝王族可以分为从甲到癸十大族群，其中甲、乙、戊、己分为一组，丙、丁、壬、癸分为另一组，剩下的庚、辛游动于两组之间，而商王就是从两大组之间轮换产生，所以他们的日名实际上是出自他们的族属。

比如，武丁之后，由儿子祖庚和祖甲先后即位；祖甲之后，又由儿子廪辛和康丁先后即位。武丁与祖甲、祖甲与康丁的"甲"和"丁"，就分属于两大组。但这样一来就会产生另一个问题，传世文献中商王的父子、兄弟关系，变成了王族之内的辈分关系。也就是说，祖庚与祖甲可能只是武丁的族子，而不是亲生儿子；亲生儿子怎么会跑到另一族群呢。这是一个比较有趣也非常具有颠覆性的说法，但目前支持的学者比较少，还需要更多的论证。

日名不限于商王，其他贵族也都可以使用。武丁最著名的两个妻子，一个是妇妌，也就是司母戊，以"戊"为日名；一个就是妇好，也就是司母辛，以"辛"为日名。还有一句出自《礼记》引用《商汤盘》的名言，叫"苟日新，日日新，又日新"，从字面来看是励志的意思，说人应该要天天进步。但郭沫若先生却认为，这应当是"兄日辛，祖日辛，父日辛"之误。

这种日名的使用，直到周初还有痕迹。吕尚分封到齐国，他被后人称为"祖甲齐公"，"甲"就是他的日名；《史记·齐太公世家》说吕尚儿子叫齐丁公，孙子叫齐乙公，曾孙叫齐癸公，这里的"丁""乙""癸"应该都是日名。西周初年燕国的多个青铜器上，都记录了"召伯父辛"其人，证明燕国也是使用日名的；两周之际的应国青铜器"应公鼎"，甚至记录了"斌（wǔ）帝日丁"，应国是周武王之子所建立，那么这位"斌帝日丁"自然就是武王本王了。

到底是"司母戊鼎"还是"后母戊鼎"?

《史记·殷本纪》详细记载了商王世系,但是没有记录纣王之前的商王配偶,通过学者对甲骨文及金文的解读,不少商王王后的身份被公诸于众,其中最有名的,就是商王武丁的王后司母戊(妇姘)和司母辛(妇好)。

中国国家博物馆有一件非常有名的青铜器,就是商代的"后母戊鼎";但是在十多年前,这件青铜器却被叫作"司母戊鼎",甚至在河南安阳的殷墟博物馆里,它的复制品仍然被称为"司母戊鼎"。那么,到底是"司母戊鼎",还是"后母戊鼎"呢?

首先要说的是,这件青铜器上唯一没有争议的是"戊"这个字。"戊"是器主受祭的日名。日名不仅见于商王,也见于商王配偶及贵族中。但另外的字争议就比较大了,目前影响力最大的有两种说法:一种说法认为这是两个字,应该读为"司母",这是此件青铜器被发掘后,长期占据主流的说法,所以"司母戊鼎"这个名字也为大众熟知;另一种说法认为这也是两个字,但应该读为"后母",这种说法在中国国家博物馆占了上风,所以馆藏的"司母戊鼎"被改称为"后母戊鼎"了,从而为大众熟知。

为什么会有这样的争论呢?有人认为,"司"和"后"在甲骨文中是一对镜像字,也就是说"后"就是"司"反过来的写法,而商朝人确实有反写的习惯,所以存在这个"司"字实际上是"后"的可能;而且这位"戊"的身份,按照主流观点,正是商王武丁的王后,也就是殷墟甲骨文的"妇姘"。既然"后"在后世有王后的含义,那么读作"后母戊鼎"自然也就说得通了。至于"司"字,那是"后"字分化出来的新字。

不过,即使在国家博物馆内部,也存在不同的声音。据统计,从这件青铜器被发掘至 2017 年，在公开发表的论著中，大多数学者仍然主张"司母戊鼎"的说法。他们的一个重要理由是，"后"在殷墟甲骨文中本是"毓"字，即生育的意思，后来"毓"字才讹变为"后"，并引申为君王之义，文献中不少上古君王称"后"，如神箭手后羿、周朝始祖后稷等，直到战国时期，"后"才具备了君王正妻的含义。所以，"后"作为王后的意思是非常晚才有的。至于"司"字，具有"祀"，即祭祀的意思，也有职司、主宰的含义，所以"司母"也可以认为是王后。

古文字学者裘锡圭的看法与上述两者都不同，他认为，这个字确实是"司"，但"司母"不是两个字，而是一个字，也就是"姛"。这两部分虽然在青铜器上一上一下书写，但实际上仍然是一个字，商人确实也有这样的写法。而且，甲骨文的"母""女"二字也很像，"母"字就是"女"字的略微变形，有时候也能通用。"司"在这里和"以"字通用，"姛戊"就是"姒戊"。"姒"在商周又有长妇的意思，就是大老婆，所以同样可以解释为王后。这样一来，作器者就不称其为"母"，所以这件青铜器也就不是她的儿子为她而铸造的。这种说法应该是目前最为合理的。

另外，也有学者认为"司"应该是"后"，但也应与"女"合为一字，也就是"姤（gòu）"，同样是王后的意思，释读为"姤戊鼎"。还有学者释读为"后妻戊""后戊妻""母后戊""后戊"，甚至还有学者根本不认同器主戊是王后，而认为是商王太戊。但这些说法影响力都不大，这里就不一一介绍了。

商纣王真的是恶贯满盈吗？

这些年，由《封神演义》改编的影视、小说层出不穷，而无论是哪个《封神演义》的再生作品，纣王和妲己在里面都是一对大坏蛋。他们干过的坏事，包括剖比干的心脏、砍别人的腿骨、建造酒池肉林、设置炮烙之刑……每一件都非常有视觉冲击力，也给纣王牢牢地贴上了暴君和昏君的标签。不过，《封神演义》毕竟是明代神话小说，有太多夸张和不实之处。那么，历史上的商纣王，真的有这么恶贯满盈吗？

这里要提一篇经典文章，就是历史学家顾颉刚的《纣恶七十事的发生次第》。在这篇文章里，顾先生运用了"古史层累说"的经典理论，来考察纣王的罪名是怎样形成的。

顾先生指出，在比较真实可信的周初文献《尚书》里，人们给纣王安的几条罪名中，最大的一条是酗酒，其他的罪名包括疏远贵族、任用小人、听信妇言、相信天命、不用心祭祀等。顾先生认为，这几条罪名不过是新朝国君对旧朝国君的常规指责，话语间表现出来的纣王只是一个昏君，而并非一个暴君。后世那些罄竹难书的罪行，完全没有体现出来。

后来，在"春秋无义战"的社会背景下，不少诸侯国的史官都有了以史为鉴的意识，纣王作为前朝的亡国之君，就被当作反面典型来不断论述。孔子的弟子子贡非常聪明。他说，纣王其实也没有这么坏吧！只是君子讨厌处于下流的地位，因为一旦身处其中，天下的罪恶就都会归到他的身上。《论语》里就提到商纣时三位贤臣，其中微子逃走，箕子成为奴隶，比干因直谏而死，这里开始对被纣王迫害的臣民列出姓名了。

到了战国时期，学术向社会下层普及，这种现象就更普遍了。《荀子》也说，夏桀和商纣因为身死国亡，被天下耻笑，所以后世说到罪恶都会提到他们。这也就是胡适先生所谓的"箭垛式人物"。在战国时期的文献中，纣王的罪名可谓是井喷式发展。比如《楚辞·天问》里，说纣王淹死了忠臣比干，却赏赐了奸臣雷开。《战国策》说，纣王处死了鄂侯，并将他制成肉干。

《吕氏春秋》喜欢讲寓言，记录了纣王的不少罪名。比如纣王设置酒池肉圃以供享乐，杀死鬼侯之女并将鬼侯制成肉干，砍下渡河人的腿骨看他的骨髓，将大臣梅伯剁成肉酱送给周文王，修建奢华的宫殿，剖开孕妇的肚子看胎儿，杀死比干看他的心脏，任用奸臣恶来，等等。可以发现，关于比干之死，《论语》只说因为劝谏而死，《天问》却说被淹死，《吕氏春秋》又说纣王为了看其心脏而将他杀死；被制成肉干的人，《战国策》说是鄂侯，《吕氏春秋》却说是鬼侯。

另外，被砍掉腿骨看骨髓的人，在西汉的《淮南子》中，变成了一位才学之士，因为杀文人就更罪恶了；到北朝郦道元《水经注》里，又变成了一位老者，杀老人当然更加罪无可赦。被剖开肚子看胎儿的人，在西晋皇甫谧的《帝王世纪》中，变成了比干的妻子。被剁成肉酱送给周文王的人，又变成了文王之子伯邑考。这些记载明显有戏剧性发展的趋势。

战国末期的《韩非子》，又给纣王加了几条罪名，包括使用象牙筷子、设置炮烙之刑、制作靡靡之音、通宵达旦饮酒。而到了《史记》中，又说纣王搜刮钱财、收集奇珍异宝、罢黜贤臣商容、让男男女女赤身裸体在酒池肉林中聚会作乐。西汉后期刘向的《列女传》中，又加上了妲己的作用。西晋皇甫谧的《帝王世纪》，一边整合了以上史料中的罪名，一边又搜集了一些新史料，纣王的罪状至此差不多定型了。

以上是顾先生《纣恶七十事的发生次第》一文的主要内容。不过，在河北定州汉简《六韬》中，就有纣王命周文王吃用其子伯邑考的肉做成的肉酱的传说；在上博简《容成氏》中，也有纣王设置炮烙之刑和建造酒池、通宵达旦饮酒的说法，比《吕氏春秋》《韩非子》《史记》对纣王之恶的记录都更早。当然，顾先生的整体思路和研究方法并没有问题。我们可以知道，在早期文献中，纣王只是一个贪酒亡国的昏君而已。

妲己是怎么由凡人变为狐妖的？

后世的"狐狸精"一词一般都是骂人的，而妲己可是正儿八经的狐狸精。这当然只是文学上的说法，那么历史上的妲己是怎么样的呢？

在西周早期史料《尚书·牧誓》中，周武王指责纣王的罪名就有一条"惟妇言是用"，意思是纣王什么都听女人的。但商朝确实有女性参政的传统，像商王武丁的王后妇好和妇婡，一个擅长军事，一个擅长农业，都是武丁的贤内助。甚至周武王自己也说过"予有乱臣十人"，就是说有十位帮他治国的大臣（这里的"乱"，是治理的意思），其中有一位就是"文母"，也就是文王的妻子、武王的母亲太姒。所以，武王指责纣王的理由，大概强调的不是纣王听从女人之言，而是说纣王听从的这个女人出身比较低微。

战国时期的《国语·晋语》中说，当年夏桀攻打有施氏，有施氏把妺喜送给夏桀，妺喜受宠，于是和伊尹勾结而灭亡了夏朝；商纣攻打有苏氏，有苏氏把妲己送给商纣，妲己受宠，于是和胶鬲（gé）勾结而灭亡了商朝；周幽王伐有褒氏，有褒氏把褒姒送给幽王，褒姒受宠，生下伯服（传世文献一般写作"伯服"，出土文献一般写作"伯盘"），于是和虢（guó）石父勾结，驱逐了太子宜臼，而立伯服为储君。这是妲己的名字第一次在史书中出现。《左传》中商朝末年苏国国君叫苏忿生，投靠周武王被任命为周朝司寇，他大概就是《国语》中有苏氏的国君，也是《封神演义》中冀州牧苏护的原型。

根据这个说法，妲己出自有苏氏。有苏氏就是己姓苏国，传说是祝融的后代。所以妲己的"己"表示姓，而"妲"表示名字，"苏"是她父系的氏。那么按照周代女性的称呼方式，叫"己妲""妲己"，或者"苏己妲""苏妲己"都是可以的。胶鬲本来是商朝的大臣，后来投降了周，似乎有间谍的身份。

这里说妲己与胶鬲勾结，未必是妲己有意泄露情报，可能只是她与胶鬲关系比较近，从而被胶鬲套取了情报。

之后《吕氏春秋》明确说"妲己为政"，就是把妲己等同于《牧誓》中的"妇"了。《史记·殷本纪》里说武王伐纣杀妲己，是关于妲己之死的最早记录；《周本纪》又说纣王有两位宠妾自杀而死，不知道其中是否包含妲己，或许又是另外两人，《封神演义》中纣王就还有胡喜媚、王贵人两位妃子。

虽然战国时期就有了妲己是"红颜祸水"的说法，但妲己彻底被黑化，其实是在西汉刘向的《列女传》中。像之前《韩非子》说"设炮烙"，《吕氏春秋》说"杀比干而看其心"，本来只是纣王的个人罪名，但在《列女传》中就变成了妲己给纣王出的主意。妲己还说了一句名言：我听说圣人的心有七窍，你比干不是圣人吗？那就剖出心脏给我看看吧。

其实，刘向作出这样的安排，主要是为了劝谏当时的汉成帝不要沉溺于赵飞燕姐妹的美色，但妲己的骂名因此越传越响了。唐代大诗人白居易有一首《古冢狐》，其中就说"狐假女妖害犹浅，一朝一夕迷人眼。女为狐媚害即深，日长月增溺人心。何况褒妲之色善蛊惑，能丧人家覆人国"，提到褒姒、妲己与狐狸都有妖邪魅惑的相似处。这一说法还传到了日本。北宋末年，日本有一部书《狐媚记》就提到，"殷之妲己为九尾狐"。

说起来，九尾狐本来是个著名的神兽。《山海经》中就提到青丘国有九尾狐，是一种会吃人的凶兽，但人如果吃了它的肉，便不会被邪术蛊惑。不过，在先秦秦汉时期，九尾狐更多还是瑞兽。古本《竹书纪年》说夏后杼东征三寿国，就得到一只九尾狐；《逸周书》说周成王在成周大会诸侯，青丘国进贡了九尾狐；汉画像石中九尾狐更是屡见不鲜，而且往往和西王母一起出现；《吴越春秋》说大禹治水路过涂山，也见到一只九尾白狐，大禹认为这是自己称王的征兆，于是就娶了涂山氏女为妻。

不过，妲己毕竟是有苏氏国君的女儿，那怎么处理他的父系呢？这也难不倒古人。元代的话本《武王伐纣平话》里就说，真实的妲己被九尾金毛狐换走了魂魄。后来《封神演义》又在这个设定上进行了改造，创造出了一个经典的狐妖奸妃形象。

历史上有没有纣王太子殷郊？

纣王的太子殷郊是个非常有名的人物，在《封神演义》的一系列影视文艺作品中，他都被作为一个重要人物刻画。那么，历史上有没有殷郊这个人物呢？《史记》中只提到纣王的一个儿子，那就是武庚，也叫禄父。武庚在商朝灭亡后，被封在殷商故地，管理殷商遗民，后来因为叛乱被杀，和殷郊没有关系。

历史上确实有殷郊，但却不是人物，而只是个地名。殷郊也叫商郊，就是商都朝歌郊外的意思，它还有个大名鼎鼎的名字——"牧野"，大概在今天河南新乡一带，新乡市区现在还建有牧野公园。《尚书》和《史记·周本纪》都提到，武王伐纣"至于商郊牧野"，《吕氏春秋》又把"商郊"写作"殷郊"，因为周人把商朝叫殷朝，所以殷郊和商郊是一个意思。

那么殷郊为什么会从地名变成人名呢？西周时期有一件很有名的青铜器，叫作"利簋"，收藏于中国国家博物馆，其铭文记录了武王伐纣的事件，其中就提到周军攻入商都的时候，岁星正好就在天空之中。岁星就是木星，当时还没有年号纪年法、干支纪年法这些，而是用岁星的轨迹来纪年。岁星围绕太阳公转一周是 11.86 年，古人就把天空划分为相应的十二宫，分别是星纪、玄枵（xiāo）、娵訾、降娄、大梁、实沈、鹑首、鹑火、鹑尾、寿星、大火、析木，岁星运行到哪一宫，这一年就是什么年。武王伐纣据说是"岁在鹑火"。后世还把"年"和"岁"通用，如"年年岁岁花相似，岁岁年年人不同"。

不过，岁星毕竟不是完整的十二年，所以古人为了克服这种偏差，又虚构了一个和岁星运行轨迹相反的星宿，那就是太岁。太岁的能量非常大，被认为是灾异的象征。民间俗话说的"犯太岁"，指的就是这个太岁。武王伐纣本来只是在殷郊遇见了岁星，但是在战国文献《荀子》中，就被传为遇见出兵时主凶的太岁了。在古人观念中，不管是实体的星宿还是虚拟的星宿，都有一个神灵对应，太岁对应的就是群星之首的太岁神。

根据明代《永乐大典》抄录的唐代《四明经》所载，有个叫姚宝的人白日飞升，后来转世为纣王太子，又被封为太岁神。但姚宝毕竟不像个商朝的名字，所以又有人从古书中找到了"殷郊"这个名字，把它安置在了太岁神头上。也有写作"殷交"或"殷高"的，其实都是"殷郊"的谐音。

到了元代话本《武王伐纣平话》，殷郊就被正式写入了"封神宇宙"中，而且殷郊可以算是贯穿《武王伐纣平话》全书的真正主角。他本为纣王太子，母亲姜皇后被害死，纣王又要处死他，幸亏为一位叫胡升的义士所救；后来殷郊加入周军并充当先锋，亲手斩杀了纣王和妲己。电影《封神第一部：朝歌风云》中说纣王死于血亲之手，就是暗示了后续有殷郊杀纣王的情节。

不过，明朝人不太喜欢"弑父"的剧情，那么怎么处理殷郊的故事呢？《封神演义》就说，殷郊经过申公豹的怂恿，最终背叛师命助纣为虐。殷郊本身没有这么容易被忽悠，所以又创造了一个他的弟弟殷洪。因为殷洪被姜子牙一方杀死，殷郊发誓要为弟弟复仇，这才站在了姜子牙的敌方。

古代还有一种叫太岁的生物，唐代的一些笔记小说中提到，地上有一种不断生长的肉块，这种肉块也被称为太岁。有一个人不但不信太岁，还在太岁头上挖土，并且用鞭子抽打太岁，所以古人形容敢于冒犯忌讳的行为，就叫"太岁头上动土"。这种"太岁"，科学的解释是一种肉灵芝。

"千里眼"和"顺风耳"的原型是谁？

在民间传说中，"千里眼"和"顺风耳"是两个知名的神仙。在《西游记》和《封神演义》中，他们都成双成对登场；至于"千里眼"和"顺风耳"的技能，也有不少"奇人异士"具备，比如经典动画片《葫芦兄弟》中的二娃，就同时拥有这两种绝技，成为葫芦娃中的超强辅助。其实先民对这种绝技的想象很好理解，因为视觉与听觉是人体器官的两大基础功能，自然容易产生"千里眼"与"顺风耳"的遐想。而民间传说中的"千里眼"和"顺风耳"，其实也是有人物原型的，他们的形象都可以追溯到先秦时期。

《孟子·离娄上》说，以离娄之"明"、鲁班（公输子）之"巧"，但不以规矩，不能成方圆；以师旷之"聪"，但没有六律，不能正五音。这里的"聪""明"不是现代汉语的"聪明"，而是"聪"和"明"的本义，"聪"就是耳聪，"明"就是目明。可见离娄的视力之佳、师旷的听觉之好，是可以与鲁班的工艺之巧齐名的。那么，这两个人有什么故事呢？

《庄子·天地》说，黄帝出游回宫时发现遗失了一颗玄珠，就先后派遣知、离朱和喫（chī）诟去寻找，但他们都没有找到，最后由象罔找到了。这当然只是一个寓言故事。其中的玄珠便是道；"知"通"智"，也就是智慧；离朱也就是离娄，即明察；喫诟可能代表的是力量；而象罔自然就是无形了。《史记·屈原贾生列传》也提到了离娄其人，屈原在《怀沙》一诗说"离娄微睇（dì）兮，瞽（gǔ）以为无明"，说的是离娄微微斜着眼看，盲人却认为他看不到。可见离娄更多是一个神话传说人物。

不过，师旷却是货真价实的历史人物。师旷是春秋后期晋国的著名乐师，乐师的听力自然非常好，而且师旷还是个贤者，充当了国君的顾问角色。《史记·晋世家》提到晋悼公向他咨询治国的道理，他认为施行仁政才是根本。《左传》说，悼公去世后平公即位，师旷也经常接受平公的咨询，并为平公出谋划策。在晋国率领联军攻打齐国时，齐军连夜悄悄撤退；而此时师旷发挥了他的专长，他通过听乌鸦的声音，辨别出它们心情非常好，于是判断齐军已经撤走，结果不出师旷所料。

按照后世流行的说法，师旷还是一位盲人乐师，这种说法始见于《逸周书》中，师旷自称"瞑臣"。东晋王嘉《拾遗记》甚至说，师旷并非天生目盲，而是为了精研音律，故意将眼睛熏瞎的。先秦的乐师确实有"瞽"这个称谓，"瞽"本身也有目盲的意思，舜的父亲叫"瞽叟"，就是说他有眼无珠。一般来说，盲人的听力确实比正常人敏锐；但乐师都要弄瞎双眼，多少有些匪夷所思。古往今来多少大音乐家，也不见得有几位是盲人。而且"瞽"这个称谓更偏向于传说，师旷的正式官职还是"师"。所以，师旷是盲人的说法，可能只是后世传说。

元代话本《武王伐纣平话》中就提到了千里眼、顺风耳这两个人物，而他们的名字正是离娄和师旷。明代小说《列国志传》中，又说千里眼、顺风耳与神荼、郁垒共同把守鬼门。神荼、郁垒本来是东汉王充《论衡》引《山海经》中提到的守卫鬼门之神，后来黄帝制作他们的画像辟邪，他们就成了最早的门神。后来，千里眼、顺风耳也加入了门神的队伍，《封神演义》就把这四个人混淆了，说千里眼、顺风耳就是神荼和郁垒，而把离娄和师旷的原始面目遗忘了。

"四大伯侯"在历史上是什么情况？

在《封神演义》中，商纣王时有著名的"四大伯侯"，包括东伯侯姜桓楚、南伯侯鄂崇禹、西伯侯姬昌和北伯侯崇侯虎。天下诸侯共有八百，这四大伯侯一人掌管两百，算是一方霸主。那么，他们在历史上是怎样的形象呢？

其实，目前的殷墟甲骨文并未发现商代存在这种霸主性质的诸侯。商代有"侯"和"伯"的称呼，其中"侯"指的是商王派出去的军事长官，"伯"指的是其他部族的首领，没有"伯侯"的称呼。但周代有"侯伯"，意思是诸侯里的伯主。这里的"伯"是"霸"的通假字，著名的"春秋五霸"就是春秋五位诸侯盟主，并不是说他们横行霸道。所以，《封神演义》的"伯侯"应该是借用了周代"侯伯"的概念。

这四大伯侯中的西伯侯姬昌不用多说，原型就是周文王西伯昌；东伯侯姜桓楚，原型是鬼国国君鬼侯，也写作九侯；南伯侯鄂崇禹，原型是鄂国国君鄂侯，也写作噩侯；北伯侯崇侯虎，原型是崇国国君崇侯虎。根据《史记·殷本纪》记载，九侯、鄂侯和西伯昌是纣王三公。九侯的女儿嫁给纣王，因不与纣王同流合污而为纣王所杀，九侯也被处死做成肉酱；鄂侯为九侯辩护，也被纣王处死制成肉干。肉酱和肉干当然不是用来吃的，这两种酷刑都是用来震慑其他诸侯的。《史记·黥布列传》就说，西汉初年，刘邦和吕后杀了梁王彭越，就把他做成肉酱，去恐吓淮南王英布。

西伯昌得知这件事后暗地里感慨，却被崇侯虎告发，纣王一怒之下将西伯昌抓了起来，关在羑（yǒu）里监狱。今天河南安阳的汤阴县建有文王羑里城景区，里面还有个伯邑考的衣冠冢。后来，经过周朝大臣贿赂，西伯昌才被释放出来。纣王还告诉西伯昌，都是崇侯虎说你坏话的啊！所以后来西伯昌出兵反商，就先攻打崇侯虎的崇国。灭亡崇国之后，文王就把都城从岐山迁到丰京去了。崇国的位置大概在丰京附近，也就是今天西安市西南的长安区。长安区北边的灞桥区老牛坡发现了商代遗址，有可能就是崇国故城。

也有一种说法，崇国的"崇"通嵩山的"嵩"，故崇国在河南登封、嵩县一带，也可备为一说。

鬼国应该与鬼方有关，鬼方在秦晋高原一带，但鬼侯应该姓鬼，不姓姜。西周鄂国在湖北随县一带，是一个姞姓诸侯国；但山西乡宁也有一个鄂地，可能就是商代鄂国的所在地。所以，这四大伯侯应该是两个在西、两个在北，而不是分布在东南西北四方。

最后要说的是，"公"作为执政大臣的称呼，也是周代才有的，商代的"公"，指的是去世的先公。周代的"三公"，一般认为就是太师、太傅和太保，商代没有"三公"这种称呼，所以文王不会担任纣王的"三公"；而"伯"在商代指的是商人以外其他族首领，商人对周文王的标准称呼应该是"周方伯昌"。商代的"方"就是"国"的意思，"方伯"就是"国君"，也不同于春秋的"伯主"。这么来看，文王也没有担任过纣王的"西伯"。

因此，我们可以得出一个结论，商纣王与周文王两者的关系，应该更接近于平等的两位国君，或许文王有过臣服于纣王的经历，但绝对不是后世认为的那种上下级的君臣关系。

鬼方是个什么"鬼"？

先秦时期，有一个非常神秘的部族，叫作鬼方。它的名字听起来很可怕，但其实并不神秘。"鬼方"是商朝秦晋高原一带的一些族群的统称，"方"在商代是对周边国家、部族的称呼，相当于周代的"邦""国"。甲骨文的"鬼"，像是一个人身大头的怪物；当然，"鬼方"被称为鬼，不是说鬼方人都是鬼，可能是商人对他们的蔑称，而且鬼方实力不弱，商人对他们颇为忌惮，所以这种称呼可能也有畏惧的成分。《周易》就说，"高宗伐鬼方，三年克之"，商王武丁足足三年才征服鬼方。

武丁之后，鬼方臣服了商朝。在殷墟甲骨文中可以看到，鬼方和商的关系比较融洽，包括商王关心鬼方安危，商王准备带领鬼方一起征伐，商王命令鬼方前来祭祀，鬼方帮助商王俘虏羌人，甚至鬼方有人在商担任"小臣"，作为商王的近侍。因为商朝与鬼方关系较近，所以在商朝后期，周人开始进攻鬼方。古本《竹书纪年》说，周文王的父亲周王季，攻打西落鬼戎部落，一次俘虏了二十位翟王。鬼戎应该就是鬼方，小头目被称为翟王，"翟"就是"狄"，这是把鬼方列为戎狄了。

不过，商朝与鬼方最终也反目了。《史记·殷本纪》说，纣王的时候，九侯把女儿献给纣王。九侯之女貌美又洁身自好，不愿与纣王同流合污，纣王大怒，把她处死，还把九侯杀了做成肉酱。在《战国策》中，这个故事中的"九侯"写作"鬼侯"。鬼侯应该就是鬼方部落的一位族长，他或许在商末被封为侯。虽然鬼侯被纣王杀了，商朝也被周朝灭亡，但鬼方却不愿意臣服于周朝。

西周康王时有一件著名的青铜器"小盂鼎"，记录了周人和鬼方的一场大战。这场大战非常激烈，在这场大战中，周人俘获了鬼方三位首领，斩首四千八百一十二人，俘虏一万三千八十一人，并俘获不少车辆，以及一批马、牛、羊。之后鬼方在各种资料中很少被提及了，应该是在这场大战中被周军击溃，都城也被攻破，从此一蹶不振。传世文献也基本不再提及鬼方，只有春秋前期一件青铜器"梁伯戈"提到"抑鬼方蛮"，梁国在陕西韩城一带，正是商周时鬼方活跃地区，之后"鬼方"就在史料中消失了。

目前也发现了一些可能属于鬼方的考古遗址。2023 年，国家文物局通报了陕西省榆林市清涧县的寨沟遗址，是秦晋高原至今发现规模最大、遗存最丰富的晚商李家崖文化遗址，其中还包括首次发现的商代晚期车马遗存，足见这里应该是一处足以与商人分庭抗礼的方国，很可能就是鬼方的一处都邑所在，同时也证实鬼方并非游牧民族。在清涧县附近一带的黄河两岸地区，也有不少商周青铜器出土，这些地区可能都是鬼方族群的势力范围。

鬼方人去哪里了呢？其实也并没有消失。周代的姓里有一个隗姓，在金文中一般写作媿（kuì），他们应该就是鬼方的后裔。2004 年，在山西绛县发现了西周倗（péng）国墓地，其中最大的两座墓的主人就是倗伯偁（chēng）和他的夫人毕姬。据西周中期的一件青铜器"倗仲鼎"记载，倗仲为毕媿制作了陪嫁的鼎。毕国是周文王之子毕公高建立的，是姬姓，所以毕媿应当是倗国的女子，倗国自然就是一个媿姓小国了。从出土青铜器来看，倗国已经实现了华夏化，与周代诸侯没有区别。大约在两周之际，倗国被强大的邻居晋国灭亡。

西周晚期有一件青铜器"复公子簋"，是复国国君之子伯舍为姑姑邓孟媿制作的一件嫁妆。邓国应在今天湖北襄阳，是嫚（màn）姓国家，那么复国也在湖北、河南一带，为媿姓。还有一件青铜器"馘（hú）叔馘姬簋"，记录了馘叔与馘姬为伯媿制作嫁妆，伯媿大概就是他们女儿，与父亲同姓。另外一件春秋青铜器记录了宝氏为成媿制作了一个陪嫁鼎，成国是周文王之子成叔武建立的，为姬姓，则宝氏为媿姓。这些青铜器说明不少鬼方后人在周代都已经华夏化了。

当然，还有不少鬼方后人没有华夏化，他们在春秋时被称为赤狄。

姜子牙到底有多少个称呼？

大家知道，姜子牙是《封神演义》的主角，他的原型是商末周初的周朝太师、齐国国君吕尚。那么，吕尚为什么又叫姜子牙呢？其实，吕尚在传世文献中的称呼非常多，我们就来罗列一下他到底有多少个名字，也从中一窥先秦时期的称谓习惯。

首先说名字。古代"名"和"字"有区别："名"是出生时取的，多用于谦称；"字"是成年后取的，多用于敬称。《诗经·大雅·大明》说"维师尚父，时维鹰扬"，可见吕尚的字是"尚父"。周代男性字多称"父"，而女性多称"母"，比如孔子字"仲尼父"。"父"字往往可以省略，所以《荀子》《吕氏春秋》《史记·齐太公世家》等文献，都叫他"吕尚"。周代又多用通假字，清华简《耆夜》把他写作"邵（lǚ）上甫"。

吕尚的名应该是"望"，《荀子》《吕氏春秋》中有"吕望"的称呼，但先秦文献中出现更频繁的是"太公望"。《史记·齐太公世家》说"太公望"是因为周文王说"吾太公望子久矣"，即"我先君太公就盼望您好久了"。上博简《古公见太公望》说文王的祖父古公就已见过"太公望"了。"太公"应该是对吕尚的尊称。

"子牙"一名来源其实很晚，先秦文献只有《孙子兵法》提到"吕牙"，清华简《良臣》有一个周成王时的"君牙"，但与周武王时的"帀（师）上（尚）父"明确为两人。《尚书序》把"君牙"列为周穆王时期的人物，离吕尚的时代就更远了。总之，"牙"作为吕尚的名字在早期记载中仅出现一次，是不是别名，还是与"君牙"混淆了不得而知，而"子牙"这个称呼更是后世的说法。

然后说吕尚的姓氏。以上列举的各种称呼中，都只有"吕某"而没有"姜某",因为周代姓和氏不同。氏是社会集团的标志,姓是血缘集团的标志。吕尚在商末是吕国人,叫吕尚,周朝将他分封到了齐国,所以被称为齐太公。虽然他的氏从吕变成齐,但姜这个姓不变。周代男子一般以氏加名字称呼,来自哪国哪族一目了然;女子则以姓加名字称呼,不管氏怎么变,结婚时都不会违反"同姓不婚"的制度。

不过,战国秦汉时期姓氏合流,姓和氏就成一回事了,东汉王符《潜夫论》说"文、武师姜尚",这是最早称呼他为"姜某"的记载。

除了以氏加名字称呼,周代也以官职、尊号加名字称呼。吕尚是周朝最高军事长官太师,简称"师",所以会被称为"师尚父",也被尊称为"太公",所以又叫"太公望""齐太公"。

吕尚在后世有个特殊的称号"飞熊",因为《周本纪》提到文王遇见吕尚前占卜过,结论是自己得到的"非龙非螭(chī),非虎非罴",也就是说得到的不会是龙、螭、虎、罴。罴是熊的一种,所以大家把"非罴"说成"非熊",进而讹传成"飞熊"了。元代《武王伐纣平话》说文王梦见一只双翼虎到殿下,周公旦解梦说这就是飞熊,得到它就会得到贤者,这样一来吕尚又有了"飞熊"的称呼。

吕尚因为善用兵法,唐玄宗将其列入国家祭祀,唐肃宗封他为"武成王",宋真宗又加封他为"昭烈武成王"。到明代他的武圣地位被关羽取代,"武成王"的称呼也渐渐被人遗忘,"武成王"又和"非虎"合并成一个新人物,也就是《封神演义》中的武成王黄飞虎。

在2008年和2009年,山东省淄博市高青县的陈庄西周遗址出土了一组青铜器,是器主丰为他的祖先祖甲齐公制作的。"甲"是"齐公"的日名,代表的是齐公在天干中的祭日。《齐太公世家》说吕尚儿子叫齐丁公,孙子叫齐乙公,曾孙叫齐癸公。这个遗址被断代为西周前期,祖甲又与丁公、乙公、癸公的日名不同,那么最大的可能性就是吕尚本人了。

总之,吕尚的名字非常多,《史记》之前就有祖甲齐公、师尚父、吕尚、吕尚父、太公、太公望、吕望、吕牙等,东汉时期开始有姜尚的称呼,唐宋时期又被官方称为武成王、昭烈武成王,元明时期则被民间称为飞熊、姜子牙。

吕尚的真实形象是中年贵族还是老年平民？

吕尚给后人的形象是一位老年平民。早在《史记·齐太公世家》中，就说吕尚贫困年老，凭借钓鱼进见文王，这种说法戏剧性最强，也最容易传播。不过，《齐太公世家》还提供了另两种说法：一说太公曾经侍奉纣王，因为纣王无道而去，游说诸侯也不被任用，这才投奔文王；一说吕尚是隐居在海滨的隐士，文王被纣王囚禁，大臣们找来吕尚帮忙。可见，《史记》的说法本身也存在一些矛盾。

那么，在《史记》之前的记录又是怎样的呢？《吕氏春秋》《韩非子》《战国策》中都有类似第一种说法的记载。《战国策》还说，吕尚当年在齐国被妻子赶出门，在商朝都城做屠户也干不下去，后来投奔一个叫子良的人又被炒了鱿鱼，最后只好到棘津做佣工却没人要。《楚辞》的《离骚》《天问》等篇，又提到吕尚在市场贩牛，因为操刀吆喝引起周文王的注意。根据东汉王逸的注释，吕尚宣称"下屠屠牛，上屠屠国"，由此被文王征用。

《孟子·离娄上》里又有不同的说法，说吕尚和伯夷都是天下极有声望的长者，听说文王善待长者才前去投奔。与以上战国史书稍微不同的是，其他史书都说吕尚出身贫贱，《孟子》却说吕尚是长者，那么应该是隐士一类的人。

由此可见，仅仅在战国时期，关于吕尚的出身以及他和文王相遇的经过，就产生了至少四种不同的说法。司马迁编写《齐太公世家》时，也不得不求同存异，把各种说法都罗列出来。那么，哪种说法才是真实的呢？这就需要看史书中关于吕尚最早的记录了。

《诗经·大雅·大明》是讲述商周牧野之战的史诗，其中说："牧野洋洋，檀车煌煌，驷騵（yuán）彭（bāng）彭。维师尚父，时维鹰扬。凉彼武王，肆伐大商，会朝清明。"说的是商周牧野之战，周军战车华丽壮观，战马强健有力，吕尚像一只翱翔的雄鹰，辅佐周武王征伐商人，第二天清晨就取得大胜。《逸周书·克殷解》和《史记·周本纪》里，都说周武王派吕尚与百夫长"致师"。"致师"就是将领之间单挑。

吕尚可以亲自下场单挑，而且肯定还取得了胜利，所以才被诗人记下了一笔。但这样一来，问题就出现了——吕尚不是老人吗？怎么能上阵单挑？难道他真能施展法术吗？其实，如果抛开对吕尚先入为主的老人印象，单从《诗经》来看的话，吕尚应该是一位中年壮士才对。可以佐证的是，吕尚的女儿邑姜嫁给周武王，他的儿子吕伋（jí）又辅佐周成王、康王，这表示吕尚与周文王应是同辈人，甚至年龄还要小一些，总之不会是风烛残年的老人。

如果说历史上的吕尚灭商时不是老年人，那么又会引发一个更重要的问题——他遇到周文王的时候到底是什么身份呢？虽然史书没有明说，但我们可以推测。

姜姓与姬姓在周朝建立前就是相互通婚的关系，周人始祖后稷的母亲是有邰氏的姜原，周太王的夫人太姜据说出自吕国。那么在商末周初的周人集团中，吕国国君应该也担任一个位高权重的职务。这个人是谁呢？除吕尚、吕伋父子外，《逸周书·世俘解》记载了武王伐纣后南征越戏方的吕他，清华简《封许之命》记载了封于许国的吕丁。毫无疑问，无论从地位还是名气来看，吕他与吕丁都不能与吕尚相比。

所以，历史上真实的吕尚，很可能就是吕国国君本人。他根本不是出生在东方，也从来没有去过商朝，自始至终都生活在吕国，作为周人的得力盟友存在。直到西周初年吕尚封到齐国，后世才有他是"东海上人"的传说。

如果承认这个事实，那又如何解释后世文献都说吕尚是平民呢？其实，在战国时期，诸子百家纷纷宣扬自己的政治主张，尽管思想各异，但都有一个共同点，即主张君主应当尚贤，从底层选拔有才能的人。在这样的情况下，就出现了大量平民、隐士逆袭的传说，比如尧有舜、商汤有伊尹、武丁有傅说、周文王有吕尚、齐桓公有管仲、秦穆公有百里奚、楚庄王有孙叔敖等，这些君主都是提拔了这些贤相，才成为一代贤君的。

吕尚是如何由一介凡人变成半人半神的？

《史记·齐太公世家》讲的是周代齐国的历史，也算是一篇齐国开国国君吕尚及其家族的传记。在《齐太公世家》中，吕尚完全没有《封神演义》中姜子牙的神通广大，他只是一介凡人而已。那么，吕尚是如何由一介凡人变成半人半神的呢？

《诗经·大雅·大明》记录在牧野之战中，吕尚亲自下场单挑商军将领，之后周军大败商军，取得了商周关键一战的胜利。当时打仗讲究堂堂正正地对决，最高军事长官单挑告捷自然更加能振奋军心。当然，这不代表吕尚是个纯粹的武夫，因为上古三代都是文、武不分的，吕尚作为周朝太师，实际上相当于宰相。《齐太公世家》说"天下三分，其二归周者，太公之谋计居多"，认为吕尚在商周迭代中，提出了重要的军事谋略。

齐鲁地区一直是周朝的文化中心，战国时临淄还是诸子游学的中心。齐国的开国国君吕尚与名臣管仲、晏婴等，也就被他们赋予了更多的传奇色彩。《孙子兵法·用间》说"周之兴也，吕牙在殷"，《荀子》说"吕尚招麾殷民怀"，大致说吕尚从事了一些间谍、策反工作。《齐太公世家》也说，吕尚提出过不少奇谋妙计，被后世兵权谋家、兵阴阳家奉为祖师爷。当时就出现了不少托名吕尚的著作，比如著名的《六韬》以及失传的《太公》二十七篇。

史书记录了吕尚在商亡周兴中的关键作用，但对于具体细节又记录太少，吕尚也就被越传越神。在北宋《太平御览》引用的《六韬》中，吕尚就有了法术并能驱使鬼神。武王伐纣前有个丁侯不肯归附武王，吕尚就对着他的画像射了三箭，丁侯病倒，只能归周。吕尚派人拔去三箭，丁侯才得以痊愈。武王伐纣时雪深一丈，有五车二马踏雪无痕前来，吕尚说这是五方之神，前来受命任职。这已经有了"封神"的雏形。

元朝出现了一部话本《武王伐纣平话》，又叫《吕望兴周》。这是第一部系统讲述武王伐纣故事的历史小说，也是《封神演义》的原型之一。在这部小说里，吕尚屡操贱业、穷困潦倒的早期经历被吸收。民间俗语"姜太公钓鱼，愿者上钩"，直钩钓鱼的经历也出自这本书。而且吕尚已经有了高超的法力，他能够用法术救武吉、用法宝擒妲己，戏份超过了文王、武王，成为整个伐纣战争中的总指挥。

不过，《武王伐纣平话》只是说书人用的话本底本，艺术价值并不高，像提到吕尚面对赵公明等人劫营，居然使用毒酒诱杀之，这样显得吕尚过于阴毒，毫无正义之师和得道之士的风采。而且，《武王伐纣平话》中虽然引入了一些道教神祇，但他们更多是活人"封神"，与《封神演义》有不小差距。甚至吕尚也并非第一主角，真正贯穿全文的人是纣王太子殷郊。

《武王伐纣平话》之后，对武王伐纣故事系统描写的是明代余邵鱼创作的小说《列国志传》的第一卷。《列国志传》写的是周王朝的故事，《封神演义》与《东周列国志》分别以其中部分为蓝本创作。因为《列国志传》是历史小说，所以《武王伐纣平话》的怪异情节被删除，吕尚也取代殷郊成了真正的第一主角。相对于《武王伐纣平话》以暴制暴的思路，《列国志传》回归了正史以仁易暴的思想。

至此，吕尚的形象仍然是一介凡人，最多算有法术的异人，还远没有神仙的法力。真正对《封神演义》姜子牙形象的形成有决定性影响的，是民间道教流传的玄帝收魔故事。

玄帝就是玄武大帝，也叫玄天大帝、真武大帝。宋代道教经典记录了元始天尊派遣玄帝收魔的故事，元明时期则将故事背景放到了商朝末年，并给他配置了两个重要部下，也就是鼎鼎大名的二郎神和哪吒。所以，《封神演义》作者所做的就是将玄帝改头换面，再与《武王伐纣平话》《列国志传》等小说中的吕尚拼接。这样一来，"封神"的吕尚与"演义"的吕尚也就浑然一体，吕尚成为当之无愧的主人公，也有了脍炙人口的半人半神的形象。

盟津观兵是不是子虚乌有的事件？

《史记·周本纪》提到武王伐纣其实有先后两次行动，而且都是到达盟津这个地方大会诸侯的。盟津位于现在河南省洛阳市孟津区，是古代黄河南岸的重要渡口，因为武王在此会盟诸侯而得名。

武王第一次伐纣是在他即位后的第九年，武王在祭天之后，在军中设立文王的牌位，象征文王仍是统帅，而武王自称太子，奉父王之命东征。大军到达黄河北岸渡河，经过中流之时，有白鱼从水中跃入武王船中，武王就将它捡起来用于祭祀了。渡河后，又有一团火从天而降，落到武王营帐之上，化为了一只火红色的乌鸦。周军渡河之后到达盟津，此时，八百诸侯不约而同聚集到此处，大家纷纷提议伐纣。武王却认为，大家都不了解天命，现在还不行。于是，武王阅兵之后就打道回府了。

两年之后，因为纣王更加昏庸暴虐，武王才认为决战的时机到了。于是武王再次率领大军出征，到达盟津与诸侯会合，此时已是武王十一年十二月。于是武王作《太誓》一文，动员诸侯伐纣，《左传》称这次行动为"盟津之誓"。之后联军东征，最后经牧野一战击溃商军主力，灭亡了商朝。

关于武王盟津观兵而返一事，长期以来很少有学者质疑其真实性。其实，这件事非常蹊跷。从逻辑上来说，武王如果单纯是为了阅兵，似乎不需要离开周国本土，而前往毗邻商国核心统治区的盟津，这样必定会打草惊蛇，引起商纣王一方的注意；而且武王只是前来阅兵，八百诸侯居然能提前掌握消息，并能够不约而同到达，这种自发的组织能力，在三千年前实在难以想象；再者，此时诸侯正同仇敌忾，武王一句"不知天命"就把八百诸侯打发各回各家，无疑泼了大家一桶冷水。

从文献上来看,《史记》之前也并没有盟津观兵的说法。这件事情也不像是很早的记录,故事里面的"白鱼",明显影射的是商朝,因为商朝拥有金德,崇尚白色;而"火鸦",则象征周国将会拥有火德。火克金,这是战国时"五行相胜说"出现后的传说。而且,《史记》本身也存在矛盾之处。《齐太公世家》虽然提到了武王两次前往盟津,但第一次的目的不是阅兵,而是试探诸侯能否集合,武王在这个时候就作了《太誓》,这些显得更加不合逻辑了。而另一篇《娄敬叔孙通列传》则说:"武王伐纣,不期而会孟津之上八百诸侯,皆曰纣可伐矣,遂灭殷。"这样一气呵成的过程,可能更加反映史实。当然,八百诸侯不可能是不约而同到达的,这是周人经过多年精心准备、有严密组织的一次军事行动。明代《封神演义》虽然是演义小说,但在这个问题上,也把这两次行动合并为一次,显得更加合理一些。

　　所以说,盟津观兵应该是子虚乌有的事件,或者说盟津观兵与盟津之誓应该是同一次事件的分化。

春秋吴国人是太伯、仲雍的后人吗？

《史记·吴太伯世家》说，周太王有三个儿子：太伯、仲雍和季历。季历是周文王的父亲，太王想让文王继位，就先传位给季历。太伯、仲雍为了避让，主动跑到千里之外的荆蛮之地，改从当地断发文身的习俗，成为当地首领，建立了吴国。太伯没有儿子，传位给仲雍。到仲雍的曾孙周章时，周武王灭了商朝，册封吴国为诸侯，又把周章的弟弟虞仲分封到中原，建立了虞国。虞国在今天山西平陆一带，"吴"和"虞"这两个字可以通假。虞国在春秋前期被晋国灭亡，而吴国则一直默默无闻，直到春秋中期才和中原有了联系。

太伯奔吴这件事，从古至今一直有人质疑。不少学者认为不可能就太伯、仲雍两人从关中出发，跋山涉水到江南建立国家。又有学者解释说，太伯、仲雍南奔并不是两个人，而是带领了一队周人，甚至他们南奔也不是什么让位，而是周太王"翦商"计划的一部分。长子外出征战，幼子在家继位，这种"幼子继承制"也很常见，早期的秦国和楚国都有。战国时期的《穆天子传》也说周太王"封其元子吴太伯于东吴"，那么吴国应该是周太王时分封的。

不过，如果吴国最初就是周朝的诸侯，为什么要彻底抛弃华夏特征呢？断发文身的习俗，吴国人一直保留到了春秋时期。另外，太伯、仲雍、季简、叔达、周章，这几位早期吴国国君的名字还像华夏人名，但之后就变得比较奇怪了，强鸠夷、余桥疑吾乃至寿梦、夫差这些，都不像华夏人名。所以存在一种可能，吴国国君的世系，是由当地部族世系拼接了一部分周人世系形成的。当然，这两段世系也不完全可靠，从仲雍到寿梦清一色父子相传，这未免太巧合了。还有，吴、越两国国君都不使用谥号，也是完全不同于周朝诸侯的特征。

1954 年，江苏省镇江市丹徒区烟墩山出土了一件西周中期的"宜侯夨（cè）簋"。这件青铜器的铭文说，周天子观看了武王、成王攻打东方的地图，认为应该加强对东方的统治，就把虞侯夨改封到宜地，建立了宜国，虞侯夨就成了宜侯夨。宜侯夨为了记录这件事，同时纪念自己的父亲父丁，就制作了这件青铜器。一般认为，这位天子就是周康王，康王将虞侯夨改封到丹徒，建立的宜国就是吴国。所以应该是先有虞国，再有吴国。这样由近及远的分封，比《吴太伯世家》所载似更为合理。

考古又发现了一个夨国。夨国在今天陕西省宝鸡市陇县一带，周人大本营岐山的西边，陇县附近后世还有吴山的山名。所以又有学者认为，太伯、仲雍去的其实是夨国，"夨"和"吴""虞"也可以通用。夨国旁边还有个弜国。"弜"读"鱼"，也接近"虞"。弜国的巴蜀文化因素比较浓厚，或许就是太伯奔的"荆蛮"。所以太伯、仲雍奔到弜国附近，建立了夨国。《诗经·大雅·皇矣》也说"帝作邦作对，自大伯王季。维此王季，因心则友"，可见他们封国并不远，所以能互相照应、团结友爱。

这样一来，太伯、仲雍应该是太王时分封夨国，武王时又封虞国，而康王时再封宜国（吴国）。这个时间和路线的建模，看上去是比较合理的。

不过，历史人类学者王明珂对于关键证据"宜侯夨簋"却有不同看法。他认为，出土"宜侯夨簋"的烟墩山大墓，是一个典型的江南土墩墓。土墩墓是周代江南的一种特色墓葬，外形有点像后世的封土堆，但里面不挖墓穴，也不用棺椁，而同时期中原的墓葬是"不树不封"的。所以烟墩山大墓并非中原墓葬形制。尽管从中出土了中原款式的"宜侯夨簋"，但除此之外，并没有其他证明墓主身份的器物，相反更多体现的是当地部族特征。

所以，这件青铜器应该是从中原流传到江南，被这里的人得到了，也就掌握了虞侯封宜这一信息，后来太伯南奔的传说也流传到了这里。但太伯奔到哪里，宜国又在哪里，都已无人知晓了。春秋中期，这里的统治者开始与中原发生联系，并强烈希望融入华夏，就顺理成章地号称自己是太伯、仲雍的后人了，但在他们留下的国君世系中，仍然存在着两种世系缝合的痕迹。

伯夷、叔齐到底有没有饿死？

《史记》列传的第一篇是《伯夷列传》，讲的是伯夷、叔齐的故事。伯夷、叔齐是孤竹国国君的儿子。父亲的遗嘱本来是传位叔齐，叔齐非要让给哥哥。伯夷认为不能违背父亲的遗愿，就逃跑了；叔齐不愿意即位，也逃走了。兄弟俩听说周文王尊敬长者，就到了周国，这时候在位的已经是武王了。

后来，武王把文王的牌位放在车上，派大军出发去攻打商朝。兄弟俩拦住车马，说："父亲去世不安葬，反而发动战争，这孝顺吗？作为大臣杀害君主，这仁义吗？"随从想要杀掉他们，可吕尚认为他们有节操，亲自将他们扶了下去。武王灭商后，兄弟俩为了表示忠义，不愿在周朝为官，而是隐居首阳山，采摘薇菜充饥。不过，野菜实在难以饱腹。伯夷、叔齐即将饿死时，唱了一首《采薇》歌，说武王伐纣是"以暴易暴"。

成语"不食周粟"就和这兄弟俩有关，比喻能够坚守节操。《伯夷列传》还引用了《论语》的评价：一段是孔子说"伯夷叔齐不念旧恶，怨是用希"，说伯夷、叔齐不记仇，怨恨也就少了；一段是孔子说"求仁而得仁，又何怨"，说伯夷、叔齐追求仁义而得到仁义，又有什么怨恨呢？"不念旧恶"和"求仁得仁"也都成了成语。

伯夷、叔齐的传说，在后世经过了多次演绎。西汉刘向《列士传》说，兄弟俩去采薇，有个叫王糜子的人说："你们说好的不食周粟，可现在住在周山，还食用周薇，这又算什么呢？"两人非常惭愧，从此不吃薇菜。七天后，天帝派鹿仙给他们哺乳，他们却暗中盘算想吃鹿，鹿得知后就跑了，两人也就饿死了。也有人说，跟他们说那些话的是一位老妇人。鲁迅先生把这个故事改编为小说《采薇》，收入《故事新编》。在这个故事中，兄弟俩就变得很猥琐了，显然不太真实，但《伯夷列传》其实也经不起推敲。因为西周自始至终没有统一天下，那么伯夷、叔齐完全可以返回孤竹老家，又何来"不食周粟"呢？武王伐纣只是使用了文王的牌位，又怎么能说没有安葬文王呢？商周当时又不是后世君臣的关系，又何来大臣杀害君主呢？

最早记录伯夷、叔齐事迹的是《论语》。《论语》还有一条说"伯夷叔齐饿于首阳之下，民到于今称之"，说伯夷、叔齐饿于首阳山下，民众至今都在称赞他们。历史学家顾颉刚指出，这里的"饿"，只是说他们比较贫穷，即使真的吃不饱饭，也没有说他们饿死。何况，他们作《采薇》时慷慨激昂，与《论语》所谓的"不念旧恶"也是不符合的。

《论语》之后的《孟子》则说，伯夷为了躲避纣王，居住在北海边。他听说周国蒸蒸日上，文王能善待长者，所以才去投奔。注意，这里说的伯夷是长者，更像是隐士，而不是王子；《伯夷列传》说兄弟俩是王子，年龄似乎不大，后面又说他们是长者，似乎存在矛盾。《伯夷列传》应该是杂糅了多种史料写成的。

最早说他们饿死的是《庄子》。《庄子》说他们是孤竹国的士人，听说西方有道之君而来投奔，武王派周公旦迎接他们，跟他们订立盟约，赐给他们官爵俸禄。兄弟俩却认为，过去神农氏治理天下时，既不祈祷神灵，也不强制民众；而武王见到商朝大乱就想造反，不也跟商朝一样残暴吗？可见武王并非有道之君。两人决定避而远之，就跑到首阳山饿死了。

《吕氏春秋》则说，武王派大臣与胶鬲、微子启盟誓，这两人是商人，背叛了商朝。兄弟俩看不起这种行为，不愿与其为伍，跑到首阳山饿死了。《庄子》与《吕氏春秋》中的兄弟俩，就更像是为了宣传道家传说而炮制出来的，他们歌颂上古的无为而治，反对当下的暴力革命。

可见，先秦两汉文献中，其实并没有一个统一口径的伯夷、叔齐故事版本。在顾颉刚先生看来，伯夷究竟为人如何，是否为孤竹君之子，后人无从知晓。春秋人喜欢谈修养，所以《论语》赞扬他的修养；战国时养士之风盛行，所以《孟子》说他投奔文王；到了秦汉国家大一统后，讲究君臣大义，所以《史记》又说他劝谏武王，不食周粟，饿死于首阳山了。

三星堆文化真的是域外文明吗？

《史记·秦本纪》《史记·张仪列传》记载秦惠文王更元九年（前316年），秦国在司马错、张仪的建议下出兵伐蜀，十月攻占蜀国，贬蜀王为侯，设蜀郡，并派陈庄为相。这一事件标志着古蜀国的终结，而三星堆遗址可能正是古蜀国鼎盛时期的政治宗教中心。

近年来，位于四川广汉的三星堆遗址时有新发现，让这个尘封的神秘古国一次次跃入公众的视野。同时，社会上也出现了一些耸人听闻的言论，比如"三星堆是域外文明"，甚至说"学者隐瞒了三星堆发现""三星堆是外星文明"。那么，三星堆文化到底是怎样的呢？

三星堆遗址最早于1927年在四川广汉被发现。三星堆的名字最早见于清代嘉庆年间的《汉州志》，其中记载："广汉名区，雒城旧壤……其东则涌泉万斛，其西则伴月三星。"考古工作者后来通过对三星堆、月亮湾一带的发掘，发现三星堆本是人工土台，周围分布着12平方千米的同时期遗址，遗址围绕着边长1.8千米至2千米的堆土城墙。

整个三星堆遗址大致可以分为四期。第一期是新石器时代晚期，约当宝墩文化时期；第四期是商末周初，约当十二桥文化时期；而最具有代表性的，是三星堆遗址的第二期和第三期，年代距今约3600年至3300年，差不多对应中原的商王朝，三星堆文化也因此而得名。如果说当时的川西平原形成了一个三星堆古国，那么大多数考古学者均认为，三星堆遗址就是三星堆古国的国都，也是整个三星堆文化的核心区域所在。

三星堆遗址最举世瞩目的，要数已发掘的数个祭祀坑，其中的出土器物包括风格独特、震撼人心的青铜面具、人像、神树等。

青铜面具有大大小小几十件，它们的面貌都差不多，有着刀形的眉毛、硕大的眼睛、高耸的鼻梁、宽宽的嘴巴、方形的下巴，显得雄浑厚重，摄人心魄。它们可能不是给人戴的，而是镶嵌在高大的立柱上，或是给庄严的神像佩戴的。其中最有特色的是一件青铜戴冠纵目面具。该面具宽77.4厘米，高82.5厘米，和其他面具的最大区别是，它的双眼像柱子一样突出于眼眶，双耳向两侧过度伸展，额头上还镶嵌着一件高达68厘米的夔龙形装饰物。

而最惊艳的则是一件高达260.8厘米的青铜立人像，它是同时期世界上最大的青铜人物雕像。它头戴太阳纹冠，身穿三件上衣，身上戴有饰品，双手呈环抱状，赤脚站于底座上。推测其为祭台上的国王或者大祭司，双手拿着一种法器，可能是一种祭祀姿态。

另外，出土器物中还有大小各异、造型相近的十件青铜神树，最大的一件高396厘米，是同时期全世界最大的单件青铜器。青铜神树可能和《山海经》中的建木一样，是古人心中沟通天地的梯子。

这些神秘的三星堆文物，确实很独特。但关于三星堆文化的性质，其实考古学者早就取得了共识。总的来说，三星堆文化是从本土文化发展来的，同时很大程度上受到中原文化的影响。从三星堆遗址二期开始，因为受到夏商青铜文明的刺激，整个文化发生了质变，从而建立起独树一帜的文化面貌。

至于主张"三星堆是域外文明"的人，最常见的一个论据就是，三星堆出土的金杖、金面具之类的金器，是同时期中原文物中未曾见过的器型，反而带有中西亚文明的特点。其实，即使认同这种黄金器具来自域外，也不能证明整个三星堆文化来自域外，金器不能代表三星堆文化的主要面貌。在甘肃礼县的大堡子山秦公墓葬中，出土金器也非常令人瞩目，但没人因此认为秦人和整个秦文化是外来的。至于说"学者隐瞒了三星堆发现"，就更是无稽之谈了。

至于说"三星堆是外星文明"，那可能是高估了三星堆的文明程度。

李白诗篇中的"蚕丛及鱼凫"是什么人？

诗仙李白的《蜀道难》非常有名，其中提到"蚕丛及鱼凫，开国何茫然！尔来四万八千岁，不与秦塞通人烟"，讲的是古蜀国的开国史。古蜀国大致包括今天四川省及周边地区，后来刘备在这里建立汉国，也被称作"蜀国""蜀汉"。今天四川省的一个简称是"川"，另一个简称就是"蜀"。

古蜀国虽然是先秦古国，但《史记》没有为它立传，只有零碎的只言片语。《史记》关于古蜀国最早的记录，是春秋晚期的时候，蜀人前往秦国馈赠礼物，加强了古蜀国与中原的联系。到了战国初年，秦国攻下了蜀国的南郑，也就是今天陕西汉中一带，代表秦国势力进入了秦岭以南，对蜀国虎视眈眈了。尽管蜀国派遣使者朝见秦惠文王，但惠文王依然趁着蜀国与邻居苴国发生矛盾时，派遣大臣司马错攻灭了蜀国。蜀国被灭的这年是公元前316年。

大概因为蜀地部族势力强大，秦王封蜀王为蜀侯，又派陈庄担任相国。两年后，又任命了公子通为蜀侯。之后，陈庄与蜀侯通闹矛盾，陈庄杀了他回到秦国，秦武王又诛杀了陈庄。蜀侯通大概是老蜀王的儿子，陈庄杀他引发老蜀人的不满，陈庄自然也就成了替罪羊。后来秦昭襄王在位时，又有一个蜀侯恽（yùn）造反，被老将司马错平定。蜀侯恽大概也是老蜀王的儿子、蜀侯通的兄弟。

秦昭襄王三十年，即公元前277年，当时蜀地的统治者是蜀守若，这证明秦国在此设置了蜀郡。《河渠书》还记录了一个叫蜀守冰的，他凿通了离碓（duī）；他就是大名鼎鼎的李冰，离碓是闻名中外的都江堰水利工程分水嘴的一部分。

《史记》中关于古蜀国的记录就这么多，不过，西汉末年扬雄的《蜀王本纪》与东晋常璩（qú）的《华阳国志》却提供了一些新史料。

《蜀王本纪》说，古蜀最早有蚕丛、柏濩（huò）、鱼凫、开明四代，长达三万四千年之久。也有一种说法，蚕丛、柏濩、鱼凫三代称王各数百年，国王都得道成了仙。

后来有个叫杜宇的男子从天而降，娶了一个从井里冒出来的女子。杜宇就是有名的望帝。百余年后，楚地有个叫鳖灵的男子淹死在长江里，尸体逆流而上"漂"到蜀国又复活了，被望帝任命为国相。后来鳖灵主持治水，望帝却与他的妻子私通。鳖灵治水成功后，望帝自己很羞愧，就把王位让给了鳖灵。望帝离开时杜鹃悲鸣，后世说杜鹃是望帝的化身，这就是"望帝春心托杜鹃"的典故。鳖灵就是首位开明帝丛帝，自他之后，"开明"就成了历代蜀国君主的称号，意思近似中原的皇帝。四川成都郫都区有景点"望丛祠"，纪念的就是望帝杜宇和丛帝鳖灵。

后来蜀国衰退，到第五任开明帝尚时，自动降格改称为王。有一次，第十二世开明王与秦惠文王在秦岭的褒谷相遇，惠文王送给开明王一筐金子，开明王回赠的礼物却化成土。惠文王很生气，大臣们却认为，这是秦国要得到蜀国土地的象征。不过，蜀道崎岖，行军困难，还有五位力大无穷的"五丁力士"，要灭蜀谈何容易呢？

惠文王就派人铸造了五头石牛，并将黄金搁在牛的身下，说此石牛能拉金子。开明王信以为真，就派五丁力士拖回石牛，从而也就凿开了道路，这就是秦岭四大古道之一"金牛道"的由来。秦国相邦张仪与将军司马错接踵而至，大败蜀军，俘虏开明王，古蜀国也就灭亡了。

还有一种说法，说开明王娶了山精变的美女，山精病死后，秦王献上美女五人。五丁力士前去迎接，回来时见到一条大蛇进入山洞，五丁力士拽住蛇的尾巴想将它拉出来。结果山崩塌了，五丁力士被压死，五位美女则跑上山去，全都化为石头，这就是"地崩山摧壮士死"的由来。

《华阳国志》的记录则偏向正史化，如认为古蜀国由黄帝旁系子孙建立；但也不免受到《蜀王本纪》的传说影响，如认为古蜀王蚕丛"其目纵"，眼睛是竖直的。其实,《蜀王本纪》和《华阳国志》都是后世蜀人书写的资料,不能作为古蜀国信史对待,但却能由此了解后人历史记忆的变化。历史人类学学者王明珂的总结很到位,他认为三星堆遗址代表着被遗忘的过去,《蜀王本纪》代表着汉晋蜀人对过去的失忆,而《华阳国志》又代表着他们对华夏的认同。

西周篇

《周易》真的是一本神秘的天书吗？

如果要选出一本最神秘的古代著作，《周易》自然当仁不让。《周易》被认为是儒家"五经"中最古老的著作，后世至今又有不少用《周易》看风水、算命的著作。那么，《周易》真的是一本神秘的天书吗？

《周易》一般也可以叫《易经》，但严格来说二者不能等同。《易经》是被儒家尊为经典的《周易》，包括《周易古经》和《周易大传》两部分，《周易》其实本来只是《周易古经》。另外，战国时期的"易"书也不止《周易》，比较重要的有"三易"，也就是《连山》《归藏》和《周易》。

传世本《周易》共十卷，其中《古经》在第一至第八卷。组成《古经》卦象的基本符号叫"爻"，包括阳爻和阴爻，分别写作"—"或"--"，它们三次叠加就有了八卦，八卦两两叠加又有了六十四卦。每个卦都有相应的卦象和卦辞。比如，第一卦是乾卦，卦辞叫"元亨利贞"，意思是大吉，利于占卜；卦象是从上到下六个"—"，每个爻都有一条对应的爻辞，乾卦第一爻的爻辞是"初九，潜龙勿用"。卦象的第一爻如果是"—"就叫"初九"，之后五爻分别叫"九二""九三""九四""九五""上九"；如果第一爻是"--"就不叫"初九"，而叫"初六"，以此类推。"潜龙勿用"说的是龙潜在水中，暂时没有用。古人通过将四十九根蓍（shī）草排列组合，根据对应的卦辞、爻辞来判断吉凶，这就是占筮法。

《周易大传》共十篇，又被称为"《周易》十翼"，也叫"《易传》"。其中《系辞》上下、《说卦》、《序卦》、《杂卦》五篇独立成文，分布在《周易》后两卷；另外《彖》上下、《象》上下、《文言》五篇并非独立成文，而是分散在各卦辞、爻辞的后面。

《周易》是怎么来的呢？根据《系辞》所记，伏羲观察万物，创作了八卦，《易》的兴盛又与商纣王和周文王有关，其中还引用了不少"子曰"。司马迁也说，伏羲作八卦，文王推演为六十四卦，孔子又撰写了《彖》《象》《系辞》《说卦》《文言》这些解释说明《易》的文章。所以，后世一般认为，《古经》是伏羲与文王写的，《易传》是孔子写的。也有说，文王作卦辞，周公作爻辞。总之，古人认为，《周易》是不折不扣的圣人之作。

不过，从考古发现来看，殷墟出土的甲骨上就有"七七六七六六，贞吉"的语句，这明显与《古经》存在关联。不过，商代这种甲骨非常少，甲骨更多还是用于占卜，是根据龟壳的裂纹形态来判断吉凶的，与占筮是不同的占术；进入西周以后，这种甲骨才明显增多。历史学家顾颉刚认为《周易古经》中出现最晚的"康侯"就是西周初年的卫康叔，所以《古经》应该成书于西周前期。这样看来，《古经》是由商代筮法传承而来，可能经历了文王的书写，但成书却在文王之后。

春秋时期卜法仍然很流行，且社会普遍认为其比筮法更为权威。大概因为龟甲裂纹的解读存在较大空间（不似蓍筮有固定卦象），卜人集团为了垄断其解释权，长期以口耳相传的方式传承卜法，加之龟甲的材料不易获取，多重因素叠加导致卜法逐渐失传。

筮法的命运则完全不同，《周易》等成书后本身就方便流传，而且在古人的崇古心理下，又被赋予了政治哲学的内涵。前面提到，"元亨利贞"的本义是大吉、利于占卜，但春秋中期鲁宣公夫人穆姜就将其解释为"仁、礼、义、固"四种品行。这个解释虽然违背了本义，但反而赋予了其更强的生命力。

之后孔子整理周代文献，也包括了《周易古经》。孔子自称"述而不作"，应该只是将其作为向弟子授课的内容。战国秦汉儒家编写出《易传》，表达的也是自己的政治主张，其中既然提到"子曰"，可见并非孔子本人著作。目前出土最早的《周易》，是上博简《周易》，里面也只有类似《古经》的内容，而不包含《易传》，这也证实《易传》并非孔子的作品。

总之，《古经》是周代占筮手册，《易传》则是战国秦汉儒家的论著，都不是什么神秘作品。

周文王、周武王为什么不能叫姬昌、姬发？

如果问周文王和周武王的姓名，大家应该都知道是姬昌和姬发。一个姓姬名昌，一个姓姬名发，看起来没有任何问题。不过，如果细读《史记》的话，会发现根本没有这样的称呼。不但如此，其他先秦男性姓加名的称呼，包括姜子牙、芈原、嬴政等，大都不存在。倒是有两个例外：一个是《陈杞世家》中周代陈国开国国君胡公"妫满"；还有一个是《秦本纪》等记录的宣太后弟弟华阳君"芈戎"。

那么，周文王、周武王为什么不能叫姬昌、姬发呢？这就要说到周代的姓氏制度了。

前文我们提到，古文献一般认为姓和氏从上古时期就存在了，近代学者生搬硬套西方民族学理论，认为姓来源于母系氏族社会，氏来源于父系氏族社会。实际上，直到商代，甲骨文中也没有发现规范的姓和氏。严格来说，姓和氏更可能都是西周的产物。

姓和氏有什么区别呢？大体来说，姓代表的是血缘出身，是不变的；氏代表的是家族集团，是变化的。比如周天子姓姬，他的叔伯兄弟被分封到鲁、晋、卫、蔡这些诸侯国。这些诸侯国国君都是姬姓，但又分别属于鲁、晋、卫、蔡这些不同的家族集团，也就是氏。但氏不能简单视为姓的分支，因为根据同姓不婚的制度，诸侯的配偶都是外姓女子，比如齐国公主嫁给了鲁国国君，那么她也从"齐"这个氏转入到"鲁"这个氏里了。

姓因为比较固定，所以比较少，周代常见的只有姬、姜、嬴、子、芈、妫、姞、风、姒、妘、任、己、祁、嫚、隗、归、祁、曹等一二十个。一般只有女性在名中称姓，比如，苏妲己的"苏"是母国的氏，而"己"是姓。周代婚姻有"问名"环节，就是为了避免出现同姓联姻。氏代表的是家族，男性经常参与政治活动，所以只需要称氏，一看称呼就知道出自哪家。比如孔子是商人的后代子姓孔氏，但他只叫孔丘而不叫子丘。至于"孔子"这一称呼中的"子"并不是姓，而是尊称。

周代的氏非常多，来源有以下两种：

第一是以居住地的地名为氏，这种来源最为普遍，其中有的以封国或者封地为氏，有的以居住地为氏。比如国名周、秦、楚、齐、燕、赵、魏、韩、宋、卫、陈、蔡、郑、徐、许等，这些都是当时的氏，因为人口数量多，时至今日也都是常见的姓氏；但有些小国和城邑的氏就比较小众了，比如钟离、令狐、邯郸。至于以居住地为氏的，如东郭、西郭、南郭、北郭、东门、西门、南门、北门、东宫、西宫、南宫、北宫，表明他们家族居住在城郭、城门、宫殿附近。

第二是以祖先的名号为氏，这种来源也不少，包括以祖先的名字、谥号、官职为氏，带有纪念的性质。比如春秋鲁国著名的"三桓"，也就是仲孙氏（孟孙氏）、叔孙氏、季孙氏，分别来自三位祖先的字——仲、叔、季。再如战国时楚国的三大家族屈、景、昭：屈氏起源于楚武王之子瑕被封于屈邑，后代以封地为氏；景氏来源于楚景平王，也就是楚平王；昭氏来源于楚昭王与楚悼王，因为"昭"和"悼"可以通假，文献也写在一起了。至于以官职为氏，比较典型的就是司空、司马、司徒这些。

到战国时期分封制社会解体，没有了区分姓和氏的必要，姓和氏逐渐合流，组成了一个新的词"姓氏"。一方面，姓的血缘功能保留了下来，除了改姓、赐姓等特殊情况，姓氏一般不再轻易变化；另一方面，氏的社会功能也保留了下来，今天姓氏的功能实际上更多近似周代的姓。姓氏的合流并非一蹴而就，而是从战国至西汉才完成的。姓氏合流的同时也由贵族化逐渐大众化，后世中国的姓氏制度和主要姓氏也就由此形成了。

最后回到《史记》中的两个特例。"妫满"这个称呼仅见于《史记》，或许是司马迁已经不太注意姓和氏的区别，而书写的一个错误称呼；"芈戎"的称呼倒是《战国策》也有，不过在《战国策》中他又叫辛戎，这样看来，"芈"可能是"辛"的误抄。

伯邑考这个名字是什么意思？

我们知道，周文王叫作姬昌，周武王叫作姬发，周武王的弟弟叫作姬旦。那么，周武王的哥哥为什么叫伯邑考呢？

其实，姬昌、姬发、姬旦都是后世的称呼，他们虽然姓姬，但不是这样称呼的，而是叫西伯昌或文王昌、武王发、周公旦。《史记·管蔡世家》就说，文王有十个嫡子，分别是伯邑考、武王发、管叔鲜、周公旦、蔡叔度、曹叔振铎、成叔武、霍叔处、康叔封和冉季载。所以"伯邑考"的"伯"，其实就是"伯仲叔季"的伯，在兄弟姐妹里排行老大的意思，武王排行老二应该是"仲"，冉季载排行最小就叫"季"，中间的排行都可以叫"叔"。

"伯邑考"的"邑"，可能跟管、周、蔡、曹这些一样，代表他的封地；为什么说邑是伯邑考的封地，而不是他的名字呢？因为周朝的女性出嫁之后，往往以丈夫的封地或者丈夫的族氏，作为自己的氏。武王的王后是吕尚的女儿，叫作邑姜，但这个"邑"字很难解释。历史学者沈长云认为应该是"吕姜"之误，但这样随意更改文字，似乎有些大胆；所以历史学者王少林指出，"邑姜"应该是伯邑考的遗孀，伯邑考去世后，弟弟武王续娶了他的妻子，这样一来就通顺了。

弟弟娶嫂子，兄长娶弟媳，儿子娶庶母，这种作法是有悖伦理，但在古代一些政权中确实存在，《史记·匈奴列传》就记载了这种风俗。为什么会有这样的习俗呢？因为当时的父系家族比较原始，族人都是共同生活、共同发展的。如果女性的丈夫去世后，她带着遗产改嫁到其他家族，那么就势必造成本族财产的外流。西汉元帝时，王昭君嫁给匈奴呼韩邪单于，呼韩邪单于去世后，王昭君又嫁给了呼韩邪单于的儿子复株累若鞮（dī）单于，这就是儿子娶庶母的风俗。

那么邑具体在哪里呢？因为商朝把自己的都城称作"大邑商"，那么周国的邑或许就是文王当时的都城，也就是周或者丰京。周就是今天陕西岐山一带的周人大本营；后来文王又迁到丰京，即今天西安市长安区一带。伯邑考凭借自己的太子储君身份，以都城的名字作为自己的族名，似乎说得过去。

那么"伯邑考"的"考"就是他的名字吗？其实，这个"考"字更可能是对先人的称呼。后世一般认为"考"指的是先父，其实父系先人都可以称作"考"。根据《逸周书》的记录，武王时期就有"邑考"的称呼了，但伯邑考肯定不是武王的父亲。屈原《离骚》中第二句是"朕皇考曰伯庸"，这个"伯庸"不是他的父亲，而是楚国人的先祖祝融。祝融又写作"伯融"，"庸"和"融"两个字可以通用。"伯邑考"在定州汉简也写作"伯邑丂"，但"考"字才是本来的写法。

这就是"伯邑考"这个名字的意思，其中"伯"代表排行老大，"邑"代表封地族氏，"考"代表父系先人。至于他的真实名字，反而湮没无闻了。

伯邑考是被周文王吃了吗？

由《封神演义》改编的一系列影视文学作品，往往都会讲到一个很经典的故事，就是纣王杀死了周文王长子伯邑考，还将其做成肉饼让文王吃。然后纣王就问文王：你不是未卜先知的圣人吗？怎么连吃的是自己儿子的肉都不知道？文王就被恶心到了，把吃下去的肉吐了出来。这些肉掉在地上，变成兔子跑了。

那么，历史上的伯邑考是被周文王吃了吗？这件事确实是有历史记录的，最早是在河北定州西汉中山怀王墓出土的一篇竹简中。这篇竹简就是托名吕尚所作的《六韬》，其中就有一句说"质子于殷，周文王使伯邑巧死，有诏必王食其肉，□免其血。文王食其肉，□免其"。这段话的上下文都残缺了，但基本意思还是明确的，讲的是伯邑巧（也就是伯邑考），作为质子前往商朝，但后来纣王让文王吃伯邑巧的肉，文王就让伯邑巧去死了。当然，文王是被纣王逼迫的。

那么，这段记录可以说明文王吃了伯邑考吗？其实不然。《史记·管蔡世家》里就只说因为武王非常贤明，所以文王放弃伯邑考，立武王为太子。等到武王即位时，伯邑考已经去世了。那就是说，伯邑考应该是在被废之后正常去世的。《史记》根本没有说他被纣王杀死，更没有说纣王让文王吃了他。而战国末期的《吕氏春秋》也只说纣王杀死了一个名不见经传的梅伯，做成肉酱让文王吃，完全没有提到纣王与伯邑考有任何交集。如果死的是伯邑考，那《吕氏春秋》自然不会不记载。

可见，伯邑考应当是正常去世，并非被文王吃了。但是文王吃伯邑考这个段子，涉及父子伦理的问题，明显要比吃一个来历不明的梅伯，更能制造故事的矛盾冲突，也就更能吸引读者的眼球，所以在后世也就更为流行了。元代的《武王伐纣平话》对这个故事又进一步细化，说纣王让伯邑考弹琴，自己却和妲己饮酒，伯邑考觉得自己没有受到尊敬，这才操起琴去砸纣王和妲己。但这个故事，又显得伯邑考太鲁莽了。

所以后来的《封神演义》又加工出了一个精彩的故事，即妲己想亲近伯邑考却被拒绝，怒而诬陷伯邑考，导致他被杀，这就是民间文学经典的"主母反告"母题。类似的故事还有北宋《太平广记》引用的《还冤记》，说周宣王之妾女鸠想和大夫杜伯私通，遭到杜伯的拒绝。于是女鸠去宣王那里告状，反咬一口，说杜伯想与自己私通，宣王就把杜伯给处死了。

还有学者认为，文王吃伯邑考与"杀长子"的风俗有关，这种说法有一定依据。《墨子·鲁问》就提到，楚国南边有个啖人国，长子出生后会被他们吃了，说是对他的弟弟有好处；如果觉得滋味好还会请国君吃，国君还会赏赐他的父亲。不过，伯邑考明显不是在出生后马上被杀掉的，所以这种说法也站不住脚。而有学者从《周易》的只言片语中，解读成伯邑考被作为人牲杀死吃掉了，先入为主的穿凿附会就更加明显。总体来说，伯邑考被纣王杀害并让文王吃了的说法，是后人基于伯邑考史料的相对空白，为了突出纣王的罪恶，增加的一条罪名而已，其实是不可靠的记录。

周公究竟有没有称王？

周公旦是古代著名的政治家，周公摄政的故事非常有名。《史记·周本纪》说，武王去世后，儿子成王年龄比较小。因为周朝刚刚平定天下，周公害怕诸侯背叛，就以王叔的身份来摄政当国，代替成王去发布命令。当时武王的另外两个弟弟——管叔和蔡叔本来负责监视商国国君武庚，结果反而勾结武庚叛乱。之后周公奉命东征，杀武庚、管叔，流放蔡叔，然后将商国故地一分为二，分封给了纣王长兄微子启和周公弟弟康叔封，分别建立宋国和卫国。等到周公执政第七年，因为成王年龄已经不小了，周公就将执政权还给了成王，自己重新以大臣身份行政。这是古代最流行的说法，周公完全是一个德才兼备的形象，而且周公只是摄政，不是真正称王，也就守住了君臣之道。

然而，战国时期的《荀子·儒效》却有另外一种说法，说的是周公并非摄政，而是他舍弃了成王而自为天子。当然，周公的动机仍然是惧怕天下背叛，所以在他平叛与分封之后，还是归位给了成王。荀子认为，天子不能让少主担任，也不能由他人摄政，能够胜任天子之位的人，天下就会归顺他，否则天下就会背叛他。总之，在荀子看来，周公并非摄政，而是正儿八经地即位称王成了天子。当然，在荀子的政治观念里，他是支持这种做法的，反而是反对摄政的。

其实在儒家经典文献《尚书》中，也有周公称王的痕迹。比如《康诰》这篇周公册封康叔于卫国的官方文书，其中就提到"王若曰：孟侯，朕其弟，小子封"。卫国受封于周公东征之后，康叔封又是武王与周公的弟弟、成王的叔叔，所以，这个"王"一定是周公而非成王，"王若曰"就是王这样说，是《尚书》里的一个固定格式。他称呼康叔封为"朕其弟"，至于"孟侯"，说的是康叔封被立为诸侯之长，也就是"方伯"。后世有学者不肯承认这个问题，将《康诰》强行解读为武王时期之作。但卫国建立是周公东征之后，所以这是说不通的。

那么，《康诰》就证实了周公即位为天子的说法了吗？其实也不尽然。顾颉刚指出，一方面周公确实辅佐成王即位了；另一方面周公也因摄政而被《尚书》称作"王"，但毕竟不是实际的周王，所以当时既有人称其为王，也有人称其为周公。西周青铜器"周公东征鼎"就说"惟周公于征伐东夷"，"禽簋"也说"王伐奄侯，周公某禽祝"，可见当时人都把王与周公区分为两个人。

也有不少学者认为周公类似清初多尔衮的身份，周公虽然是摄政，但也有正式的王号。也就是说，当时的王号并非天子所独有。这一点，其实也有合理性。王国维先生就列举过西周的夨国、录国等称王的情况，并认为当时天子和诸侯的等级没有后世这么严格，所以诸侯在自己国内都有称王的习俗，春秋时期的徐、楚、吴、越等国称王，也是沿革自西周的传统，不能都视为僭越。

另外，从西周时期的青铜器宜侯夨簋、墙盘、逨（lái）盘等器物上的铭文看，武王和成王确实是连续的两代，之间不存在一个周公为天子的时代。总之，周公称王当有其事，但无论是周公真的拥有王号，还是仅被《尚书》视为王，都不妨碍成王才是当时的真天子。

西周大分封是在武王时还是在周公执政时？

分封制是周朝非常重要的一项政治制度，根据《史记·周本纪》的说法，周武王灭商之后推行了大分封：一方面是褒奖封赏了一批所谓的"圣王之后"，其中将神农的后人分封在焦国，黄帝的后人分封在祝国，帝尧的后人分封在蓟国，帝舜的后人分封在陈国，大禹的后人分封在杞国；另一方面又新封了一批功臣谋士，其中将吕尚封在齐国，周公旦封在鲁国，召公奭（shì）封在燕国，管叔鲜封在管国，蔡叔度分封在蔡国，其他人也都依次受封。

《吴太伯世家》提到，武王还把仲雍的曾孙周章封在吴国，周章的弟弟虞仲封在虞国。《管蔡世家》又说，武王克商后，分封了功臣和兄弟，其中就包括六个弟弟管叔鲜、蔡叔度、周公旦、曹叔振铎、成叔武和霍叔处，至于康叔封和冉季载，因为年少，所以没有分封。后来周公平定管叔、蔡叔之乱，又把纣王长兄微子启封到宋国，把康叔封封到卫国，把冉季载封到冉国。《魏世家》说，武王还封了同姓的毕公高。

按照这些说法，武王在位时就基本完成了全国大分封，周公只是在平定叛乱后，又小规模地分封了几个国家。

不过，根据更早的《左传》记录，周公是因管叔、蔡叔作乱的缘故，才广封亲戚作为周室的屏障。除管、蔡之外，周文王之子受封的，包括郕（成）、霍、鲁、卫、毛、聃（冉）、郜、雍、曹、滕、毕、原、酆（fēng）、郇（xún）等国；周武王之子受封的，包括邘（yú）、晋、应、韩等国；周公之子被分封的，包括凡、蒋、邢、茅、胙、祭等国。

不仅如此，《左传》还明确说了周公分封鲁、卫和晋三国的过程。鲁国分封时，鲁公被赐大路、大旂（qí）、夏后氏之璜、封父之繁弱等器物，大路就是一种车驾，大旂就是一种旗帜，夏后氏之璜是夏后氏的一种玉器，封父之繁弱就是封父的一种弓，这些器物都是象征身份的礼器；另外，还赏赐了条氏、徐氏、萧氏、索氏、长勺氏、尾勺氏作为鲁公的国人，他们都是商遗民，被称为"殷民六族"。鲁公的封地是在少昊之墟，也就是今天山东曲阜一带。

那么，西周大分封到底是《史记》记载的武王在位时可靠，还是《左传》记载的周公执政时可靠呢？

其实，《史记》明显不如《左传》可靠。众所周知，武王灭商只经历了牧野之战，之后就攻入了商都朝歌，对纣王进行了斩首行动。《逸周书·世俘解》还记录了武王克商后，派兵扫清了越戏方、陈、卫、磨、宣方、蜀等地的商人势力。这些地方大致也都在中原一带。所以武王的分封，只可能是在岐山到朝歌一线，而且更多是对原有势力的承认，也就是《周本纪》中说的褒封"圣王之后"，其中就包括将纣王子武庚封于商朝国都朝歌附近的部分王畿之地。

武王灭商后数年就去世了，周公摄政引发武庚与"三监"之乱。武王本来立管叔、蔡叔和霍叔为"三监"，负责监督武庚，结果武庚反而联合他们一起发动叛乱。之后周公东征，先是攻灭了武庚和"三监"，又将战线推进到了东方和北方。北方以商朝遗民势力为主，实力较弱，周人很快就取得了大捷。

东夷集团的实力较为雄厚，在商朝时就是商人的心腹大患。周公东征先攻灭了奄、丰、薄姑等国，而剩下的徐、莱、莒等国实力也不弱，很难迅速将其消灭。在这样的情况下，周公为了周室的稳定与发展，正式开启了大分封，其中就包括在商国故地建立的宋国、卫国，在东方建立的齐国、鲁国以及在北方建立的燕国，等等。

大分封与以往的褒封的显著不同之处在于，它将周人打入到了商人与其他部族之中，比如前面提到鲁国建立时辖下就有周人和商人，发展中自然还会进一步融合东夷族群，这使得血缘国家往地缘国家的发展迈出了关键一步。

后世诸王也都有分封子弟的记录。《史记·汉兴以来诸侯王年表》就说，武王、成王、康王分封共数百国，其中同姓国有五十五个。不过在康王之后，周人整体由向外扩张走向对内治理，所以分封也就减少了很多。西周末年，周宣王把弟弟王子友封到郑国，应该是西周最晚的一次分封记录了。

先秦时期存在"五服"制度吗?

古代有两种所谓的"五服"制度。一种是按照五种不同等级的丧服来确定亲属关系的亲疏,其中包括斩衰(cuī)、齐(zī)衰、大功、小功、缌(sī)麻五种,这种"五服"在《周礼》《仪礼》《礼记》中都有提到,并且在古代广泛被运用。还有一种"五服"制度,规定的是地方向中央纳贡的五种等级的义务,不同于第一种"五服",这种"五服"在后世并未正式实施,但它又的确被记录在先秦时期的文献中。

《史记》就记录了两次"五服"。一次是《夏本纪》说的,即大禹确定的"五服"。具体来说,是将天子国都之外五百里区域划为甸服,甸服之外五百里为侯服,侯服之外五百里为绥服,绥服之外五百里为要服,要服之外五百里为荒服。甸、侯、绥、要、荒这五服又按照距离远近细分了不同的义务。比如甸服之内又划分为五等,分别为天子进贡总、铚(zhì)、秸、粟和米五种物品。整体来说,距离国都越近,承担的责任也就越重。

另一次记录在《周本纪》中,是西周中期祭公谋父对周穆王说的。按照祭公的说法,先王之制有"五服",包括"邦内甸服、邦外侯服、侯卫宾服、夷蛮要服、戎翟荒服"。这"五服"为天子承担不同的义务。相比《夏本纪》的"五服",这种"五服"虽然在名称上与其近似,但并非以距离进行区分,而是以服役者的身份进行区分,其中"甸服"是国都内的人承担的义务。这种划分方式,明显就要比《夏本纪》那种切蛋糕的方式更为合理。

其实,《史记》之所以出现这两种"五服",并非夏代"五服"到周代"五服"的变化,而是司马迁摘录资料的来源不同。《夏本纪》的记录出自《禹贡》,《周本纪》的记录出自《国语·周语上》。后者来源比前者更为原始,所以记录也就显得更真实。战国的《周礼·夏官·职方氏》甚至提出了"九服"的说法，以千里之内为王畿，王畿之外五百里是侯服，之外还有甸服、男服、采服、卫服、蛮服、夷服、镇服、藩服，各有五百里的范围。这些记录就明显更不可靠。

那么，《周语上》《周本纪》的"五服"就是真实存在的制度吗？其实也不然。"夷蛮"和"戎翟"这两种身份，实际上并不好区分；"邦外侯服"和"侯卫宾服"并立，既然"侯"不是"侯服"，"侯"和"邦外"又有什么关系呢？这也很难说清楚。所以，还是要从更早的文献着手。

在周初文献《尚书·酒诰》中，周公旦提到了商朝的"内外服"制度，其中"越在外服，侯、甸、男、卫，邦伯；越在内服，百僚、庶尹、惟亚、惟服、宗工，越百姓、里居"。这段记录应该比较原始，在洛阳马坡出土的周康王时的青铜器"令方彝"中，也提到周公旦之子明公受命率领"三事四方"的官员，其中就包括"眔卿事寮、眔诸尹、眔里君、眔百工、眔诸侯：侯、甸、男"。所以，《周语上》《周本纪》的记录，仍然有后人的理想成分。

历史学者卢中阳详细研究了商代内外服的关系，认为：内服主要是商王的亲属，在商国之内服役，与商王是绝对从属关系；外服更多是服从商王的邦国，在商国之外服役，与商王是相对平等的关系。而不管是内服还是外服，都是以整个族群为商王服务，而不是以个人身份领取商王俸禄。这种服役方式被称为"指定服役制度"，是历史学者徐中舒结合西南少数民族史料最早提出来的。它是作为早期国家背景下的一种剥削方式存在的。

具体而言，"侯"的本义是箭靶子，侯服就是从事军事的服役；"甸"就是"田"，甸服就是提供粮食的服役；"男"从"田"从"力"，男服应当也与军事或者输粮有关；"卫"就是保卫，卫服就是从事保卫的服役；"邦伯"即这些国君的通称。卢先生指出这四种服制在甲骨文中都存在，此外还有"犬服"和"牧服"，前者承担田猎义务，后者承担畜牧义务。至于内服，包括亚、射、戍、马、百工，还有宁，也就是贮，从名称大致就能推断出其职责。

周代有没有五等爵制？

古代中国有著名的五等爵制，也就是公、侯、伯、子、男这五等爵，一般认为是与周代分封配套的制度。《史记·汉兴以来诸侯王年表》就说："周封五等，公、侯、伯、子、男。"《周礼》《礼记》等文献更是详细规定了五等爵对应的不同待遇。

《周礼·春官·大宗伯》说："王执镇圭，公执桓圭，侯执信圭，伯执躬圭，子执谷璧，男执蒲璧。"意思是天子和诸侯使用象征权力的玉圭，都有不同等级的规定。《周礼·夏官·职方氏》说：公的国土有五百里，周朝共四公；侯的国土有四百里，周朝共六侯；伯的国土有三百里，周朝共七伯；子的国土有两百里，周朝共二十五子；男的国土有一百里，周朝共一百男。如果说前者还有些真假难辨，那么后者一看就知道是假想的了。

其实，比这些书更早的《孟子》也提到了五等爵制，但这五等爵分别是天子、公、侯、伯和同等的子男，其中天子的国土有千里，公侯都是百里，伯七十里，子男五十里，另外还有不到五十里的附庸国。

可见，《孟子》和《周礼》《史记》关于五等爵的说法就不一样，那么到底孰是孰非呢？其实，民国时就有不少学者对五等爵表示质疑，最有名的就是傅斯年先生的《论所谓五等爵》一文。傅先生结合传世文献和甲骨文、金文，认为根本没有五等爵制。不过，至今也有不少学者坚持认为五等爵制存在，他们最大的理由是，《春秋》记录的诸侯爵名是相对固定的，而《春秋》又是春秋史最可靠的文献。

要解决这个问题，还是要从商代甲骨文开始梳理。五等爵制在商代能找到出处吗？商代确实有侯、男，但只是"服"而非"爵"，代表的是本族群为商王服役的工作。侯、男与甸、卫、犬、牧等属于外服，亚、射、戍、马、工、宁属于内服。至于公、伯、子也有，但并不属于服制。公的本义是长者，商代的公是区别于王的旁系先祖；伯的本义是老大，多指方国首领；子的本义是子女，为商人贵族的通称。

可见，商代的侯、男主要代表的是职事，而公、伯、子则是从亲属称呼引申出来的贵族身份，并非同一性质。所以，商代必定是不存在五等爵制的。

从西周金文来看，公、伯、子的含义发生了变化。公从去世的旁系先祖变为尊者的称号，执政大臣可以称公，也就是所谓"天子三公称公"；但非执政大臣也可以称公，《左传》中的诸侯国国君就通称公。因为周人作为伯取代了商人众多子，所以周人贵族就多以伯称，而殷商旧族反过来多以子称。但这只是一般的规律，实际上族长都可以称为伯，同时也可以谦称为子。另外，伯也有伯主，也就是诸侯之长，这也是由本义引申出来的。至于商代的内外服，在西周就很少见了，但侯、甸、男还是保存了下来。公、伯、子作为贵族通称和侯、甸、男就有了交叉关系。所以，西周仍然不存在五等爵制。

接下来就是春秋时期了，尽管《春秋》中的公、侯、伯、子、男指代的诸侯相对固定，但要注意的是，既然西周没有五等爵制，在"春秋无义战"的背景下，就更不可能存在一个主导爵制的势力了。所以，《春秋》中的五等爵反映的只是鲁国人的一种政治观念，这应该是基于诸侯会盟排序的政治需要而造的。而且不管是《左传》还是金文，都有大量相反的证据证明诸侯的称谓存在不确定性。

其实，伯、甸、男的三级外服制在《左传》中也有体现，比如《左传》说曹是"伯甸"，郑是"伯男"，可见曹本是甸服，郑本是男服，伯是周人贵族的通称，但是他们都被《春秋》称为伯了。正因如此，《春秋》中极少有男，至于甸更是完全看不到了。《左传》说晋是"甸侯"，可能晋国初封唐时为甸服，改封晋之后又升为侯服。可见，即使在春秋时期，五等爵制仍然不存在。

综上，周代并没有所谓的五等爵制。

周代真的有井田制吗？

我们说到西周王朝的基本制度，一般都会提到宗法制、分封制和井田制三种，有的说法还会加上一个礼乐制。周天子正是利用这几种制度，维系对整个天下的统治。后来，战国初年诸侯相继变法，这几种制度都被废除了，从而走向了社会大变革的时代。但这里要强调的是，宗法制、分封制和礼乐制确实都是周代制度，不过，井田制却极大可能是虚构的。为什么这样说呢？先来看看传世文献是怎么说井田制的。

井田制的记载最早出自《孟子·滕文公上》，滕文公向孟子问治国之道，孟子就说了三代的田税制度。孟子说，夏朝每家按五十亩地来实行贡法，商朝每家按七十亩地来实行助法，周朝每家按一百亩地实行彻法。三种税制虽然不同，但税率都是十分之一。不过，贡法是比较若干年的收成，然后按一个固定标准来抽成，这是最差的办法；助法是借助民众的劳动力来耕种土地，这是最好的办法；至于彻法，是在不同情况下计算税收的方法。《诗经》说"雨我公田，遂及我私"。实行助法才有公田，那么周朝实际上也是推行助法的。

按照孟子的说法，"贡"就是纳贡，可以理解为实物地租；"助"就是劳动，可以理解为劳役地租；至于"彻"就是贯彻，大概是两种地租形式的结合。但周朝实际上还是以劳役地租为主，《诗经》这句话说的就是劳动者有种公田的义务。也就是说，孟子提倡的是商周以来国家收取劳役地租的形式。

滕文公又派大臣毕战问孟子西周初期具体的田制如何。孟子先说已经不太清楚了，然后又说以方圆一里设置一井，一井由八个家庭组成，八家共九百亩地，中间这块为公田，也就是王室的收入，周围八块为私田，也就是自己的收入，先耕完公田才能耕私田。八家团结友爱，互相帮助，不能离开本土，但这只是一个大概的模式，具体怎么细化操作，还得看滕文公君臣。

孟子这段话，就是井田制最早的来源。《穀梁传》最早提到"井田"这个词，说"古者三百步为里，名曰井田。井田者，九百亩，公田居一"；此外，《周礼》《韩诗外传》《汉书》等战国秦汉文献也都提到了井田制，与《孟子》讲述的大同小异。不过，如果仔细体会孟子的语气，就会发现这实际上是孟子按照自己的思路，对"雨我公田，遂及我私"一句话的发明，并将其推销给了滕国，而不代表周朝实际使用过这种田制。

胡适先生就对井田制提出过质疑，他认为，这种豆腐干块的井田制度是不可能的，战国以前从来没人提到过井田制，这是孟子自己空想出来的。对于这个观点，有不少学者支持，也有不少学者反对。反对方认为文献不能轻易否定，并用原始社会的农村公社分田制去解释，认为二者有相似之处，所以井田制是从分田制发展而来的。但商周时期并非原始社会，仅凭一些相似之处，就肯定井田制的存在，似乎过于武断。

历史学者赵世超认为，所谓井田，不过是在低地开发的时候，一道道排水沟洫将土地划分开来，远远看去大体呈现方正的井字形。甲骨文的"田"字虽然有井田的形状，但实际上是一种自然状态，而与土地制度无关。最关键的是，按照孟子井田制的说法，必须实现了个体劳动的普遍化，八家耕完公田之后才能耕耘自己的私田。但从原始社会到西周和春秋时期，却是以家族共耕的形式为主。直到战国时期，铁犁与牛耕的发展，才使得个体耕作普遍化。至于"雨我公田，遂及我私"一句，从云南怒江地区怒族的案例看，"公"表示的是村寨的公有地，而"私"表示的是族内的私有地，并非属于私家的。那么井田制其实是孟子根据战国的生产方式，对《诗经》误读而产生的一种理想化设计，所以孟子一开始就说已经不太清楚了。

赵世超先生的观点是比较有力的。其实，战国变法也根本没说过"废井田"，《史记·商君列传》说的是商鞅变法"为田，开阡陌封疆"，后来《汉书·食货志》才改为"废井田，开阡陌"，也使后人加深了存在过井田制的这一错误印象。

晋国受封是因为"桐叶封弟"吗？

今天山西省简称"晋"，名称来源于周代的晋国。晋国是春秋时期最强的诸侯国之一，"战国七雄"中赵、韩、魏三家，就是经历了"三家分晋"而来的。不过，晋国初封的时候，地盘并不大。《史记·晋世家》就说了一个"桐叶封弟"的故事。

周成王即位后，古唐国造反，周公攻灭了唐国。古唐国是帝尧后裔建立的国家，在今天山西临汾一带。有一次，成王和弟弟叔虞玩耍，成王把一片桐树叶子削成玉圭的形状，递给叔虞说，我用这个分封你了。玉圭是贵族权力的象征。这时，旁边一位叫佚的史官就请求成王择日分封。成王说，哎呀，我只是跟他开玩笑嘛！史官佚说"天子无戏言"，说了什么话史书都要记录下来。成王只好将叔虞封在古唐国，当时的土地只有方圆百里。后世有个成语"君无戏言"，就是从这里的"天子无戏言"演变来的。

其实，"桐叶封弟"的故事，战国时期的《吕氏春秋·重言》中也有提到，只不过没有提到史官佚这个人物，他的这些话是由周公说出来的。这样看来，春秋最强诸侯的分封，居然是因为一句玩笑话。

这个故事应是战国时期的一个寓言故事，重在讲君主应该一言九鼎的道理。守信固然是没错的，但应该有一个限度。如果仅仅是少年天子说了一句玩笑话，大臣就真要去执行，那就是置国家和君主的未来于不顾了。古唐国的反叛大概与"三监之乱"同步，周公灭唐应该也是东征活动的一部分。消灭古唐国后，周公旦统一部署大分封，就把古唐国分封给了叔虞，这件事在《左传》中也有记录。

为什么会把古唐国分封给叔虞呢？《晋世家》说，当初周武王和叔虞母亲相会的时候，梦见天帝对自己说，我要你生个儿子，叫虞，我就把唐地赏赐给他。等到叔虞出生，手上的纹路像是一个"虞"字，所以就被称为叔虞。这段记录也不是《晋世家》原创的，最早是《左传》说的。这当然不会是真实记录，而是唐叔虞受封之后，晋国人为了宣传祖先的君位来自天命神授，才制造出来的。

《国语·晋语》倒是借春秋晋国人之口，透露了唐叔虞分封的原因。原来，叔虞曾经射过一头兕（sì），所以才被封到晋地。兕是古代一种犀牛，其皮常用来制作甲胄，叔虞能够射死一头兕，可见他的武力值非常高，正因如此，他才被周公选中分封到了古唐国。

那么，为什么会有"桐叶封弟"的传说呢？考古学者谢尧亭指出，古时桐叶的"桐"与唐国的"唐"在读音和字形方面都相近，所以消灭唐国来分封给唐叔虞，就被讹传为削剪桐叶来分封给唐叔虞。这可备一说。

这样一来又出现一个问题。唐叔虞因为勇力被封，那么年龄应该不小了。春秋中期的一件晋国青铜器，作器者是一位晋国国君，他说"我皇祖唐公，膺受大令，左右武王，□□百蛮"，虽然缺了两个字，但大概意思清楚，是说唐叔虞曾经辅佐周武王，安抚若干蛮夷族群。这样的话，叔虞似乎受封于武王时期。这就将《吕氏春秋》《晋世家》的记录给否定了。甚至还有学者质疑，叔虞并非武王的儿子，而是武王的弟弟，年龄要比成王大不少。

那么，叔虞到底是什么身份呢？尽管铭文是目前所见的最早说法，但也有学者认为，这可能只是春秋时期晋国国君的记忆错误，或者是溢美之词。后者应该比较可靠。既然叔虞在武王时就已经出生，说他"左右武王"勉强也能成立。而且对于唐叔虞是武王之子，早期文献记录也比较清楚。《左传》说邢、晋、应、韩，都是武王之子建立的国家；《国语·晋语》中春秋曹国人也说"晋祖唐叔，出自武王"。仅凭一件语焉不详的青铜器很难推翻叔虞是周武王之子的结论。

过去一般认为成王即位时年龄很小，由周公摄政，那么叔虞年龄就更小了，所以也就有人认为，既然《国语》说叔虞因为武力受封，那么他就不可能是成王的弟弟，而是成王的叔叔或庶兄。但成王即位时年幼也只是后世说法，是为了让周公摄政成立才制造出来的，历史学家顾颉刚已经证明了其不可靠，所以叔虞在周公摄政时因武力受封，倒也说得过去。

周昭王是死于楚人的谋害吗？

周昭王是西周第四任天子，《史记·周本纪》说他在位时，王道有所缺损，之后"南巡狩不返，卒于江上"。大概昭王是非正常死亡，足以动摇周人的天命观，认为天子失去了上天的庇佑，所以周室没有向诸侯发表，后世史书也语焉不详。

《左传·僖公四年》说，齐桓公会合诸侯攻打楚国，大臣管仲拿楚国不向天子进贡滤酒的苞茅以及昭王南征不返两件事质问楚国使者。使者答应补上苞茅，但关于昭王之死，使者却回复了一句模棱两可的"问诸水滨"，让管仲自己去汉水边上问。齐人没有楚人弑君的确凿证据，而且也不想和楚人较真，这事就不了了之了。这件事在《史记·齐太公世家》也有记录。这就给后人留下一个谜团——昭王是死于楚人的谋害吗？

《史记》对于昭王的事迹记载比较简单，古本《竹书纪年》则记载了昭王时期的三次事迹。第一次是昭王十六年南征楚荆，渡过汉江，遇到一头大兕。第二次是昭王十九年南征，当时天色非常阴沉，野鸡、兔子都惊恐乱窜，天子率领的六支军团丧命于汉水。第三次是昭王末年，夜空清澈，有五色光贯穿天帝居住的紫微垣，象征天子有难。果然，昭王没有返回国都。这里的昭王末年，一般认为就是昭王十九年。

后世一些史书也绘声绘色地描述了周昭王之死。《吕氏春秋》说，周昭王伐荆，返回渡汉江时，桥梁毁坏，昭王和祭公都坠落在水中。昭王的车右辛馀靡是位大力士，他把昭王捞了起来，先背着昭王向北渡过汉水，又回头背回了祭公。看来，昭王和祭公都淹死了。西晋皇甫谧《帝王世纪》则说，昭王南征渡汉水，为他造船的人厌恶他，献上用胶粘住的船。船到汉水中心时就解体了，昭王和祭公沉水而死。车右辛馀靡长臂多力，将昭王捞了起来。

也有学者提出，古本《竹书纪年》隐晦的记录，实际上指的是周昭王死于一场地震；历史学者尹弘兵则指出，昭王应该是死于一场洪水。但无论如何，大家都认为昭王是在汉水死的，而且是非正常死亡。当时天子史官没有向诸侯报丧，所以在后世才留下种种传说。

除了传世文献的记录，不少西周青铜器也记录了昭王南征，征伐的对象有两个，一个是楚荆，另一个是虎方。

根据昭王伐楚荆的记录，昭王渡过汉水后攻打楚荆，这场战争缴获了不少青铜，战后不少参战贵族都铸造青铜器纪念，如京师畯（jùn）尊、过伯簋、䚄（zī）簋等。后来的墙盘、逨盘也提到了昭王伐楚荆的功绩，足以证明这场战争是由昭王亲自指挥的，且毫无疑问是大获全胜的。所以这场战争对应的就是古本《竹书纪年》中的"十六年，伐楚荆"。先秦文献的"楚"或"荆"均指楚国，当时楚国在汉水中游，汉代也指包括楚国在内的本地部落"楚蛮"或"荆蛮"。

根据昭王伐虎方的记录，昭王命令南宫作为统帅讨伐虎方，同时命令中、静等人去南方的曾、鄂等国巡视，自己则在后方布置南巡。曾就是曾侯乙的曾国，也就是文献中的随国，在今天湖北随州市曾都区；鄂是邻近曾国的国家，在今天湖北随州市随县。这两个国家都在汉水以东、长江以北，是周人南下经略长江流域的桥头堡，地理位置非常重要。虎方大约在曾、鄂之南，长江以北，位于汉水下游。周军大军压境，虎方溃败，这场战争就结束了。

之后，周昭王正式南巡，加强与江南的联系，并在南巡过程中接见了相侯。相侯可能是湘江一带的国君，也就是说昭王到达了长江以南。而就在北返路过汉水时，因为某种外因，昭王的军队几乎全军覆没，他也殒没于汉水。这次事件就是古本《竹书纪年》中昭王十九年的"丧六师于汉"和"王南巡不返"。

因为周昭王是在击溃虎方后才南巡的，所以他返回的路线应该就是前进的路线，也就是先渡过长江，再由汉水下游回渡，这样才能避开汉水中游的楚国。或许是昭王在这里遭到了虎方的伏击，也或许是确实遇到了某种极端的自然现象，才导致这支南征军几乎全军覆没。但无论如何，周昭王之死确实与楚国无关，这也难怪楚人不肯认账了。

"国人暴动"中的国人是平民吗？

"国人暴动"是中国古代非常著名的历史事件。

根据《国语·周语上》记载，周厉王非常暴虐，国人就议论厉王。召公对厉王说"民不堪命也"，民众忍受不了命令了。厉王就派卫国来的巫师去监视国人，看看有谁诽谤自己，若发现了就立刻处死他。这样一来，国人都不敢说话了，在路上相遇了也只敢用眼神示意。厉王非常高兴，召公又说"防民之口甚于防川"，厉王还是不听，于是国人更不敢说话了。三年后，厉王被流放到了彘地。国人听说太子在召公家，就包围了召公家。

《史记·周本纪》也抄录了这些内容，这就是"国人暴动"的出处。那么，国人究竟是什么人呢？一种观点认为，国人就是住在国都的平民，所以"国人暴动"其实是一场下层民众反抗上层贵族的运动，在强调阶级斗争的时代，这种观点特别有市场；另一种观点认为，国人是国都中的社会各阶层，实际上是以贵族为主导的，所以"国人暴动"实际上是贵族内部推翻厉王专制统治的起义。

这两种观点孰是孰非？其实，仅从史书来看，后一种说法更有道理。"国人暴动"的起因是厉王加强专制统治，那么他针对的就不仅仅是平民，而应该是整个国人。厉王被推翻后，也由贵族执政。"国人暴动"针对的也只是厉王本人，而不是整个贵族阶层，与后世的农民起义有很大不同。

《左传》里春秋后期王子朝说"至于厉王，王心戾虐，万民弗忍，居王于彘"，这个"万民"不能理解为底层民众，而应视为全体国人。《史记·十二诸侯年表》也说厉王"恶闻其过，公卿惧诛而祸作，厉王遂奔于彘"，即公卿害怕被厉王诛杀而作乱。清华简《系年》说得更具体，说厉王"大虐于周，卿士、诸正、万民弗忍于厥心，乃归厉王于彘"，卿士就是执政的公卿，诸正就是各部门的长官，他们都是统治阶层的核心人物。

其实，"国"和"国人"的概念，也值得好好说一下，因为这涉及先秦时期的社会组织形态。

在商周春秋时期，有一个非常重要的生产工具，在中原还没有被发明推广，那就是铁质生产工具。铁质生产工具没有发明推广，当时的社会就不能形成小家庭式的农业生产，只能保持大家族式的集体作业。所以，当时社会的主体是家族，在文献中也称为"氏"或"族"。这与后世贵族家庭和平民家庭分属于不同的社会共同体是有区别的。在当时，贵族和平民实际上仍然都是一个大家族的成员，他们统称为国人，并没有形成对立的阶层关系。

国人实际上是国内一个个家族中的成员的统称。周代有"体国经野"的概念，也就有了"国"和"野"的区别。国就是天子、诸侯之国，其中国内天子、诸侯以及卿大夫、士的家族成员，都可以称作国人；当然，奴隶是不属于"国人"的。西周时期国的规模都比较小，周天子直辖的城邑实际上也就是岐周、丰镐和洛邑几处都城，那么推翻周天子的"国人"，实际上就是指国都人，具体来说是岐周一带的卿大夫和采邑主。

和"国"相对的一个概念是"野"，"国"和"野"的区别绝非后世城市和农村的区别，而是本国与非本国的区别。因为当时国的规模还比较小，呈现的是若干点状的形态，并非后世国土呈现的面的状态。后世国家内部存在行政区划，国家之间存在国界线，把每一寸土地都安排到了行政区内。而周代的国与国之间存在大量的隙地，这些隙地统称为"野"，居住在"野"的民众就被称为"野人"。他们是不属于本国的异势力，但也以族为单位生活。

所以，周代社会群体的主要矛盾，并非来自贵族与平民，而是来自国人与野人，也就是"华夏"与"非华夏"的矛盾。但这一状况从春秋开始改变了。第一是由于春秋国家的扩张，"国"和"野"的边界开始消失；第二是春秋国家的内乱，不少聚居的大家族被打散；第三是由于春秋末期铁质生产工具的发明，小家庭从大家族脱离出来。所以，战国之后，贵族与平民的矛盾才成为社会的主要矛盾。

"共和"是公卿联合执政还是共伯和执政？

周厉王被国人驱逐后，周朝进入了共和时代。过去一般都说，共和元年是中国历史有确切纪年的开始。这个说法来自《史记》。《史记·三代年表》还没有确切的纪年，而从《十二诸侯年表》开始，每一年都有了大事记录。《十二诸侯年表》正是从共和元年开始的，这样就很容易推断出，共和元年就是公元前841年。

当然，根据"夏商周断代工程"公布的《夏商周年表》，中国历史的确切纪年可以追溯到夏朝建立的公元前2070年。不过，目前关于《夏商周年表》还存在不同意见。

为什么要称为"共和"呢？《史记·周本纪》说，召公、周公二相行政，所以叫作"共和"，明确指出"共和"是由召公、周公联合执政；《三代年表》说"二伯行政"，似乎也是说召、周二公；《十二诸侯年表》说，厉王子宣王还比较年幼，所以就由大臣共和行政；类似的还有三国吴人韦昭的《国语注》所言，"公卿相与和而修正事"，所以号曰"共和"，大臣和公卿具体包括哪些人，没有明确说，但大体说的还是一群人，而不是一个人。

不过，先秦文献中却有完全不同的一种说法。《左传·昭公二十六年》记载周王子朝所言"诸侯释位，以间王政"，意思是诸侯离开自己的职位，来参与王政。这里提到的"诸侯"，指的自然是外服诸侯，与内服的召公、周公等公卿是两种身份，所以才会有"释位"一说。那么，这位诸侯是谁呢？

古本《竹书纪年》提到"共伯和干王位""有共伯和摄行天子事"，原来所谓的"共和"，并非公卿联合执政，而是由一位叫"和"的共国国君来摄政！

其他战国文献中也提到了这位共伯和。《吕氏春秋》说共伯和修养他的德行,喜好贤能仁义之士,海内都以他为榜样,所以周厉王出奔后,天子一位空置,天下人就来请他。清华简《系年》说"共伯和归于宋",这个"宋"通"宗",是说共伯和回归了他的宗室,把国政还给了宣王。《庄子·让王》说"共伯得乎共首",共伯让出王位后,回到共首山自娱自乐;《鲁连子》说"共伯复归国于卫",指明共伯是回归卫国老家去了。顾颉刚先生据此指出,共伯和不是别人,正是卫国国君卫武公。

周代文献记录了两个共国:一个是《诗经·大雅·皇矣》提到的周文王时密须国"侵阮徂(cú)共"的共国,这个共国在今天陇东一带;另一个是《左传》提到的春秋初年郑国共叔段出奔的共地,这个"共"在今天河南辉县,春秋时期是卫国的一个城邑。所以,共伯应该是卫国的国君。卫国国君名和,那就是卫武公了。《国语·楚语上》中春秋楚人左史倚相说卫武公九十五岁时作《懿诫》警示自己,去世后被称为"睿圣武公",可见非同一般。

不过,如果说卫武公就是共伯和,与《史记·卫康叔世家》的记录又是矛盾的。《卫康叔世家》说,厉王出奔时是卫僖侯十三年,僖侯在位四十二年去世,太子余立为君;余的弟弟和收买死士袭杀余,余被谥为共伯,和即位为卫武公。这样看来,"共"是余的谥号而非地名,与卫武公无关。而且卫武公即位已经是周宣王时了,国人暴动时他未必出生。

顾颉刚先生认为,东汉卫宏《毛诗序》指出《抑》这首诗是卫武公讽谏周厉王的,考虑到武公活到了九十五岁以上,所以武公在厉王年间应该就参与政治活动了,他也继承了兄长"共伯"的称号,那就是说"共"还是卫国的地名。

郭沫若则认为,"共和"确实指共伯和,但另有其人,应该是金文中的"伯龢(hé)父",他担任"师"这一官职,也称为"师龢父"。伯龢父既名伯和,又担任军事长官,国人暴动后摄政,似乎也说得通。但伯龢父与"共"的联系还是缺乏证据,且其为内服职官,也不能说是诸侯。目前来看,共伯和就是卫武公这一观点,仍不失为可能性很大的一种推测。

西周的灭亡真的是因为"烽火戏诸侯"吗？

关于西周的灭亡，《史记·周本纪》里有一个经典的说法，就是周幽王"烽火戏诸侯"。原来，西周末代天子周幽王的爱妃褒姒不爱笑，幽王为了博得美人一笑，想了个法子。当时有防备敌人入侵用的烽燧和大鼓，晚上举火叫烽，白天放烟叫燧。有次幽王就点起了烽火，结果诸侯来了又没看到敌人，褒姒看到果然就哈哈大笑起来。幽王非常高兴，之后又多次点起烽火，诸侯发现自己被耍了，慢慢也就不来了。

后来，幽王任命虢石父为执政，虢石父只知道阿谀奉承，又贪财好利，大家都很怨恨。之后，幽王又废了王后，并驱逐了太子。王后来自申国（西周末有西申和南申，此申国当为西申），国君申侯非常生气，就联合缯国和犬戎进攻幽王。幽王再次举起烽火，却没有诸侯前来了。最后幽王在骊山之下被杀，褒姒也被俘虏，周室财物被掳掠一空。一般认为幽王的被杀标志着西周的灭亡。

对于美人亡国的说法，后世一直很流行。不过，钱穆先生对这个故事的真实性提出疑问，他认为，这只是民间传说而已。第一，诸侯军队不可能见到烽火就能同时到达，而且到达之后见到没有敌人，第二天也就会离开，这又有什么可笑的呢？第二，通过烽火来传递军事信息，这是汉朝人防备匈奴时才有的行为。第三，骊山之战，是幽王主动发兵攻打申国，所以幽王不会举烽火。钱穆先生认为司马迁对于这件事情的经过已经不甚了解了。

钱穆先生的结论有没有问题呢？我们一一解析。第一个问题，进退行军确实是严肃又正常的军事行为，很难说有什么好笑的地方。第二个问题，文献记载最早使用烽火的是汉朝，但战国时期的《墨子》就提到过烽火，不过，再往前的西周和春秋就没有记录了。第三个问题，骊山之战起因于周幽王伐申，这个说法和《周本纪》是矛盾的，那么这个说法是怎么来的呢？

今本《竹书纪年》有一句"王师伐申"。不过，一般认为，今本《竹书纪年》是后人伪造的，可信度不高。但在《国语·郑语》中，西周末年太史伯也说过，幽王想除去太子，这样就可以立褒姒的儿子伯服（也作伯盘），申国不交出太子，幽王就一定会攻打申国。《郑语》一般被认为是春秋战国时的作品，里面太史伯说的话应该是发生过的事情，只是通过预言的形式表现出来。这样看来，钱穆先生的观点是有道理的。

值得一提的是，2011年出版的清华简第二辑，被整理者命名为《系年》。《系年》是战国楚人的作品，以纪事本末的体裁形式讲述西周初年到战国前期的23个历史事件。其中，有不少记录可以与其他传世文献、出土文献相互印证，但也有一些矛盾的记载，甚至是一些前所未闻的说法。《系年》第二个故事的前半部分就记录了西周的灭亡。

按照《系年》第二章记载，周幽王娶西申国（西申国与戎人关系密切，也被称作"申戎"）国君之女为妻，生下了平王；后来幽王又娶褒国的褒姒，生下了伯盘。褒姒被幽王宠幸，幽王就和伯盘一起驱逐了平王，平王逃到了西申。幽王发兵攻打西申，西申人不肯交出平王。这个时候，缯国人投降了西戎，并且进攻幽王，幽王与伯盘双双被杀，西周宣告结束。也就是说，幽王先攻打西申国，西戎和缯国从侧面袭击幽王，结果导致幽王和伯盘双双战死。这个说法能够与《郑语》对应，所以可信度还是比较高的。

其实，关于"烽火戏诸侯"的故事，在战国末年的《吕氏春秋·疑似》中，就有大同小异的记录。但周幽王使用的不是烽燧，而是通过击鼓传声来向诸侯求救。这更加证明"烽火戏诸侯"的说法是西汉时期才有的。当然，"大鼓戏诸侯"同样也不可靠，鼓声能传送多远呢？"大鼓戏诸侯"，或者"烽火戏诸侯"，都可能只是战国秦汉时期的表演剧本，所以才这么具有戏剧性。

所以，"烽火戏诸侯"的故事只是后世传说。不过，关于西周灭亡的这一事件，还有很多问题需要重新去认识。

真正的西周王陵在丰镐还是周原？

时至今日，殷商后期的王陵和秦汉帝陵大都已被发现或确认了大致位置，而夹在商朝与秦汉之间的周朝，足足有八百年之久的历史，但除了咸阳原上已经被证伪的"西周王陵"，似乎很少再见到关于其王陵的考古信息。那么，两周王陵到底有没有被确认和发掘呢？

其实，东周王陵的位置已基本锁定了。东周王陵位于今天河南洛阳，也就是东周都城洛邑所在地。不过，洛邑其实是个不太准确的说法，因为这里其实有过三个不同的都城。第一个是西周初年周公旦营建的成周洛邑，在瀍（chán）河两岸，西周晚期就废弃了；第二个是春秋初年周平王至春秋后期周敬王以及战国后期周赧王定都的王城，在洛阳王城公园一带；第三个是周敬王之后至周赧王之前定都的狄泉成周城，在汉魏洛阳故城内，始建于西周晚期。

考古工作者将东周王陵分为王城、周山和金村三个陵区。王城陵区最有名的发现就是"天子驾六"，即六匹马驾驶的车辆遗迹，这是天子才能享受的规格待遇，可见这就是周王陵陪葬坑，这里现在还建了个周王城天子驾六博物馆。博物馆以南发现了一座"亚"字形墓，里面出土的一件青铜鼎上有"王乍（作）鼎彝"四个字，证明了墓主的身份；因为这是洛阳唯一一座"亚"字形周墓，所以一般认为这是最早的周平王墓，因为当时天子还有一点实力。另外这里还有一些"中"字形墓、"甲"字形墓。

周山陵区在洛阳西南的周山森林公园一带，山顶上有四座高大的封土堆：西边一座过去说是周灵王陵，是一座"甲"字形墓；东边三座相连的过去说是"周三王陵"，即三座"中"字形墓。周山陵区尚未正式发掘，所以不清楚墓主的具体身份。不过，考古工作者一致认为，这里就是周王陵，尤其值得注意的是，上面已经有了封土标志。

金村陵区在汉魏洛阳古城北部偏西，也可以叫成周陵区，民国时遭到严重盗掘，不少文物流落海外，这里发现了一批"甲"字形墓。墓葬形制的演变，正是周天子实力江河日下的表现。

虽然西周天子实力比东周强，不过目前还没有正式确认的西周王陵。先秦和秦汉的一些文献提到，文王、武王、周公都葬在"毕"这个地方。《逸周书·作雒解》就说"葬武王于毕"，《史记·鲁周公世家》也说"葬周公于毕，从文王"，司马迁在《周本纪》的赞语中说"所谓'周公葬毕'，毕在镐东南杜中"。在司马迁看来，毕在镐京东南的杜地，也就是西汉宣帝杜陵一带，在现在的西安市东南。

不过，后人对此产生了不同说法。唐代颜师古注《汉书》，引用一个叫李奇的人的观点，说毕在岐州之间，北宋宋祁认为是"岐周"之误，就是岐山周原一带。颜师古又引用臣瓒引《竹书纪年》的观点，说毕在丰京西边三十里的地方，仍在今西安市范围内。不过，颜师古本人否认了这两种说法，他认为周公葬地是在长安西北四十里的地方，那就是在今咸阳市境内了。清代毕沅为周陵定位，观点就来源于此。因为考古发现所谓的"周陵"都是秦陵，所以这种说法几乎没人提了。

虽然李奇的观点在古代是小众的，不过随着周原考古的推进，越来越多的学者开始重视这一观点。按照传统说法，周太王定都周原，文王迁丰京，武王迁镐京，镐京就一直是西周都城。但考古显示，终西周一代周原的重要性要远超过丰镐。今天宝鸡青铜器博物院和周原博物院，就收藏了大量西周青铜器。不少学者主张岐周是祭祀的都城，镐京是行政的都城；甚至有学者认为，周原才是西周首都"宗周"，而镐京在武王之后只是天子的一处活动场所。

按照这样的思路，西周王陵也应该在周原。2004 年，考古工作者在陕西宝鸡岐山县周公庙凤凰山遗址发现了一处周人墓葬地，其中有 9 座"亚"字形墓。目前已发掘最大的一座墓的墓室口仅长 10.2 米，宽 7.8 米，在"亚"字形墓中属于比较狭小的，所以一般认为这座墓是周公旦墓。以周公旦在周初的特殊地位，使用天子规格的四墓道也能理解。如此看来，西周王陵目前仍然是个谜，但大致应该还是在周原一带。

《史记》没有记录的周携王是谁？

《史记·周本纪》说周幽王"烽火戏诸侯"，死于申侯、缯国、犬戎之手，然后诸侯到申侯那儿，迎接废太子宜臼，立为平王。平王即位后，为了避开戎人的祸乱，东迁到洛邑。"烽火戏诸侯"不可靠，而"平王东迁"一事也疑点颇多。申侯不是和犬戎一起杀了幽王吗？诸侯怎么会愿意跟弑君的申侯一起，迎立被幽王驱逐的废太子呢？还有，犬戎不是平王的支持者吗？平王为什么要躲避他们，而东迁到诸侯环绕的洛邑呢？

钱穆先生曾指出：《史记》不知其中曲折，所以才说平王避犬戎而东迁；犬戎帮助平王杀父，是朋友而非敌人，其实不需要躲避。那么，其中到底有什么曲折的故事呢？这就需要我们关注一个相对陌生的名字：周携王。

《史记》完全没有提到周携王这个人，仿佛此人不存在一般，但《左传》引用了周景王庶长子王子朝的话，说幽王在位时，上天不再怜悯周室，幽王昏庸，失去王位；携王违背天命，诸侯废弃了他，并立了继承人，迁都郏鄏。郏鄏一般认为就是洛邑。所以我们大致知道，幽王去世后有一个携王，后来携王失去了诸侯支持，平王才登上王位。

古本《竹书纪年》也说伯盘与幽王一起死在戏地（"戏"就是骊山一带的戏水）。申侯、鲁侯和许文公在申国立平王，因为平王本应该是天子，所以直呼天王。鲁国在东方，和申国联合，多少有点奇怪，所以有学者认为"鲁"是"吕"或"曾（缯）"之误。申国和缯国是一伙的不用说，吕国、许国和申国都是姜姓，他们支持平王也不奇怪。

古本《竹书纪年》还说，幽王去世后，虢国国君虢公翰又在携地立王子余臣，周室进入二王并立的阶段。晋文侯二十一年，携王被晋文侯杀死，因为他不是嫡子,所以没有谥号,以都城"携"命名,称为携王。这里说平王在幽王在位时就称天王了,周室第一次进入了"二王并立"时代。也许正因如此,幽王愤而讨之。幽王战死后,虢公又立携王,再次进入"二王并立"时代。直到晋文侯二十一年,晋文侯杀死携王,才结束了"二王并立"这一局面。

古本《竹书纪年》的说法,在清华简《系年》中也能得到证实。《系年》说,幽王和伯盘被杀后,西周灭亡了。邦君、诸正又在虢国立了幽王的弟弟余臣,就是携惠王。二十一年,晋文侯在虢国杀了携惠王。邦君应该就是宗周一带的国君,诸正就是在宗周任职的官长。《系年》说,"周亡王九年",邦君诸侯都不朝周了,晋文侯就去少鄂迎接平王,将他送到宗周立为王。三年后,平王东迁到成周,秦国人得以开发周人故地,郑武公成为平王的执政。

《系年》和古本《竹书纪年》有一些差别,这暂且不讨论,但大致线索还是一致的。我们可以勾勒出幽王被杀后的历史线索。

幽王战死后,周室立马土崩瓦解。虢公翰就在虢国的携地立了携惠王,携王谥号为"惠",但后来没被承认。携可能在虢国的河西地区,今天陕西大荔在春秋时有地名"王城"。虢国的位置非常特殊,它在今天山西平陆到河南三门峡一带,南北横跨黄河两岸,扼守宗周通往成周的道路,因此平王被阻隔在虢国以西,东方诸侯此时支持的应该是携王。

然而,诸侯却最终抛弃携王,支持平王。这期间经历了什么呢?因为史料阙载,我们无法知道真相。不过可以肯定,诸侯在两者之间,进行了较长时间的权衡,最终才选择抛弃携王,转而支持平王。晋文侯在得到虢公的默许后,攻杀携王,被平王赐为方伯;郑武公趁机攻城略地,也成为平王卿士。平王自己上位不正,也就不会追究他们。当然,幽王驾崩了,总要找人背锅,所以申、缯被诸侯联合剿灭,犬戎也从此一蹶不振。

春秋篇

东周的开始居然是在公元前 738 年？

我们知道，西周灭亡的标志是幽王被杀，一般认为是在公元前 771 年；东周的开始是平王东迁，一般认为是公元前 770 年。这种说法，出自《史记·十二诸侯年表》等篇章，长期以来已成定论。

不过，《史记》关于两周之际历史的记载，是存在一些问题的。一是把西周的灭亡归因于戏剧化的"烽火戏诸侯"，二是漏了一个重要的人物周携王。根据《左传》、古本《竹书纪年》和清华简《系年》记载，幽王去世后，虢公翰拥立了携王，与平王"二王并立"。之后晋文侯杀携王，才结束了"二王并立"的局面。这就给我们带来另一个疑问：既然平王即位不是那么一帆风顺，那么东迁到底是在哪年呢？这个问题牵涉到东周年份的开始，所以非常重要。

《左传》说得比较简单，只说诸侯抛弃了携王，另立了平王。古本《竹书纪年》说，幽王在世时，申国立了平王为天王；幽王被杀后，虢公立携王；二十一年，晋文侯杀周携王。因为古本《竹书纪年》是战国时期魏国人的作品，在这里使用的是晋国纪年，所以指的不是周携王二十一年，而是晋文侯二十一年，即公元前 760 年。至于平王东迁的时间，古本《竹书纪年》则没说。

今本《竹书纪年》也记录了这件事，说的是平王在公元前 770 年东迁，和《史记》是一致的，后面又说二十一年晋文侯杀周携王。今本《竹书纪年》用的是周王纪年，所以这里是周平王二十一年，也就是前 750 年。

不过，这个说法似乎有个问题绕不过去。因为平王是在西申、犬戎的支持下即位的，所以他的根据地是在西边；而虢国的位置是在宗周和成周之间，平王东迁必须经过虢公的同意，以及东方诸侯的许可。虢公翰的同族虢石父是幽王的宠臣，虢公翰也在幽王被杀后第一时间拥立携王，不可能放任平王进入成周，东方诸侯也不会立即接受平王。

　　清华简《系年》提到这件事，说的是幽王和伯盘被杀，西周灭亡，宗周一带的国君和官长就在虢国拥立了携王。二十一年后，晋文侯杀携王。然后"周亡王九年"，封君、诸侯都不再朝见周天子，晋文侯就去迎接平王。三年后，平王东迁到了成周。所谓的"周亡王九年"是整段话争议最大的地方，这涉及平王东迁的具体年份。

　　著名学者李学勤认为，"亡王"是没有王，"周亡王九年"就是幽王死后第九年，所以这年是公元前761年，加上后面的三年，所以东迁是在公元前758年。历史学者王红亮则认为，"亡王"是死去的王，"周亡王九年"就是周幽王九年，也就是公元前773年，加上三年，那么东迁就是《史记》中的公元前770年。历史学者刘国忠、程平山则认为，"周亡王九年"并不是倒叙二十一年前的事，而是接着二十一年讲的，既然周携王死年是公元前750年，加上九年的无王，再加上三年，那么东迁应该晚至公元前738年。

　　有趣的是，这个年份居然与《左传》的一处记录吻合。《左传》记载，平王东迁的时候，周太史辛有路过伊川，预言说，这里不及百年将会沦为戎人之地。而正是在公元前638年，秦、晋两国迫使陆浑之戎迁到了伊洛之地。《左传》好预言，往往将已经发生的事，作为预言进行叙述。那么，作者似乎明确知道，东迁正是在公元前738年。

　　其实，《史记》中，平王东迁不只在《周本纪》《十二诸侯年表》中有记录，《秦本纪》《卫康叔世家》中也分别记录了秦襄公、卫武公在公元前771年参与救周之事，另外不少篇章也提到公元前771年西周灭亡、周室东迁之事。但如果把东迁时间定为公元前738年，这些记载就全部要改写了。

　　比如《秦本纪》说，秦襄公七年救周，被平王封为诸侯，赏赐岐西之地，这是公元前771年；秦襄公十二年伐戎至岐山去世，这是公元前766年。所以这里的记载应该有误，要么襄公此年没去世，要么根本没有救援周室。考虑到襄公的父亲秦仲为西戎所杀，秦国依赖周宣王支援才得以生存，所以襄公开始应该是幽王的铁杆支持者，不可能立即转投平王怀抱。历史学者王玉哲甚至认为，平王东迁实际上是避秦而非避戎。这都是值得思考的问题。

先秦时期的戎狄是游牧民族吗？

《史记·匈奴列传》在正式讲匈奴的历史之前，提到不少先秦时期北方的部落族群。比如上古时代有山戎、獯鬻（xūnyù）、猃狁（xiǎnyǔn），他们居住在北方蛮荒之地，随着畜牧和水草而迁徙，没有固定的城郭；也没有文字与书籍，只用语言来规范行为。男子擅长骑马射猎，重利益而轻礼仪；他们以动物的肉为主食，以皮毛为衣服；重视少壮而轻视老弱。如果父亲去世，儿子会娶自己的后母；兄弟去世，弟兄则会娶其妻子。虽然他们有名字却不知道避讳，也没有姓和字的用法。

可见，司马迁虽然没有明说他们是匈奴的祖先，但叙述他们的生产方式与生活风俗的内容，明显就与西汉匈奴的游牧社会完全一致。接下来，司马迁又介绍了夏商周时期的戎狄部落。这就给后人一种暗示，先秦的戎狄部落也都是游牧民族，甚至他们就是匈奴的前身。

东汉人服虔就指出，帝尧时期的獯鬻，在周朝称作猃狁，在秦朝称作匈奴。王国维先生在《鬼方昆夷猃狁考》一文中也提出，商周时期的鬼方、混夷、獯鬻、猃狁，春秋的戎、狄，战国的胡、匈奴，都是同族同种。所以不少学者都认为先秦戎狄也是游牧社会，甚至认为，炎黄、先商、先周这种前国家阶段，也都是游牧社会。其实这是一个非常严重的错误认识。

第一，现代民族学、考古学已经证明，游牧实际上是在农业资源匮乏的情况下存在的一种经济生产方式，并非起源于农业社会之前，而是起源于农业社会之后。先秦时期的戎、狄广泛分布的长城以南的中国北方地区，早在一万年前就诞生了农业文明，他们和华夏民族拥有的农业环境并没有多大区别，为什么要使用效率更低的游牧方式呢？

第二，春秋文献有明确记录，戎、狄的主力军队是步兵，而不是骑兵，他们也有固定的城池；西周时期的青铜器"多友鼎"，说周人攻打狁狁，还缴获了他们的战车。陕西清涧寨沟遗址是商代鬼方文化的代表，在这里出土了中国年代最早的双辕车，以及大量的青铜车马器。可见，戎、狄与华夏的作战方式并没有什么区别，只不过戎、狄的经济文化水平相对落后而已。

至于长城以北到蒙古草原一带的游牧社会，其实也不是自古就有，而是公元前 2000 年至公元前 1000 年的气候干冷所致。苏联学者哈扎诺夫就指出，欧亚草原西部的游牧社会是公元前 1000 年形成的，而欧亚草原东部也就是中国北部的游牧社会可能稍晚。美国学者狄宇宙也认为，中国的北方游牧社会是在公元前 9 世纪至公元前 7 世纪才由混合农业转变为游牧生产的，公元前 6 世纪游牧权贵兴起，公元前 4 世纪中期至公元前 2 世纪才建立游牧政权，即匈奴政权。

可见，先秦时期的戎、狄和战国秦汉时期出现的匈奴不同，他们绝非游牧民族。当时对匈奴这类游牧民族的称号应该是"胡"，其中也包括娄烦、林胡、东胡等战国时期出现的部落政权。《战国策》中赵武灵王提到"襄主兼戎取代，以攘诸胡"，是说战国初期的赵氏宗主赵襄子，兼并戎人、代国，并抵御诸胡。虽然赵襄子时代可能还没有"胡"的称呼，但至少证明在赵武灵王时代，还是有意识地把戎和胡进行了区分的。

灭亡西周的犬戎去哪里了？

我们知道，西周是被申国、缯国联合犬戎消灭的，但在此之后，犬戎这个强大的部族似乎凭空消失了。一般认为，犬戎就是西周时期的猃狁。《诗经·小雅·六月》和西周青铜器"多友鼎"，都记录了西周和猃狁的战争。但"犬戎"应该并非一个部族的特指，而是对西部少数民族的泛称，也可以根据方位称为"西戎"。"猃狁"应该是他们的自称的音译名字，而"西戎""犬戎"则是周人对他们的称呼。所以《国语·郑语》及清华简《系年》都说参与灭亡西周的是"西戎"，而《史记·周本纪》才最早称其为"西夷犬戎"。

"戎"字在甲骨文和金文中都是一手操戈、一手持盾的形象，是攻防兵器的总称，引申为军事，后世把战争叫"兵戎"，把军装叫作"戎装"，也都是这个意思。所以"戎"被用来指少数民族，正与他们骁勇善战的特性有关。和"戎"近义的一个字是"狄"，"狄"又写作"翟"，在西周金文中写作"豕"加"火"，本义是什么不清楚，也被用来指边缘族群。到了战国时期，华夏周边的边缘族群被称为"四夷"或"四裔"，其中东方的叫东夷，南方的叫南蛮，西方的叫西戎，北方的叫北狄，但在战国之前的现实中划分并非这么明确，尤其是"戎""狄"经常合称。

古本《竹书纪年》说，周王季历攻打西落鬼戎，俘虏了十二翟王。西落就是西洛，在今天陕西境内洛水西段的地区；鬼就是商代的鬼方，春秋时期称为赤狄，这里又称为鬼戎。所以，戎和狄其实是很难区分的。"西戎"又被称为"犬戎"，应该也含有一定的感情色彩，有可能是一种蔑称，有可能是夸耀其勇武，也有可能与犬崇拜有关。《山海经》说犬戎国的男人长得像狗，女子跪着举杯为男子进食；又说白犬有公有母，就是犬戎的先祖。这当然都是后世望文生义的解释。总之,犬戎不是特指某个族群,而是一个非常宽泛的称呼。

《史记·五帝本纪》说黄帝"北逐荤粥",把犬戎的历史上溯到了传说时代。《后汉书·南蛮传》也说,高辛氏时有犬戎之患。但这些历史记录都比较晚,商代之前没有文字,这些故事都不能直接视作史实。商朝也没有"戎""狄"的记载,对于周边邦国族群一般称"方",商朝西北的方国就有鬼方、邛方、羌方等。

《左传》记载,春秋前期虢国在渭水入黄河之处,也就是今天陕西潼关附近击败犬戎,此后犬戎这个族群就再也没出现过。但春秋时期中原以西的"戎",可能或多或少都与西周的犬戎有关。《史记·匈奴列传》提到,秦国附近有绵诸、绲(kūn)戎、翟、獂(huán)、义渠、大荔、乌氏、朐(qú)衍之戎,被称为"西戎八国",这些可能都是犬戎的后裔。《左传》中也提到晋国南部有茅戎、骊戎、大戎、小戎;还有一个陆浑戎,本来居住在秦晋之间,后来被秦国驱逐至河南西部,其中包括姜姓与允姓两族,允姓可能与猃狁比较接近;还有住在伊洛流域的扬拒、泉皋、伊洛之戎,与陆浑戎邻近,也有可能是他们的同族。这些戎族都是被晋国灭亡的。

至于春秋时期中原以西的"狄",主要包括白狄和赤狄。白狄居住在秦国附近,赤狄居住在晋国附近,可能也与犬戎有一些关系。赤狄为隗姓,分为潞氏、皋落氏、甲氏、留吁、铎辰、廧咎(qiáng gāo)如六族,春秋前期赤狄南进,一度灭亡华夏的邢国、卫国,后来赤狄均被晋国消灭。白狄据说为姬姓,可能与周人关系较近有关。在赤狄灭亡后,白狄被晋国东迁到太行山以东,分为肥氏、鼓氏、仇由氏、鲜虞氏四族,前三族亦为晋国所灭。唯独鲜虞建立了中山国,在战国中期为赵武灵王所灭。春秋时期中原以东的戎狄,还有北戎、山戎、长狄等,在春秋时代也都灭亡了。

总之,西周能接触到的"犬戎""西戎",在春秋时期大都已灭亡或融入华夏了,和战国后期崛起的林胡、娄烦、匈奴这些部族就没有关系了。

郑桓公有没有死于犬戎之乱？

《史记·郑世家》开篇讲了郑国的分封，说郑桓公名友，是周厉王的小儿子、周宣王的庶弟，宣王将他封到郑国，幽王又任命他为司徒。一年后，郑桓公见周室摇摇欲坠，就去请教太史伯，自己如何才能生存。太史伯就指点他说，不如到虢国、郐国之间定都。桓公听从了，就把民众迁徙到那里。虢国国君虢叔、郐国国君郐仲见桓公身份不一般，就一起送了十座城邑给他。这样一来，郑国就算在东方正式立国了。东迁后的郑国国都，被称为新郑，即今天河南新郑一带。又过了两年，犬戎杀死了幽王和桓公，郑国人拥立桓公之子武公即位。

司马迁对于郑国建国的记录，改编自战国时期的国别体史书《国语·郑语》。不过，关于郑桓公与太史伯的对话，应该是后人的伪托，因为太史伯不但讲了褒姒的离奇身世，预言了齐、楚、秦、晋四国将会兴盛，还花费了大量口舌讲述西周时期楚国的历史，所以一般认为它是战国楚人的作品，而非西周实录。

此外，《郑语》还说"幽王八年而桓公为司徒，九年而王室始骚，十一年而毙"，大概就是所谓桓公死于犬戎之乱的来源。但要注意的是，这个"十一年而毙"到底说的是桓公还是王室呢？我们不妨从更早的史料中寻找答案。

《水经注·洧水》引用古本《竹书纪年》提到晋文侯二年时，"同惠"王子多父攻下了郐国，于是就住在郑父之丘，建立郑国，他就是桓公。"同惠"一般认为是"周厉"或者"周宣"之误，"多父"应该就是"友"。《汉书·地理志》颜师古注则引用西晋学者臣瓒（姓氏不详）的说法，说幽王被杀后，二年灭郐，四年灭虢，住在郑父之丘的，就是桓公。不过，幽王被杀后二年，对应的应该是晋文侯十二年，臣瓒应该也见过《竹书纪年》，为什么会有这样的矛盾呢？可能《水经注》漏了一个"十"字，补上才能跟《汉书》对上。

这样一来，我们就发现了问题，既然桓公在平王时才灭郐，他就不应该死于西周灭亡之时。而且桓公已经迁都避难，自己又回去，这也说不过去。关于桓公东迁一事，战国时期不少文献都有提到。《左传·昭公十六年》记载郑国名相子产曾说，从前我们先君桓公和商人都来自周室，在这里定居，并与商人签订了盟约，说你不要背叛我，我也不会掠夺你。"商人"本义是商朝的遗民，因为不少人在周朝从事工商业，后世也就把从事这些职业的人叫"商人"。

还有一些文献记录了郑国灭郐的具体过程。《韩非子·内储说下》就说，郑桓公先是打听到郐国良臣猛将的情况，然后就伪造和他们结盟的盟书，埋在郐国的城外，写着郑国一旦灭亡郐国，就会赏赐他们官爵和田地。郐国国君中了离间计，就除去了这些人，郑桓公也就趁机灭了郐国。

《公羊传·桓公十一年》则说，郑伯与郐国国君关系好，趁机私通郐国夫人，于是里应外合灭亡了郐国，这样才迁徙到了郑地。过去有人认为这位"郑伯"是郑武公，这自然是受到《史记》所载的桓公死于犬戎之乱的影响。

清华简《郑文公问太伯》中也提到了郑桓公灭郐的故事，其中就说，桓公出自周室，当初仅凭七乘战车和三十个徒兵，就灭了郐国。清华简《良臣》也说，郑桓公是与周朝的遗老史伯、宦仲、虢叔、杜伯等人一起到达郑国的。

值得注意的是，根据《国语·郑语》记载，虢叔是虢国的国君，《竹书纪年》也说桓公灭虢。但《韩非子》《公羊传》及清华简《郑文公问太伯》都只说郑国灭郐，所以是否存在这个虢国，是有一些疑问的。在《左传·隐公元年》中，郑庄公的母亲武姜要求庄公把制地封给弟弟，庄公就以虢叔死于此为借口拒绝了。过去一般认为这里的虢叔就是《郑语》里虢国最后一任国君，在亡国时为郑国所杀，但根据出土文献来看，不排除他的真实身份是跟随桓公一起东迁的大臣，因为某种原因死在了制地，所以这里也被郑国人视为不祥之地。

这样一来，我们就可以下一个结论，郑桓公并非死于犬戎之乱。桓公死于犬戎之乱，是司马迁对《郑语》"十一年而毙"一句的误读。

"郑伯克段于鄢"之前还有什么精彩的故事？

我们都知道"郑伯克段于鄢"的故事，讲的是春秋前期郑国国君郑庄公因为难产而生，不为母亲武姜所喜。武姜更喜欢顺产的次子太叔段，多次劝丈夫郑武公立次子为储君，武公都没有答应。庄公即位后，武姜又不断向庄公为太叔段索要土地和权力。庄公表面上对母亲和弟弟极度容忍，但其实只是为了助长弟弟的野心。等到弟弟正式起兵反叛时，早有准备的庄公迅速出兵平叛，太叔段逃到了共地。庄公又囚禁了母亲武姜，在大臣劝谏下才将其释放。

"郑伯克段于鄢"是《春秋》和《左传》记录的第一件大事，也被清代《古文观止》选为首篇。《史记·郑世家》对此也有记录，只是相对简单，没有提供太多信息。不过，《清华大学藏战国竹简（六）》收有一篇《郑武夫人规孺子》，记录了"郑伯克段于鄢"之前的故事，极大程度地补充了传世史料的不足。整理者认为，这篇文章虽然是战国人抄录的，但文本内容应该形成于春秋早期，对研究春秋初年的郑国历史非常有价值。

《郑武夫人规孺子》是从庄公即位开始叙述的。先是武姜对庄公说："当年先君武公在位的时候，遇到国家大事，一定会与贤大夫商量。当时他陷于大难之中，在卫国居住了三年，回不了自己的国家，见不到自己的妻儿。如果不是这些贤大夫，国家三年没有国君，不早乱了吗？先君不管在卫还是在郑，国家都是靠贤大夫谋划。现在先君去世了，你还太年轻，就先把国政委托给贤大夫们吧！我也管理好后宫，不会过问朝堂之事；我不会靠着娘家去影响大夫之政，你也不要因为宠臣去干涉贤大夫们，你好好向他们学习就行。如果他们干得好，你就得到了一批贤臣良将，可以做一个好国君；如果他们干得不好，他们的罪过也会昭告天下，那时候你还可以向先君祷告，保佑国家啊！"

注意，武姜说郑武公曾在卫国被监禁三年，是以往史料完全没有提及的，这应该与"二王并立"一事有关。历史学者晁福林推测，武公当时应该已经成家。据记载，武公在公元前761年娶武姜，所以他大概是在公元前760年与卫国作战时战败被俘的，或者是在会盟时被拘捕的，再或者是路过卫国生病而被迫滞留在卫国三年。这可能与两国争夺土地以及在周王室的权力有关。据《史记·卫康叔世家》记载，卫武公于公元前758年去世。郑武公很可能被释放，或者自己趁乱逃回了郑国。

清华简不少篇章都提及了郑国史事。《系年》说郑武公成为天子卿士、诸侯之长，与《左传》能对应上；《郑文公问太伯》说郑武公"西城伊、涧，北就邬、刘，萦轭（è）芳（wěi）、邘之国，鲁、卫、蓼、蔡来见"，这是传世文献中没有记录的。另外，《良臣》《子产》《子仪》等篇也都与郑国历史有关。

武姜的这些话是什么意思呢？表面上看，武姜是希望庄公与大臣共同治国，还保证了自己绝不干政。理由是武公曾经在卫国待了三年，国家也没有发生动乱，而且庄公也得服三年之丧。然而，如果庄公真的听信了母亲，放弃了权力，武姜自然就可以在幕后趁机培植党羽，为太叔段攫取更多的政治资源。

庄公当时才十四岁，他答应了母亲的请求，把政事全部交给大夫。在往后的一年中，庄公果然没有对大夫做过任何指示。大臣边父急了，他说："君上您什么话都不说，让我们几位小臣处理国家大事，我们真是诚惶诚恐啊！这样下去，不会让我们成为罪人、辱没先君吗？我们只是先君提拔来辅佐您的人啊！"边父大概是大夫们推出的代表，他表面上是为自己请罪，实际上是希望庄公能够亲政。

庄公却说："不是这样啊！你们都是先君信任的人，先君知道你们没有二心，才愿意把国政交给你们。如果不是这样，谁能让先君从大难中振兴呢？

虽然你们希望我有所作为，也许我可以尽力而为，但也得为先君服丧啊！"总之，庄公表示自己要继续做甩手掌柜。边父无可奈何，只得退下了。庄公对权力表现出来的极度平静，让武姜松了口气。之后就是我们所熟悉的"郑伯克段于鄢"的故事了。

"假途伐虢"的"虢"是一个什么样的国家？

"三十六计"中有一计是"假途伐虢"，讲的是春秋前期的晋献公想去消灭南边的邻国虢国，但虢国易守难攻。这时候，晋献公就去贿赂虞国，希望能从虞国借道攻打虢国。虞国和晋国、虢国本来都是邻国，而且虢国对虞国没有设防。虞国国君虞公见钱眼开，不但答应了晋国，还主动提出帮助晋国一起打虢国。得到虞国的支持后，晋献公两次假途伐虢，终于在公元前655年成功灭了虢国；但就在胜利回师的途中，晋军又顺手把虞国给端掉了。

这就是"假途伐虢"的故事，最早记载在《左传》（僖公二年、五年）中，《史记·晋世家》也有记录。虢国虽然事迹不多，但在后世却有一定名气。其中一个重要原因，是杨贵妃的姐姐被封为虢国夫人。其实，西周和春秋时的这个虢国来头并不小，周文王有两个弟弟，一个叫虢仲，一个叫虢叔。一般认为，虢仲和虢叔被分封于西虢和东虢。西虢在现在陕西宝鸡，靠近周人大本营周原，今天宝鸡陈仓区有虢镇街道，著名的"虢季子白盘"就在这里出土；东虢在现在河南荥阳，后世著名的"虎牢关"就在其境内，靠近周人的东都洛邑。

不过，学术界对这兄弟俩谁封西虢、谁封东虢有争议。有说虢仲为西、虢叔为东，有说虢叔为西、虢仲为东。不过还有一种可能，虢仲先封于西虢，但因虢仲不久去世，没有子嗣，西虢便由弟弟虢叔继承，西虢、东虢都是虢叔一脉，所以兄弟俩的氏才一样。反之，如果兄弟俩同时封在两个不同的地方，就不太可能使用相同的国号。而且西虢是在周人故地，东虢是在商人故地，先封西虢，再封东虢，才符合周人东扩的路线。《尚书·君奭》说周文王的大臣有虢叔、闳夭、散宜生、泰颠、南宫括，为什么只提虢叔不提虢仲呢？

比较合理的解释是，这个时候虢仲已经去世了。

西周后期，西虢东迁，在今天河南三门峡一带建立了南虢，又在今天山西平陆一带建立北虢。南北二虢，一在黄河南岸，一在黄河北岸。这里所谓的南虢、北虢，不是两个国家，而是西虢的两部分。

西虢在两周之际还有一个有名的国君，就是周幽王信任的虢石父。"石父"是他的字，他的名字叫"鼓"，所以他又叫虢公鼓。后世传说"烽火戏诸侯"就是虢石父的主意，但《史记》并没有这种说法。西周灭亡后，虢公翰拥立了幽王的弟弟携王即位，与申侯拥立的平王对峙了一段时间。这位虢公翰可能就是虢石父，但不知为何，后来虢国又支持平王。失去了虢国的支持，携王最终被支持平王的晋国所杀。

平王东迁之后，最初由郑国国君作为天子卿士，单独执掌国政。之后，周桓王与郑庄公不和，桓王便以虢公取代郑庄公。后来，虢公还经常以天子卿士的身份，代表天子征伐。可见，西虢国在西周末年至春秋前期，在中原舞台上还是比较活跃的。

不过，西虢这块肥肉还是被晋国盯上了。因为西虢横跨黄河两岸，崤函古道也在其境内，后世著名的函谷关就在今天三门峡西边的灵宝市，所以西虢地理位置非常重要。晋国想要南下，就必须吞并虢国。虞国靠近北虢，所以晋国第一次向虞国借道就吞并了北虢，第二次向虞国借道就顺利渡过黄河，消灭了南虢。南虢是西虢国统治的核心区域，自1956年以来，在三门峡地区发现了虢都上阳城遗址和虢国墓地，其中的虢季墓和虢仲墓都出土了大量精美的青铜器、玉器等，现在这里建有虢国博物馆和三门峡市文物陈列馆。

西虢东迁之后，还有一部分民众留在原地，被称作小虢。到春秋初年时，小虢被秦国吞并了，而东虢也被郑国消灭了。这就是东虢、西虢、南虢、北虢和小虢这五个虢的来龙去脉。

论战的曹刿和劫盟的曹沫是同一个人吗？

我们知道，春秋历史上有个"曹刿论战"的故事。这个故事最早见于《左传·庄公十年》，说齐桓公发兵攻打鲁国，鲁国人曹刿请见鲁庄公，愿意参谋作战。之后鲁军在齐鲁边境附近的长勺迎战齐军。按照军礼，双方击完一通鼓就要开战，但曹刿阻止了庄公击鼓。等齐军击完了三通鼓，曹刿这才建议击鼓出兵，一鼓作气，将齐军杀得落荒而逃。庄公想趁机追杀，又被曹刿劝阻了。曹刿先下车查看了齐军车轮的痕迹，又登上战车的横木眺望，这才同意了追击。

战争结束后，庄公就问曹刿，这一仗是怎么赢的呢？曹刿就说："第一次击鼓可以振奋士气，第二次士气就衰弱了，等到第三次士气就没了。因为齐军没有士气了，所以我们能够一鼓作气战胜他们。齐国毕竟是大国，有可能设下埋伏。我下车看到他们车轮的痕迹乱了，上车又见到他们的旗帜倒下了，这才确定他们没有埋伏，于是全力追击他们。"这就是成语"一鼓作气"的出处。

十三年后，曹刿又一次出场。当时庄公想去齐国看社祭，也就是祭祀土地神的活动。社祭除祭祀之外，还夹杂一些男欢女爱的活动，鲁国比较保守，不搞这些。曹刿就出来劝谏，说庄公必须守礼，要给后代做好表率。

曹刿在《左传》中算重要人物了，但在《史记》中却完全没有出现。《刺客列传》倒是记录了鲁庄公时与曹刿同姓的刺客曹沫"劫盟"的故事。

《刺客列传》说，曹沫是鲁国的将军，和齐国作战却三战三逃。鲁庄公害怕了，献出遂邑求和。之后齐桓公和鲁庄公就在柯地会盟，签订不平等条约。会盟时，曹沫突然拔出匕首，挟持了齐桓公。曹沫恐吓道，齐国侵略鲁国也太过分了，现在鲁国都城城墙一倒，都能压到齐国的边境，您何不再考虑一下这事呢？齐桓公受制于人，只好同意归还土地。这个故事非常有名。不过，曹沫其人其事，又不见于《左传》。

就是说，《左传》有曹刿而无曹沫，《史记》却有曹沫而无曹刿，那么，曹刿与曹沫是什么关系呢？

首先要说的是，"曹沫劫盟"并非真实的历史事件。《左传》记录了齐鲁三次战争，鲁国是三战两胜，其中就有长勺之战。可见，齐国对鲁国并没有压倒性的优势，所以不存在曹沫三战三败、鲁国割地求和的事情，而且遂邑在当时并不属于鲁国，而是一个独立的国家，后被齐国给灭亡了。齐国灭遂的这年，正是柯地会盟这年，所以就讹传为遂邑是被鲁国割让给齐国的。其实，《左传》中只提了一句柯地会盟，并没有说具体的过程和细节。

那么，曹沫是一个虚构的人物吗？其实，曹沫可能就是曹刿。虽然《左传》没有提到柯地会盟的内容，但《公羊传》说这年有个"曹子"劫盟，《穀梁传》也说曹刿参与了盟会。《管子·大匡》内容更丰富，说不但曹刿带了剑，鲁庄公也带了剑，而且劫持齐桓公的还是庄公本人！西汉刘向《新序》、桓宽《盐铁论》等，也都说曹刿参与了柯地会盟。可见，战国秦汉人普遍认为，曹沫就是曹刿。《吕氏春秋》写作"曹翙（huì）"，其实都只是不同的写法而已。

"曹沫劫盟"的故事也不是司马迁原创，而是《战国策·齐策三》中齐国人鲁仲连最早说的，"曹沫之奋三尺之剑，一军不能当"，"曹沫"这个名字最早出现于此，《史记》也就继承了这一称呼。也就是说，尽管"曹沫劫盟"这事是虚构的，但曹沫就是曹刿。

出土文献也有曹刿的记录。上博简有一篇《曹沫之陈》。这个"沫"字本来写作"蔑"的，当然都是通假的写法。这篇文献记录了曹沫向鲁庄公讲述行政与用兵之道，包含不少选贤任能的主张，可能是战国兵家托名曹沫的作品。因为《曹沫之陈》缺乏传世文献对照，学者就对竹简顺序的编排产生了争议。

近年，安大简第二辑也整理出了一部《曹沫之陈》，虽然内容不如上博简完整，但文字写得更紧密，这就产生了另外一种排版方式；更关键的是，安大简背面还有一条斜直的墨痕，这是古人为了防止简册弄乱的标记。学者整理完才发现，原来以前对竹简顺序的争议都是错的。

齐桓公是在回国路上被管仲射中的吗？

"管仲射钩"是个经典的故事，说的是管仲曾射中齐桓公衣带钩，而齐桓公不计前嫌重用管仲，终于成就一番霸业。关于管仲和齐桓公的恩怨，最早是在《左传》（庄公八年、九年）中记录的。说的是春秋前期，齐国国君齐襄公为政暴虐，倒行逆施，弟弟公子纠怕祸及自身，就在师傅管仲和召忽辅佐下，先逃到鲁国避难了；之后，齐襄公的堂弟公孙无知造反，杀死了襄公，齐国国内一片混乱，齐襄公的另一个弟弟公子小白，又在师傅鲍叔牙的辅佐下，逃到莒国避难。

后来，公孙无知被齐国大夫杀死，但襄公没有儿子，这样一来，继承人就成了问题。当时鲁国是比较强大的诸侯国，鲁庄公就想把公子纠送回齐国，公子纠即位后，不得感谢自己吗？鲁国就和齐国展开商谈，或许是鲁庄公漫天要价，齐国一方暂时没接受。而齐国世袭的两位上卿高氏和国氏之前就和小白关系好，又不愿意被鲁国操纵，于是就暗中召小白回国即位。

小白上路后，鲁庄公才得知消息，所以就放弃了谈判，亲自率领军队护送公子纠到齐都临淄即位。而小白已经提前到达齐国，即位为齐桓公了，齐鲁两军就在乾时这个地方开战。齐国实力本来就比鲁国强，而且齐桓公已经即位，鲁庄公师出无名，加上齐人还有以逸待劳的主场优势，所以这一仗不出意外地鲁军大败，鲁庄公连自己的战车都丢了，乘坐使者用的轻车才跑路逃了回去。

鲍叔牙则率领齐军继续前进，派使者威胁鲁庄公，让他处死公子纠并交出管仲、召忽。庄公不得已杀死公子纠，召忽也为公子纠而自杀，管仲则被交给了鲍叔牙。鲍叔牙将管仲带回齐国后，马上为管仲接风洗尘，然后就向桓公推荐了他。从此就有了齐桓公与管仲的一段君臣佳话。

之后《左传》又提了一句，桓公搁置了射钩的事，而让管仲辅佐他。但管仲射钩一事，在《左传》中并无记载。我们熟知的管仲射钩这件事，其实是在《史记·齐太公世家》中记录的，说鲁庄公护送公子纠上路后，管仲又带领另一支军队，赶到莒国通往齐国的道路上埋伏。等到小白出现时，管仲一箭射中小白腹部。管仲以为小白中箭身亡，就带领军队回去复命。鲁庄公和公子纠以为小白已死，就放慢了赶路的步伐。但他们没想到的是，虽然鲁国距离齐国比莒国近，但小白快马加鞭，已经抢先即位了。原来管仲一箭，只射中了小白的衣带钩，小白趁机装死躲过一劫。

这种桥段在当代武侠小说、枪战影视剧中很常见。管仲射钩的故事被众多历史著作所引用，成为大众耳熟能详的一个故事。值得注意的是，管仲射钩的故事，其实还有另外三个版本。

《管子·大匡》就记录了两个版本：一个说齐桓公当时已经即位，在乾时之战时，管仲射中桓公的带钩；另一个说公子纠当时在齐国，小白回国后驱逐了他，作战时管仲射中桓公的带钩，公子纠才逃到了鲁国。《吕氏春秋》也记录了一个版本，说公子纠和公子小白同时回国，在争抢着进入宫殿时，管仲射中了小白的带钩。

就这四个版本来看，不管是《史记》说管仲是在半路截击小白，还是《吕氏春秋》说他是在宫殿阻击小白，戏剧成分都比较大；另外，《管子》的第二个版本更加不可靠，与《左传》记录的基本事实都不符合。《左传》杜预注则认为这件事发生在乾时之战中，采用的是《管子》的第一个版本的说法。这个说法很少被注意到，文史学者刘勃认为，这属于比较严谨的历史小说创作法。整体来看，这个说法应该是逻辑上最可靠，也最符合《左传》记录的。桓公应该只是被管仲射中带钩，并没有所谓的装死。

救了齐桓公一命的带钩是什么东西？

带钩是先秦秦汉时期一种重要的生活用具。我们熟知的两个典故就和带钩有关，一个是春秋管仲射中齐桓公带钩的故事，另一个是西汉钩弋夫人手中持有带钩的故事。带钩是什么呢？现代人有各种各样的衣服，其中有些款式，需要使用衣带来约束，而衣带的正面都有一个带扣，用来固定衣带和装饰衣服。这种带扣的起源非常早，在春秋时期就有使用，不过当时主要是用于马具的装束。当时人用于固定衣带的工具，主要还是带钩而不是带扣。

带钩与带扣不同，它是一种钩状物体，把钩尾固定在衣带上，钩头勾住钻孔的衣带另一端，依靠人体腰部的张力来束缚腰带。整个带钩，一般包括钩首、钩体和钩钮三部分，有的还包括钩颈、钩面、钩尾、钮柱、钮面、钩背等。有些钩体正面还会装饰各种纹饰和铭文。在先秦秦汉时期，带钩的使用非常普遍，直到魏晋时期，带钩才逐渐被带扣取代，变为一种小众的工艺品。明朝万历皇帝的定陵出土了五件带钩，其中有两件玉制，一件玛瑙制，两件木制。

带钩早在五千年前的良渚文明时期就有了，那时的玉带钩一般都呈方形，但这种带钩似乎没有流传下来。后世带钩的广泛出土，要到春秋战国时期了。经过考古学者王仁湘的统计与分类，春秋战国至秦汉魏晋的出土带钩，按照形状可以分为水禽形、兽面形、耙形、曲棒形、琵琶形、长牌形、全兽形和异形；按照材质又可以分为金质、银质、铜质、铁制、玉制、石制、木制和骨制，其中最常见的是铜质；按照工艺制作分类，又有错、镂、鎏（镏）、嵌、刻的区别。

当然，不少做工精美的带钩，其材质并不局限于一种。比如河南辉县固围村的魏国贵族墓，出土了一件"鎏金嵌玉镶琉璃银带钩"，通体由白银制作，又在表面鎏金，钩身铸造兽首和凤鸟，钩身正面又镶嵌三块白玉玦，玦的中心镶嵌了半球形琉璃彩珠，钩首则用白玉琢成雁的形状。这件带钩构思精巧，工艺精湛，是战国时期带钩的上乘之作，现在就在中国国家博物馆陈列着。

战国时期的魏国带钩不但在当时风靡一时，在汉代仍享有盛名。北宋类书《太平御览》引用东汉人圈称写的《陈留风俗传》，提到东汉时期的浚仪地区有不少池沼，在里面经常能发现魏国时期的带钩，当时还有不少民众仿制这种带钩，号称"大梁氏钩"。汉代的浚仪县就是战国魏都大梁所在地，属于陈留郡，也就是今天的河南开封一带。魏国因为定都大梁，所以也叫梁国。那件"鎏金嵌玉镶琉璃银带钩"，应该就是当时大梁城内制作的一件精美带钩。

齐桓公救的是北燕还是南燕？

齐桓公救燕是一个经典故事，还留下一个成语——老马识途。据战国时期的《韩非子》说，齐桓公攻打孤竹国，孤竹国在现在河北卢龙一带，这里今天还有个孤竹文化公园。齐军春天出征冬天返回，结果迷了路。管仲说，老马的智慧能派上用场，于是放出老马，让其带路，果然就走对了。之后齐军缺水，另一位大臣隰朋又说，蚂蚁冬天住在山的南边，顺着蚂蚁窝往下挖就能找到水源，按照这种方式，果然找到了水源。

不少文献提及这场战争。《国语·齐语》说齐桓公北伐山戎，击败令支、灭亡孤竹而归。《史记·齐太公世家》《史记·燕召公世家》说，山戎入侵燕国，齐桓公救燕，北伐至山戎而返，燕国国君燕庄公送齐桓公出国，不知不觉进入了齐国领土，桓公为了不让庄公违背礼仪，竟然把这些领土都赠送给了燕国。山戎在哪里呢？《史记·匈奴列传》说在燕山以北。那么，山戎、孤竹、令支这些个国家和部落，大约也都在燕山一线。

不过，记录春秋历史最客观翔实的《左传》的记载却有所不同。因为山戎欺凌燕国，在鲁庄公三十年（前664）冬季时，鲁庄公与齐桓公在鲁国的济水相会，谋划共同攻打山戎；而到了次年夏季六月，齐桓公就把攻打山戎的一部分俘获所得赠给鲁国。可见，鲁国并没有参与讨伐，是齐国独立出兵完成的。之后管仲也提到，齐桓公"北伐山戎"。那么，齐桓公应该确实有北伐山戎之举。

不过，《左传》说齐桓公伐山戎是冬天去，次年夏天回，而且非常简略，并没有提及孤竹和令支两国。而在《韩非子》中，齐伐孤竹却变成了春天去冬天回，还加上了老马识途等故事。对于史料中这处矛盾，学者大多没注意，唯独吕思勉先生独具慧眼。他指出，齐桓公救的燕国是南燕，而不是"战国七雄"中的北燕，春秋时被称为"燕"的都是南燕。

南燕国是一个什么国家呢？它是位于今河南延津一带的一个姞姓诸侯国，始祖叫伯鯈（tiáo），据说是黄帝的儿子。周朝始祖后稷的正室夫人就是姞姓女子。这里就是后来关羽斩文丑的地方，春秋时是黄河南岸的一个渡口。因为南燕邻近比它强大的卫国，所以沦落成了卫国的附庸。春秋前期，因为郑国在中原异军突起，与卫国时有摩擦，南燕也被卷入其中，无奈充当了卫国的马前卒。

春秋时期的"制北之战"就发生在郑国和南燕之间，当时卫国为了报复郑国，就派南燕去进攻郑国。在这一仗中，郑国国君郑庄公一边派遣三军与南燕军正面作战，一边又派遣两支部队偷袭南燕军后方。南燕军队只防备正面军队，哪能想到郑国不讲武德，偷袭自己。结果毫无悬念，南燕军队大败。后来南燕国国君燕仲父还追随卫国，驱逐周惠王，拥立王子颓，郑国出面调停没有结果，于是郑厉公又一度拘捕了燕仲父。

不过，这里的"南燕"只是后人说法，《左传》是直接称其为"燕"的。所以，如果抛开齐桓公救燕的"燕"是北燕这个先入为主的观念，其实在《左传》中"燕"是南燕之说更为合理。

至于《左传》提到的"山戎"，未必就是燕山之戎，历史学者童书业就认为应该是太行山之戎。太行山在黄河以北，那么齐桓公在救南燕之后，北上攻打太行山戎，同样也说得过去。桓公救燕的这次记录，大概也是南燕最后一次出场。一百余年后，《左传》再次出现"燕"或"北燕"，应该都是后来"战国七雄"中的燕国了。

这样看来，真实情况应该是，到了战国时期，南燕、山戎都已经灭亡，所以桓公救南燕的传说才被移植到北燕身上，而山戎也被传为更远的燕山之戎了，孤竹、令支这些北燕附近的部族，也就被移入了这个故事中。

这个故事还有一个不合理之处，就是齐桓公把国土赠送给燕庄公。因为春秋国家与战国国家不同，战国国家是国土连成一片的领土国家，而春秋国家则是呈现点状分布的国野国家。既然齐国与燕国还没有接壤，也就不存在两国之间有国界线了。

为什么说管子用经济战打垮敌国不可信？

《史记·管晏列传》详细记载了管仲在齐国的改革，包括"通货积财，富国强兵""相地而衰征"（按土地肥瘠征税）等政策，使齐国从海滨小国崛起为霸主。司马迁特别强调"九合诸侯，一匡天下，管仲之谋也"，凸显其战略智慧。

《管子》有一篇文章叫作《轻重》，讲的是齐国名相管仲辅佐齐桓公，用经济手段打败其他诸侯，帮助齐国称霸的故事。今天不少自媒体文章，甚至一些经济史著作，都喜欢把这件事作为经济战的典型案例来讲述，但其实这篇文章的内容是完全不可信的。

《轻重》篇说，"轻重"就是管仲对齐桓公介绍的"轻重之道"，也就是削弱大诸侯、扶植小诸侯，复兴天子王政的战略。桓公问管子，如何对付鲁国和梁国呢？管子的建议是，鲁、梁两国百姓以丝织为业，桓公和齐国官员应带头穿丝衣，这样一来齐国百姓也会模仿。同时又下令齐国不准从事丝织，必须从鲁、梁两国进口。两国一见有利可图，就会忙着从事丝织业，农耕就会荒废。桓公采取管仲的策略，十三个月后，突然与两国断绝贸易；再过十个月，鲁、梁两国百姓陷入了饥荒。而此时，鲁、梁两国粮食每石价格上千，而齐国才十钱。于是，鲁、梁两国百姓纷纷投奔齐国，两年后两国流失了十分之六的人口。再过三年，鲁、梁两国国君也只好归附齐国。

之后，管仲用铜币换取莱国、莒国的柴薪，并以此征服了两国；又用黄金购买楚国的鹿，楚王也归附了齐桓公。更绝的是，管仲还高价预定代国的白狐皮，使得代国人纷纷去山林捉狐狸。结果代国又被邻近的部族离枝攻打，代王只能归附齐国，这次连一个子儿都没花。

最后就是对付衡山国。管仲派人高价收购衡山国的兵器并转手，借此将价格炒高。十个月后，燕、代两国发现商机，也跟着买。又过了三个月，秦国也跟着买。衡山国君一看天下疯抢，下令将价格提高至二十倍！结果，百姓都忙着铸造兵器。这时，齐桓公派人前往赵国高价收购粮食，于是各国又纷纷运粮来齐国出售。等到衡山国兵器卖光，齐国又断绝与其往来。这时鲁国入侵衡山国之南，齐国入侵衡山国之北，衡山国国君只能投降。

以上就是《轻重》篇的大致内容，但其中的一些疏漏非常明显。其中代、赵是春秋战国之际才出现的国家，而衡山国更要晚至西汉初年才出现，且衡山国位于南方，齐、鲁之间隔着泰山，也不存在一个泰山国。而且，这样大规模的贸易战如果真实存在，《左传》却完全没有记录是说不过去的。南宋王应麟《汉艺文志考证》引用了三国傅玄《傅子》的说法，认为《管子》的文章大半是后世好事者增添的，其中《轻重》篇尤其鄙陋庸俗。王国维先生认为《轻重》篇作于西汉文景时期。马非百专门写了《管子轻重篇新诠》一书，认为其中不少内容是在西汉甚至王莽时代才有的。

关于管仲的改革，后世往往津津乐道，但在《左传》中完全没有提到，而是散见于《国语·齐语》《管子》等著作中。尽管不少学者不相信《管子》的内容，但因为《国语》这部书整体史料价值比较高，所以《国语·齐语》所载经常被作为管仲改革的内容来阐述。

据《国语·齐语》所载，管仲在齐国推行军政合一的政策，以郊外三十家作为一邑，十邑为一卒，十卒为一乡，三乡为一县，十县为一属，全国共五属，分别由五个大夫统领；国中则是五家为一轨，十轨为一里，四里为一连，十连为一乡，五乡为一军，全国分为三军，分别由桓公和上卿国氏、高氏统领。管仲这样划分的基础在于"四民分处"，也就是士农工商分开居住，各司其职。国都划分为二十一乡，其中十五士乡、六工商乡，而农民则居住在郊外。

其实，这样像切蛋糕一样整齐的行政区划，很明显在任何时代都难以实现。春秋中期齐灵公时的青铜器叔夷钟上的铭文，记录灵公将鳌（xī）邑的三百县赐给叔夷，可见齐国的县也就是村庄、社区的规模。而且，像这种个体家庭的生活方式，只存在于战国以后。可见，连《国语》的内容都不能全信，更不要说《管子》了。

总之，《轻重》篇应该是西汉之后的经济学者用来阐述经济理论的托古之作，并不能反映春秋时代的历史。

介子推真的是被烧死的吗？

古代有个节日叫作寒食节，一般是清明前的一至两天，主要习俗是禁止用火，只准食用冷食。这种风俗自从东汉以来一直被认为是纪念春秋晋国大夫介子推的。因为介子推隐居不肯做官，晋文公放火逼他出山，他还是坚持不出来，结果被烧死了，为了纪念他就有了这个节俗。不过，最早寒食的日子没有统一，有的地方是在冬季，有的地方是在五月初五。到了唐代，官方才正式把寒食确定在清明之前。

那么，历史上介子推真的是被烧死的吗？《左传·僖公二十四年》最早记录了介子推的事迹。介子推又叫介之推，"介之推"应该才是标准称呼，但我们还是按习惯叫他介子推。晋文公在即位前曾流亡十九年，介子推是他的随从之一。晋文公回国即位后，把自己的随从大臣都赏赐了个遍，却唯独遗漏了介子推。

介子推非常不满，对他的母亲说，文公即位是上天的意愿，但那些大臣却贪天之功为己有，文公却对这种人给予赏赐，可以说是上下互相欺骗。母亲让他主动去领赏，介子推认为：自己明知是错误还去效仿，那罪过就更大了；而且既然他对文公口出怨言，也不能再去领取文公的俸禄了。母亲又说，让国君知道一下也没问题嘛。介子推就说，语言是用来装饰行为的，既然身体都要躲起来了，语言又有何用呢？那不是故意显摆吗？

所以，介子推不愿意和他们同流合污，而是与母亲一起隐居，直到去世。介子推离开后，晋文公才想起封赏时遗漏了他，就派人去寻找，但没有找到。于是，文公就把绵上一带的田地封赏给他，用来昭示自己的过失，同时表彰介子推的功劳。

《左传》中有关此事的记载到这里就结束了，但后人却捕捉到介子推从隐居到去世的史料空白，从而进行演绎发挥。战国时期的《庄子·盗跖》就说，介子推非常忠心，割下自己大腿的肉给文公吃，文公却背叛了他，所以他愤怒离去，抱着树木被烧死。其实，《左传》只说晋文公流亡时，经过卫国五鹿一带时一度断粮，他们被迫向当地人要饭，并没有说介子推割肉给他吃。不过，这种戏剧性的桥段却特别容易传播，介子推割肉救了重耳的命，重耳却遗漏了他的封赏还导致他被烧死。这样一来，戏剧冲突就拉满了。

《吕氏春秋·季冬纪·介立》说介子推在隐居前写了一首诗："有龙于飞，周遍天下。五蛇从之，为之丞辅。龙反其乡，得其处所。四蛇从之，得其露雨。一蛇羞之，桥死于中野。"龙是晋文公，五蛇就是他的五位随从。晋文公读后恍然大悟，下令悬赏找介子推，但没有找到。西汉韩婴《韩诗外传》也赋予了介子推儒家的礼让气质，说介子推认为有道之人不能主动讨要职位，廉洁之人不能主动争夺财物。既然没有被国君注意，那就不能再立于朝中，所以才去隐居。但这些记录，其实都不符合《左传》中介子推不辞而别的逻辑。

《史记·晋世家》也讲介子推在离开前留下了诗，之后又隐居于绵上的山中，后来这座山被称为介山。今天山西省介休市有一座绵山，运城市万荣县有一座孤峰山，两地都号称是介子推隐居之处。但《左传》只说文公把绵上之田封给介子推，并未说他的具体去向。到了西汉刘向的《新序》，又说文公寻找介子推不得，希望通过焚山逼他出来，介子推却因为不肯出来而被烧死。这样一来，将介子推被烧死直接归因于文公，也就引发了后人对他的哀怜，进而祭祀他。

不少学者认为，寒食其实是早就有的习俗，并非起源于介子推。历史学者庞朴认为，周代就有仲春禁火、季春出火的习俗，此时龙星（即天蝎座 α 星）在天空中出现，龙星就是东方苍龙七宿，其中的"龙心"就是大火星。因为先民害怕火气太盛，所以禁止人间之火。古文字学者裘锡圭则认为，周代的四季都有改火的习俗，古人认为火种烧太久不利于健康，所以要改火，而在改火时又有烧死植物神灵的仪式，这个模式与介子推抱着树被烧死的样子很像，所以才被附会到介子推身上。

百里奚是不是秦穆公用五张羊皮买来的？

百里奚这个人物大家都不陌生，他是"春秋五霸"之一秦穆公的辅政大臣，但《史记》中没有关于他的一篇完整的传记，关于他的记载主要见于《秦本纪》《晋世家》《商君列传》等中。

《秦本纪》说，秦穆公五年时，晋国国君晋献公灭亡虞国，俘虏了虞国国君和大夫百里奚。后来晋献公嫁女儿给秦穆公，把百里奚作为奴隶陪嫁。百里奚逃到楚国宛地，结果被抓了。秦穆公久仰他的贤名，派人用五张羊皮赎回他。五张羊皮价值当然很低，但百里奚已七十多岁了，楚国人也不重视他，就把百里奚还了回去。之后，秦穆公任命百里奚为执政，并赐号为"五羖（gǔ）大夫"，"羖"就是公羊。百里奚又向秦穆公举荐了朋友蹇叔。

在《商君列传》里，商鞅的朋友赵良向商鞅讲了百里奚的故事。赵良说，五羖大夫本是楚国边鄙之人，听说秦穆公求贤，想拜见却没路费，所以把自己卖给秦国人放牛。一年后，穆公听说他的贤名，就提拔他为相。百里奚出任秦相六七年，一次讨伐郑国，三次拥立晋君，一次出兵救楚，巴国前来进贡，八戎前来朝见，由余前来投奔。他出门不用随从车辆，不带武装防卫，而功名载于史册、传于后世。百里奚去世时，男女老少都为他痛哭流涕。

这么说来，百里奚到秦国的经历，是存在一些矛盾的。到底是如《秦本纪》所说，他本来是虞国人，被晋国俘虏，逃亡到楚国，然后被秦穆公用五张羊皮赎回；还是如《商君列传》所说，他本来是楚国边鄙之人，为了投靠秦穆公，主动卖身给秦人牧牛呢？

其他不少先秦秦汉文献，也都提到过百里奚其人其事。在《孟子·万章上》中，孟子的学生万章就问了孟子一个问题。万章问："有人说，百里奚以五张羊皮的价格把自己卖给秦国养殖户放牛,从而进见秦穆公。这件事可信吗?"这个说法,有些类似《商君列传》,但没有说百里奚是楚国人。

孟子否认了这个说法。他说:"百里奚知道国君不听劝谏,就离开了虞国,到秦国时已经七十岁了,他难道不知道靠放牛去见穆公很卑劣吗?卖身成就君主,连乡里清白者都不会这么干,贤者又怎么会这样做呢?"《孟子·告子下》则说百里奚是在秦国市场被穆公提拔,又提供了另一种说法。

此外,《吕氏春秋·慎人》说百里奚先是逃亡到虢国,被晋国俘虏,后来再到秦国放牛,被秦大夫公孙枝用五张羊皮买下献给穆公。穆公开始还担心任用奴隶会被耻笑,经过公孙枝劝谏才同意。这里虽然也提到了百里奚是五张羊皮买来的,但是公孙枝花的钱。其他文献的记载,就不一一介绍了。总之,百里奚的传说在战国时期就已经众说纷纭了。

那么,在记录春秋史最翔实可信的《左传》中,有百里奚身世的记录吗?很遗憾,并没有。《左传·僖公十三年》只提到有一次晋国因灾荒向秦国借粮。秦穆公询问大臣百里的意见。百里说:"天灾流行,国家都会有。救助灾害,抚恤邻国,这是正道。走正道,那是福气啊!"也有人请求趁机攻打晋国。秦穆公最后听从百里的意见,援助了晋国。这位百里一般认为就是百里奚,但他是怎么到秦国的,《左传》没有说。

其实,战国秦汉时流传的这些百里奚故事,很明显与舜、伊尹、吕尚、管仲、孙叔敖等人的传说非常相似,他们都是从底层民众,一举跃居为大国之相的。尽管这类传说非常普遍,但却存在不少自相矛盾之处。其实,这正说明这些记录都是传说,并没有翔实可信的史实作为依据。而战国士人之所以喜欢扩散这些段子,自然是希望君王能够礼贤下士。既然古代名相都出身底层,我们知识分子难道不能出将入相吗?

不过,春秋的社会形态与战国毕竟有本质的差异。春秋前期的诸侯国,是由一个个家族为主体组成,个人不能离开家族独立生存。国家的各种职官,也由家族族长以及重要族人作为代表世袭担任。战国传说中这种出身低微的个体户,在孔子以前的时代,是根本不可能存在的。

百里奚和孟明视是父子俩还是同一个人？

春秋秦国的百里奚与孟明视，一般认为是父子关系。《史记·秦本纪》中记录了这父子俩的一些事迹。《秦本纪》说百里奚本是虞国人，被晋国俘虏后，作为陪嫁奴隶送往秦国。他逃到楚国被抓获，秦穆公听说了他的贤名，用了五张黑色公羊皮把他买了下来，并任命他担任执政。

之后，秦穆公九年，晋国公子夷吾逃到秦国，穆公派百里奚护送他回国即位；然后是秦穆公十四年（前646），晋国因大旱而派人来秦国借粮，百里奚和大臣公孙枝都认为应借。后来到了秦穆公三十二年，秦穆公趁着晋文公去世，计划袭击晋国保护的郑国，百里奚和大臣蹇叔都表示反对。秦穆公却一意孤行，派百里奚的儿子孟明视及蹇叔的两个儿子西乞术和白乙丙作为统帅去攻打郑国。百里奚、蹇叔大哭，认为再也见不到儿子了。秦军袭郑果然没有成功，反而在回国途经崤山时，遭晋军阻击而全军覆没。之后晋国释放了孟明视等三帅，秦穆公见到他们后大哭，后悔没听百里奚、蹇叔的话。等到秦穆公三十三年，孟明视等人攻打晋国，又被晋军击败。最后是秦穆公三十六年，孟明视等人再次攻打晋国，终于取得了胜利。

单从《秦本纪》这些资料来看，百里奚和孟明视就是父子俩。不过，历史学者马非百指出，百里奚和孟明视其实是同一个人！

为什么马先生会这样认为呢？我们还是要回归到《左传》这一记录春秋史最翔实可信的文献。《左传》里没有"百里奚"这三个字，不过，秦国确实有叫"百里"的人物，先后出现过两次。先是在《左传·僖公十三年》，秦穆公问百里是否要借粮给晋国，这次记录对应《秦本纪》中秦穆公十四年的事，所以一般认为"百里"就是百里奚；再是在《左传·僖公三十三年》，晋军在崤之战中击败秦军，俘获了"百里孟明视、西乞术、白乙丙"，这次记录对应《秦本纪》中秦穆公三十三年的事，那么"百里孟明视"也就是孟明视。

孟明视为什么又叫"百里孟明视"？这里的"百里"是氏，"孟明"是字，而"视"是名，按当时的称呼习惯，"孟明视""百里孟明视""孟明""视"都能成立。《左传》又说，秦穆公在崤之战后"复使（孟明）为政""孟明增修国政，重施于民""遂霸西戎，用孟明也"等，就是说秦穆公让孟明视再次执政，施政于民，后来穆公称霸西戎，正是因为任用孟明视。

其实，如果放弃对《秦本纪》先入为主的印象，把《左传》中的"百里"看作孟明视，同样非常合理。仅从《左传》本身来看，根本看不出这位"百里"，除孟明视之外还另有其人。《秦本纪》说百里奚、蹇叔哭孟明视等三帅，而《左传》只写蹇叔一个人，完全没有提及百里奚。

孟明视既是秦军统帅，又是秦国执政，这也符合春秋时期军政合一的传统，战国之后将、相才逐渐分开。足见，孟明视就是秦穆公独一无二的执政卿相，不可能在他之上还有一个百里奚存在。

《左传》中也没有孟明视到秦国的记载，只说晋献公俘虏了虞国国君和大夫井伯，作为女儿的陪嫁，所以陪嫁大夫只有井伯一人。《史记·晋世家》则说晋献公俘虏了虞国国君和大夫井伯、百里奚，作为女儿的陪嫁。后人认为井伯是百里奚的字，其实井伯与百里奚，或者说与孟明视是否为同一人，从《左传》来看并没有证据。

可见，百里奚的形象主要来源于孟明视的分化，并且拼凑了井伯作为陪嫁的经历。大概是战国人读春秋史时，认为孟明视两次战败，行为轻佻，不像是一位成熟稳重的大国卿相，所以才从"百里"分化出另一位德高望重的"百里奚"来。大概"奚"与"视"音近，"奚"又有奴隶的意思，所以后世才有百里奚是奴隶的说法。

不过，马非百先生否认《秦本纪》而采信《商君列传》，认为孟明视卖身于秦人养牛，后来被公孙枝推荐给秦穆公，故得名"百里奚"，与井伯无关。但这条记载未必是实录。《左传》并无孟明视出身的记载，既然斩断了他与井伯的联系，那么卖身于秦人的说法，自然也是值得质疑的。

"赵氏孤儿"其实是由乱伦和阴谋引发的血案？

"赵氏孤儿"的传说大家都耳熟能详了，而这个故事大纲，可以追溯到《史记·赵世家》。

根据《赵世家》的说法，晋国执政的赵盾与晋灵公发生矛盾，晋灵公欲杀赵盾，反而为赵盾的族人赵穿所杀。赵穿立成公为君，成公去世后传位给儿子景公，景公时赵盾也已去世了。晋景公三年，也就是公元前597年，赵盾的儿子赵朔为下军统帅，参与了著名的晋楚邲之战。邲之战后，赵朔娶了晋成公的姐姐（也就是晋景公的姑妈）庄姬为夫人，赵朔谥为"庄"，庄姬从夫谥。

此时，晋国的大夫屠岸贾想消灭赵氏，就去劝说诸将帮忙，只有大夫韩厥表示反对。屠岸贾不听，韩厥就通知赵朔快跑。赵朔不愿意离开，只是托孤给韩厥。于是韩厥称病不出。屠岸贾果然私自率诸将袭击赵氏，杀死赵朔及赵朔的伯父赵同、赵括、赵婴齐，灭了赵氏一族，史称"下宫之变"。在这次事件中，只有身怀六甲的庄姬因逃到成公的旧宫里藏起来才得以幸存。

赵朔有一个门客公孙杵臼和一个朋友程婴。有一天他们见面了，公孙杵臼就问程婴：您怎么没为赵氏死呢？程婴说：因为赵朔妻子怀孕了，如果生下男孩我就收养他，生下女儿我就去死吧！公孙杵臼明白了他的意思。不久，庄姬生下一个男孩，屠岸贾听说了，就派人去搜查。庄姬把婴儿藏在裤裆中蒙混了过去。程婴和公孙杵臼两人就找了一个婴儿，把他藏在山中，然后程婴举报赵氏孤儿在公孙杵臼那儿。诸将在山中找到公孙杵臼，公孙杵臼大骂程婴出卖他，诸将就把公孙杵臼和婴儿都杀了。

十五年后，晋景公生病，占卜说是赵氏先人作祟，景公非常感慨。韩厥趁机告诉景公真相，景公决定恢复赵氏，程婴就带着赵氏孤儿赵武进宫了。诸将非常尴尬，都推脱说是屠岸贾假传君命。于是程婴、赵武就率领诸将去攻杀了屠岸贾。又过了五年，赵武二十岁成人行冠礼，程婴自杀而死，去向地下的赵朔和公孙杵臼复命了。最后赵武为程婴守孝三年。

《史记》中的《韩世家》与《赵世家》说法类似，只是内容相对简略一些。《晋世家》却说晋景公十七年，也就是公元前583年，晋国杀死了赵同、赵括兄弟，并且灭了他们的家族。韩厥认为不能让赵氏断绝香火，晋景公就让赵氏庶子赵武继承了赵氏宗主，《十二诸侯年表》与《晋世家》也一致。可见，《晋世家》与《赵世家》最大的不同，就是下宫之变的发生时间。那么，到底哪个说法可信呢？

《晋世家》的说法实际上来自《左传》，这也是关于下宫之变的最早记载。根据《左传》的记载，赵同、赵括和赵婴齐是赵盾的三个异母弟弟，赵盾去世前就把宗主之位让给了赵括。公元前597年，赵朔参与了邲之战。到公元前587年，已经守寡的庄姬耐不住寂寞，就和小叔赵婴齐勾搭上了。第二年，赵同、赵括觉得弟弟败坏门风，把赵婴齐流放去了齐国。

当时晋国共有十二卿掌握军政大权，赵同、赵括和赵穿的儿子赵旃（zhān）占据其中三席，自然引起其他家族嫉恨。公元前583年，失去丈夫和情人的庄姬为了报复赵同和赵括，就向景公诬告他们谋反，并请执政栾书和郤氏出面做伪证。于是晋景公派兵讨伐赵氏，杀赵同、赵括。这个时候，韩厥出来为赵氏说话，景公就立赵武为赵氏宗主。此时赵武大概八岁。

可见，《左传》中的下宫之变，相对于《赵世家》要平实得多。大致就是讲庄姬和赵婴齐私通，赵婴齐被赵同、赵括赶跑，庄姬诬告赵同、赵括谋反，栾氏、郤氏趁机把他们一锅端。其实此事并未波及整个赵氏，不但赵武毫无惊险，甚至赵旃都没受到牵连。至于屠岸贾其人，《左传》中则完全没有记录，晋国当时掌权的是十二卿，其中又以栾书为首。至于程婴、公孙杵臼这种门客、友人，在《左传》中也并不存在。

综上，从记录春秋历史最客观翔实的史书《左传》看，《赵世家》的讹误特别明显，唐代孔颖达就说"马迁妄说，不可从也"，古文献学者杨伯峻也同意此说。当然，也有人持不同意见，如明代学者王樵认为屠岸贾杀赵朔与庄姬杀赵同、赵括并非同一事件，清代学者高士奇则认为"千古疑案，自当两存之"，不敢下结论。

程婴是用自己的儿子顶替"赵氏孤儿"的吗？

"赵氏孤儿"的传说大家都耳熟能详了，这是古今中外文学作品非常喜欢的一个题材。元代纪君祥的杂剧《赵氏孤儿》是中国古典四大悲剧之一，法国大思想家伏尔泰受其影响创作了诗剧《中国孤儿》，2010年还上映了陈凯歌导演的电影《赵氏孤儿》。

程婴和公孙杵臼拿出来顶包的婴儿，多传说为程婴自己的儿子，其实不是。《史记·赵世家》中写得清清楚楚，"乃二人谋取他人婴儿负之"，程婴和公孙杵臼找来代替"赵氏孤儿"的，是别人的孩子。而且，"赵氏孤儿"整个故事应该只是传说，并非真实记录。

真正用自己的儿子顶替的，在先秦时期倒真有两例。一例记载于《国语·周语》，说国人暴动时厉王逃到彘地，太子静就躲在召公虎家里。愤怒的国人要求交出太子，召公虎交出自己的儿子顶替。等到太子静长大后，召公虎辅佐他即位，太子静也就是周宣王。还有一例记载于《公羊传》，说春秋初年鲁孝公年幼时，孝公的外公邾颜公仗着女儿把持后宫，居然奸淫了鲁国九位公主，还想派人杀害孝公。孝公的奶妈臧氏就把自己的儿子留在寝宫，而抱着孝公找到鲁国大夫鲍广父和梁买子，最终通过周宣王除去邾颜公，孝公才得以复位。

《国语》的儒家观念比较重，被称为"春秋外传"，《公羊传》则是儒家经典"春秋三传"之一，它们都可以代表儒家的观念。程婴、公孙杵臼这样的做法，实际上是不被儒家认可的，而更符合战国秦汉的下层民众思想。所以，赵氏孤儿这个故事虽然并非真实的历史，但却是战国秦汉社会思想的一种反映。

比司马迁稍晚的大儒刘向，编写了《新序》《说苑》两部文献，都记录了赵氏孤儿的故事。《新序·节士》对赵氏孤儿的记录与《赵世家》基本一致，故事最后，刘向评价程婴和公孙杵臼都是守信的忠诚之士，但程婴没必要为了向死者报告而自杀。《说苑·复恩》对该故事的记录与《赵世家》也基本一致，但主角却变成了韩厥，还为他增加了不少言论，最后刘向评价"韩厥可谓不忘恩"。

司马迁记录赵氏孤儿故事的另一个重要意义，是为后世提供优秀的文学素材。刘向已经对这个故事进行了初步演绎，但真正让这个故事家喻户晓的是元代纪君祥的杂剧《赵氏孤儿》。《赵氏孤儿》在元代诞生且广泛传播并不是偶然的，因为它的主题正符合元朝统治下的汉人心理。当时正有一个赵氏孤儿，就是南宋恭帝赵㬎（xiǎn）。赵㬎在宋亡之后被元朝封为瀛国公，元杂剧《赵氏孤儿》有影射赵㬎的含义。

元杂剧《赵氏孤儿》主要分为元明两个刊本，元刊本为《古今杂剧三十种》中的《冤报冤赵氏孤儿》，明刊本为《元曲选》中的《赵氏孤儿大报仇》。相对于元刊本剧情的散乱、文字的讹误，明刊本的故事情节更加流畅明白。元刊本以四折结局，最后并未提到赵武复仇。明刊本则增加了第五折，把单纯的悲剧故事变成了大团圆的结尾，这实际上回归了《赵世家》记载，也更加符合明人推翻元朝统治后的心理。

元杂剧《赵氏孤儿》相对《赵世家》的记录有一些不同：将屠岸贾灭赵氏的事件，提前到了晋灵公时代；晋灵公谋杀赵盾的行为，也全变成了屠岸贾的行为，突出了屠岸贾的恶人形象；公主、韩厥两人为了保守秘密而自杀，程婴交出的冒牌孤儿是自己的儿子，屠岸贾收养赵氏孤儿为义子，中兴之主晋悼公命赵武抓屠岸贾，这些都强化了戏剧冲突；而最让人欣慰的是，程婴没有自杀而亡。

元杂剧《赵氏孤儿》这些改编比《赵世家》走得更远，虽然有的情节完全背离史实，但它却通过设计煽情场面、增强伦理冲突、塑造道德典范，演绎了一个更加精彩的故事。

掉入粪坑淹死的先秦国君竟是一代霸主？

有个成语叫"病入膏肓"，说的是春秋中期的晋国国君晋景公的故事。他有一次梦见一厉鬼。厉鬼说你杀了我的子孙，我要来复仇了。然后厉鬼将宫殿大门都给拆毁了，景公只能躲在最里面的内室。这时候，景公就醒了，他问巫师这个梦是什么意思。巫师说，哎，您可能吃不到今年的新麦子了！就是说，今年麦子成熟之前，景公就要去世了。后来，景公果然生病了，而且病情还急剧恶化，他就派人去秦国请来医缓治病。

秦国的医生在当时比较出名，除了晋景公请来的医缓，晋平公病重时也曾从秦国请来过一位医和。著名的神医扁鹊也跟秦国有关。医缓当时还没到，景公又梦见疾病变成两个小孩。一个小孩说：医缓是个良医，所以肯定能伤害到我们，怎么办好呢？另一个小孩说：那我们就待在膏的下面，肓的上面，看他有啥办法！根据西晋杜预的注释，膏就是鬲（gé），大概就是心脏膈这块，肓就是心脏之下的位置。

医缓到后果然说这个病治不了，因为已经病入膏肓了，无法使用针灸和药物。景公感叹自己命不久矣，重赏医缓并且让他走了。等到当年的六月初六，这时候新麦子熟了。景公发现自己没有去世，在惊喜之余又非常愤怒，因为巫师欺骗了他，让他一直提心吊胆。他就让厨师煮好了麦子，把巫师叫过来看，然后就把巫师给杀了。景公正高兴地准备吃饭，这时候肚子忽然疼了起来，景公跑到厕所去，结果不小心掉进粪坑里淹死了。

关于晋景公之死，《史记·晋世家》省略了，而《左传》记录比较详细。景公梦见的厉鬼，其实就是晋国大夫赵氏的祖先。因为在"赵氏孤儿"案件中，景公几乎把赵氏给灭门了。而《左传》这部书，应该经过了战国初年三晋人的整理，所以对晋国大夫比较美化，相反，却对晋国国君比较贬斥。因为景公几乎灭了赵氏，所以给他"安排"了一个被赵氏复仇的结局。

景公虽然死得窝囊，但其实他是一位很有作为的国君。对内，他能够利用卿大夫之间的内斗，除掉嚣张跋扈的赵同、赵括，一定程度上提高了国君的权威。对外，虽然在邲之战中，晋军被一代雄主楚庄王击败，但之后晋景公还是重拾霸主雄风，灭了近邻赤狄，又大败秦国和齐国。等到楚庄王去世之后，晋景公又击败楚军，并乘势攻入了楚国的领土。景公还推行了一个具有战略意义的政策"联吴伐楚"，扶植起吴国。

可以说，景公是一位非常有才干的国君，倘若不是遇到楚庄王这样的雄主，应该能延续祖父文公的霸业。清人全祖望在《春秋五霸失实论》中，甚至以齐桓公与晋文公、晋襄公、晋景公、晋悼公为春秋五霸，一个齐国国君加四个晋国国君，当然这是严守"夷夏之防"观点的产物，不过也能说明晋景公确实拥有霸主的实力。

春秋美女夏姬真的"三为王后,七为夫人"吗?

春秋时期名气最大的美女是西施,但西施留下来的可靠史料比较少。西晋司马彪有一种说法,西施其实就是春秋美女夏姬。夏姬有什么故事呢?《左传》说,她本是郑穆公的女儿,嫁给了陈国大夫夏御叔,生了儿子夏征舒。在夏御叔去世之后,夏姬就和国君陈灵公,卿大夫孔宁、仪行父一起通奸。陈灵公等三人还贴身穿着夏姬的内衣,并在朝堂之上公然讲荤段子,甚至将劝谏的大臣处死。有一次,他们又跑去夏家饮酒作乐,陈灵公借着酒劲指着夏征舒,对仪行父说:征舒长得像你呢!仪行父哈哈大笑,说也像君上您啊!夏征舒觉得被羞辱了,他非常气愤,躲在马厩里,等灵公出来趁机射杀了他。孔宁、仪行父两个见大事不妙,慌忙跑路到楚国去了。

当时的楚国国君就是大名鼎鼎的楚庄王,他以平叛的名义攻入陈国,杀死夏征舒,并将其五马分尸。不过,楚庄王也被夏姬的美色迷住了,就想把她收入后宫。这时,申县的县公巫臣出来阻止了,他认为既然攻打陈国的名义是讨伐罪臣,庄王如果收了夏姬,就变成贪恋美色之人了。司马子反也想娶夏姬,巫臣又跳出来阻拦,他说这个夏姬是不祥之人,先后让子蛮、御叔、灵公、征舒身死,又让孔宁、仪行父出逃,并让陈国一度灭亡。谁如果娶她,那必定不得好死。天下美女这么多,为何一定要娶她呢!这里的子蛮是谁呢?一种说法,他是夏姬兄长郑灵公,死于国内的政变,没有后代;另一种说法,他是郑国大夫,夏姬的初任丈夫。考虑到郑灵公名夷,字子貉,"夷""貉""蛮"都表示边缘族群,所以子蛮应该就是灵公,而非夏姬的丈夫。

最后,庄王把夏姬嫁给大臣连尹襄老。可是后来,连尹襄老死于晋楚邲之战,连尸首也被晋国人收走,夏姬又和襄老之子黑要私通。这时,巫臣派人暗中联络夏姬，表达了自己对她明媒正娶的心愿；同时派人暗中前往郑国，然后以郑国名义发出邀请，让夏姬亲自接回襄老的尸首。楚庄王也批准了，夏姬就回到了郑国。后来庄王去世，楚共王即位，巫臣趁着出使的机会，就到郑国捎上夏姬一起去了晋国。

子反这才知道被巫臣耍了，就联合巫臣的政敌，将巫臣的族人、亲信以及黑要统统杀死，并且瓜分了他们的财产。而巫臣为了报复，就向晋国提出联吴抗楚的战略，从此使楚国陷入了双线作战的境地。

后来，夏姬在晋国还给巫臣生了一个女儿，晋平公想把夏姬的这个女儿赐婚给贤臣叔向。叔向母亲反对，认为"尤物"（也就是特别漂亮的美女）可以改变人的命运，如果没有强烈的道德和正义来支撑，就一定会发生祸患。这就是"尤物"一词的出处，看起来说的是夏姬的女儿，实际上说的还是夏姬本人。后来，叔向与夏姬的女儿生了一个儿子杨食我，他在政治斗争中站错了队，果然导致了叔向家灭族。

夏姬的儿子能弑君，说明她当时的年龄已经不小了，但仍有那么大的魅力，实在让人难以置信，这就给了后人发挥的空间。西汉刘向编写《列女传》，说夏姬"其状美好无匹，内挟伎术，盖老而复壮者"，认为夏姬有养生之术，所以能够青春永驻；甚至说她"三为王后，七为夫人，公侯争之，莫不迷惑失意"，这当然是夸张之辞。根据《左传》的记载，夏姬的丈夫实际上只有夏御叔、连尹襄老、巫臣三个人。

关于夏姬的事迹，《史记·陈杞世家》《楚世家》也有提及，基本上没有超出《左传》的内容。

不过，清华简《系年》却说夏姬是夏徵舒的妻子，而且是在襄老去世后，正式嫁给了襄老的庶子黑要。等到黑要去世后，子反才与巫臣争夺夏姬，但夏姬还是嫁给了巫臣。后来巫臣趁着出使郑国，带着夏姬一起跑了。这样，夏姬的年龄要更合理一些。她虽然还是没有到"三为王后，七为夫人"的地步，但在先秦时期也算是经历非常丰富的女子了。

伍子胥到底有没有对楚王掘墓鞭尸？

伍子胥是司马迁非常欣赏的一位人物，如果把《史记·伍子胥列传》视为一部戏剧，那么伍子胥的复仇无疑是最精彩的部分，也是司马迁最推崇伍子胥的地方。伍子胥本是楚国人，因为父兄被楚平王冤杀，逃到楚国的宿敌吴国，帮助吴王阖闾图谋楚国。之后，吴国得到唐、蔡两个诸侯国的帮助，三国联军一起进攻楚国，在汉水一带大败楚国统帅令尹囊瓦，囊瓦抛下大军逃亡。于是吴军连战连胜，一直打到楚国郢都，楚昭王逃跑，吴军顺利进入了郢都。

伍子胥因为没有找到楚昭王，就挖开了楚平王的墓，拖出他的尸体，鞭打了三百下才停手。伍子胥在楚国有个朋友叫申包胥，此时申包胥也躲在山里。他听说了此事，就派人对伍子胥说：你这样未免太过分了吧！伍子胥回答说：我已经"日暮途远"，所以要"倒行逆施"啊！这两个词现在都是成语，意思就是伍子胥认为自己年龄很大了，好比太阳将要落山，而自己的路途还很遥远，所以不得不违背情理来行动。之后，申包胥去秦国请求支援，加上楚国国内的反抗等一系列因素，吴军不得不撤离楚国。伍子胥也算是大仇已报。

伍子胥掘墓鞭尸这件事，触目惊心，加上伍子胥本身又是楚国人，还是楚平王的大臣之子，人臣向君王报仇，这令故事传播更广。但倘若我们只看记录春秋史最客观翔实的《左传》，会发现在吴入郢之战中根本没有提及伍子胥半个字。当然，这么重要的战争，可以合理推测，伍子胥应该是参与了的，但伍子胥的掘墓鞭尸和之后申包胥派人指责伍子胥这两件事，则完全没有记录。其实，楚平王当时已经去世十多年，伍子胥还能对他鞭尸，非常不可思议，加上伍子胥自己的祖坟也在楚国，就不怕楚国人日后报复吗？

比《史记》更早的战国时期的《吕氏春秋》就说，伍子胥亲自对准王宫射箭，并鞭打了平王坟墓三百下。《穀梁传》和《越绝书》说的也是鞭打平王墓。这种泄愤的方式只具象征意义，也就显得更加真实。而《史记》之后的《吴越春秋》却进一步演绎，说伍子胥鞭打平王尸体三百下后，又用左脚踩住平王的肚子，右手抠住平王的眼睛，还让吴国君臣依次霸占楚国君臣的妻室，那就完全不像是一位成熟政治家的作风了。

综上，伍子胥应该没有对楚王进行掘墓鞭尸的举动。不过，伍子胥为报家仇，帮助吴国攻打自己的祖国，这件事情是确凿无疑的。所以对于伍子胥的行为，后世存在很大的争议。

我们应该怎么评价伍子胥的行为呢？这要结合时代背景来看。春秋时期的国君和大臣，不像后世"君要臣死，臣不得不死"这种人身控制和依附关系，更何况，没有记录证明伍子胥在楚国朝廷任职，所以伍子胥和楚王双方没有君臣契约。同时，虽然伍子胥是楚国人，但当时还不是编户齐民时代，社会主体是大家族而非小家庭。伍子胥首先是伍氏的族人，然后才是楚国的国人。那么，伍子胥要为自己的家族向国家复仇，在当时是非常合理的。

战国诸子对伍子胥也都是褒扬态度，司马迁尤其夸赞伍子胥为复仇能隐忍。他认为，如果伍子胥跟父亲一起被杀，那和蝼蚁又有什么区别？正是因为放弃小义，才能够洗雪大耻，让自己名垂后世。伍子胥在江边窘迫之际、在路上乞讨之时，难道会忘记郢都吗？所以隐忍才能成就功名，如果不是刚烈的大丈夫，谁能这样呢？

《左传》记载，伍子胥逃跑时遇到申包胥，伍子胥说我一定要灭亡楚国，申包胥说那我就要保全楚国，申包胥并没有谴责伍子胥。其实仔细品读这段对话就能发现，虽然申包胥表面上和伍子胥是对立的，但他并不反对伍子胥的做法，当然，他也有自己救国的立场。所以，不管是伍子胥的复仇，还是申包胥的救国，站在他们本人的立场上讲其实都是符合那个时代背景的。

端午节祭祀屈原和伍子胥哪个更早？

说到端午节，大家都知道纪念的一般都是战国大诗人屈原，但江浙地区却有祭祀春秋名臣伍子胥的传统。那么，端午节到底是先祭祀屈原的，还是伍子胥的呢？其实，对伍子胥的祭祀比屈原更早。

南朝梁人宗懔的《荆楚岁时记》就提到，五月五日楚地有赛龙舟的风俗，因为屈原在当日投汨罗江，所以大家划龙舟，就是为了救他。不过，作者又引用了东汉人邯郸淳的《曹娥碑》，说东汉安帝二年（108年）的五月初五那天，上虞的巫师曹盱（xū）为了迎接伍子胥的神灵，在县城的江中逆涛而上，婆娑起舞，结果不幸落水淹死。上虞在今天浙江绍兴上虞区，县城的江就是钱塘江的分支曹娥江。可见，端午祭祀屈原的风俗要晚到南北朝才有，而祭祀伍子胥的风俗在汉代就已经有了。不过，伍子胥是吴国的大臣，还是越国的重要敌人，为何后世的越地却祭祀他呢？

据《左传》记载，伍子胥希望消灭越国，吴王夫差却只想北上称霸。伍子胥多次直言劝谏无效，自知难容于夫差，为了保全伍氏家族的血脉，趁着出使的机会，把儿子托付给了齐国大夫鲍氏。结果夫差认为他通敌证据确凿，赐给他属镂宝剑让他自尽。伍子胥临死前，让手下在自己墓上种植槚（jiǎ）树，因为槚树可以制作棺木，他预见吴国将要衰亡，棺木可以给吴国军民收尸。

在《史记·伍子胥列传》中，伍子胥与夫差的冲突被强化了。夫差听了太宰嚭的谗言赐剑令伍子胥自杀。伍子胥仰天长叹，认为夫差听信谗言杀长者，就让身边的亲信在自己的墓前种植梓树，并将自己的眼睛挖下来，悬在吴都东门上，让自己死后能亲眼看到越国灭吴。夫差听说后非常生气，下令不准伍子胥的尸体下葬，而将其尸体用马革袋子装着投入江中。吴国人哀怜他，就在江边设置祠堂祭祀，这里就被称为胥山。今天苏州吴中区胥口镇还有胥山、胥江和胥王庙。胥王庙中就有纪念伍子胥的衣冠冢。

在东汉野史《吴越春秋》的描述中，夫差将伍子胥的尸体用皮革袋装着沉于江中，却将其头颅割下挂在南门城楼上。后来勾践伐吴到达此处，见到伍子胥的头颅大如车轮，目似闪电，须发四张，射到十里之外。越军非常害怕，不敢前进，下令就地驻扎。当晚风雨大作，飞沙走石，越军死伤无数，勾践的大臣范蠡、文种连忙屈膝袒胸跪拜伍子胥，乞求借道。于是伍子胥托梦给他们，让越军绕道吴都东门，勾践这才顺利灭吴。至于伍子胥的尸体，就在江中随着潮汐而往返。后来文种被勾践冤杀，伍子胥就将他的尸体卷走。所以越人把潮水的前浪称为伍子胥，而把后浪称为文种。

可见，伍子胥之所以被后世越人祭祀，主要还是因为他的忠贞品质和悲壮事迹，这种特性和行为已经超越了地域概念。伍子胥就这样从自杀而死，被流传为沉尸于江，最后还成了钱塘江的潮神。今天浙江杭州吴山广场旁有伍公山，山上有祭祀伍子胥的伍公庙；浙江嘉兴南湖也有一个伍相祠。

当然，端午最早的起源，应该与伍子胥无关。正月一日、三月三日、五月五日、七月七日、九月九日，这些后世的传统节日，其实最早都是古人所认为的恶日。因为它们都是"大阳之数"，需要驱邪祈福。《史记·孟尝君列传》说孟尝君就是五月五日出生的，差点被他的父亲杀掉。东汉应劭《风俗通义》也说，五月五日出生的孩子，男孩会害自己父亲，女孩会害自己母亲。

所以，比较合理的解释是，在水中赛龙舟和往水中扔粽子的习俗，最早其实是用来祭祀水神的。只不过，后世这种观念淡化了，才把古人传说拉了进来，给节日赋予了新的生命。屈原的身体沉入水中，会被鱼虾食用，所以，扔粽子给水神，也就被传为扔粽子给鱼虾，让它们不要伤害屈原的身体。这就好比寒食原本是与禁火、改火的习俗有关，但因为火由燃烧到被熄灭的这个过程，与大火烧死介子推最后熄灭的情节相似，所以介子推也就被拉入了寒食节中。

"孙武斩二姬"的故事真实存在吗?

兵圣孙武是家喻户晓的人物,《孙子兵法》也是享誉世界的名著。关于孙武的故事,最广为人知的就是《史记·孙子吴起列传》的记录。据说孙武是齐国人,被吴王阖闾接见。吴王读了兵法十三篇,就让孙武练兵给自己看,孙武毫不犹豫接受了,于是就有了"孙武斩二姬"的故事。最终阖闾被孙武折服,任命他为将军。之后吴国"西破强楚,入郢,北威齐晋,显名诸侯",都有孙武的功劳。

《史记》还有一些篇章提到了孙武。比如《律书》说"吴用孙武,申明军约";《吴太伯世家》《伍子胥列传》也提到,阖闾即位第三年兴兵伐楚,攻下舒地,并擒获吴王僚的两个公子,于是他想趁机攻打楚国郢都,但孙武以军民疲惫为由进行劝阻,直到六年之后孙武、伍子胥才支持伐楚。此外,《货殖列传》还提到一句"孙、吴用兵",但不确定是孙武还是另一位军事家孙膑。

《史记》关于孙武的记录只有这么多,非常简略,就给我们留下了一些疑问:孙武是什么时候到吴国的?又是如何辅佐吴王称霸的?又是怎么去世的?很遗憾,这些关键信息都没有记录。关于孙武的记录,后世倒是慢慢地丰富起来。

《新唐书·宰相世系表》给出了一个比较完整的世系,说孙武是齐国大夫陈完后人,陈完又叫田完,其四世孙是田无宇,田无宇有两个儿子:田恒、田书。田书因为攻打莒国有功,被齐景公赐姓孙氏,封地乐安,所以他也叫孙书。孙武就是孙书的孙子,因为齐国田氏、鲍氏等四族之乱,逃亡到了吴国。孙武的儿子孙明封地富春,孙明又生了孙膑。

现在山东不少地方争夺"孙武出生地",都主张自己就是乐安,东营市广饶县就建有孙武祠和孙子文化园。不过，《新唐书·宰相世系表》的记录，讹误相当明显。从记录春秋史料最翔实可靠的《左传》看，田书是公元前523年攻打莒国立功的，在公元前484年的艾陵之战中战死了。而阖闾即位是公元前514年，攻入楚国郢都是公元前506年。所以，孙武不太可能是田书的孙子。至于田氏、鲍氏等四族之乱，应该是说公元前532年田氏、鲍氏驱逐栾氏、高氏的事件，时间同样对不上，而且田氏是这场内乱的胜利者。按照这个逻辑，孙武没有理由避难。

还有一种说法，出自东汉野史《吴越春秋》，说孙武是"僻隐深居"的吴国人，因为伍子胥引荐而见到阖闾。虽然这一说法没有流传开来，不过后世都说孙武到吴国后隐居过。明代小说《东周列国志》，说孙武隐居在罗浮山以东。今人陆允明主编的《兵圣孙子与苏州》一书，首次提到孙武隐居地在苏州穹窿山。今天，穹窿山上有所谓的孙武隐居地，被认为是《孙子兵法》诞生处，山下还建有孙武文化园。

东汉野史《越绝书》最早记录了孙武的葬地在苏州城巫门外离县城十里地的地方。唐代陆广微《吴地记》还记有"吴偏将军孙武坟"，但到了宋代方志中就没有记录了，大概已经湮灭了。后来一直到清代嘉庆年间，自称孙武后人的学者孙星衍，在苏州找到了一处叫"孙墩"的地方。今天苏州相城区有一座孙武纪念园，里面有一座孙武墓，就是根据孙星衍的考证而建的。

其实，不要说《史记》之后的记录不可靠，就是《史记》中孙武的核心故事——"孙武斩二姬"，同样也充满了疑点。阖闾本人是身经百战的军事家，却把后宫交给孙武去训练，这就如同儿戏一般，孙武也不太可能接受，因为练兵不是一朝一夕能完成的。如果阖闾真是抱着娱乐的心态，那就不至于放任宠姬被杀，毕竟他本人也在场，不可能阻止不了。总之，这更像是一幕戏剧，是为强化故事冲突和突出孙武的能力而设计出来的剧情。

那么，《史记》之前的文献又是怎么讲的呢？其实，先秦时期的文献都没有"孙武斩二姬"的说法，甚至没有孙武其人的明确记载。

银雀山汉简能证明孙武与孙膑是两个人吗？

《史记·孙子吴起列传》最早记录了兵圣孙武"斩二姬"的故事，不过，这个故事本身就显得不太真实。如果抽去这个故事，整个《史记》似乎就没有多少孙武的记录了。那么，孙武是否真实存在？他和《孙子兵法》又有什么关系？

记录春秋历史的史书主要有《左传》《国语》，其中《左传》公认较客观真实，而《国语》的真实性则差一些。《国语》有专门记录吴越历史的《吴语》和《越语》，但这两部书都没有孙武其人的记载。在战国诸子的记录里，《尉缭子》提到一句"有提三万之众而天下莫当者谁？曰武子也"，但"武子"是谁并不明确；《战国策》提到了两个"孙子"，一个是孙膑，一个是荀子，两人都是战国时人，与孙武也不相干；还有一些文献把"孙吴""孙吴之略""孙吴之书"合称，但也没有说明"孙"是何人，《史记·孙子吴起列传》说孙膑是孙武的后人，也有兵法流传于世，所以不排除这里的"孙"是孙膑。

《孙膑兵法》在古代本来有流传，《汉书·艺文志》说《吴孙子》有八十二篇，图九卷，《齐孙子》有八十九篇，图四卷。很明显，《吴孙子》就是《孙子兵法》，《齐孙子》就是《孙膑兵法》，东汉时都还流传于世，而且，《孙子兵法》有一个八十二篇的版本。但到了东汉末年，大军事家曹操更喜欢《史记》中所谓的"十三篇"，所以他把这个版本找出来作注，使得《孙子兵法》十三篇流传至今，而剩余的《孙子兵法》就和《孙膑兵法》一起失传了。

南宋学者叶适最早对孙武产生了质疑，他认为如果孙武是将军的话，《左传》不会不记录，所以孙武和田穰苴这些人，应该都是战国纵横家虚构的人物，而《孙子兵法》是春秋战国之际的隐士所作。日本江户时期学者斋藤拙堂和我国学者钱穆先生则指出，孙武实际上就是孙膑，孙膑名武，所以《孙子兵法》就是失传的《孙膑兵法》。这样就解决了孙膑有其人却无其书，而孙武有其书却无其人的矛盾。

不过，1972年山东临沂银雀山汉墓出土了一批西汉竹简，其中就有一批《孙子》文献。整理者将其中与传世本《孙子兵法》对应的十三篇以及《吴问》《见吴王》等明显与孙武有关的五篇列为《孙子兵法》，而将其余篇章列为《孙膑兵法》。《孙膑兵法》重见天日后，不少学者据此就认为，《孙子兵法》与《孙膑兵法》是两本书，孙武与孙膑是两个人，钱穆先生的怀疑是错误的。历史学者杨宽本来支持钱穆的观点，认为《孙子兵法》是战国初期的作品，之后据此修改了意见，认为其是春秋末年孙武所作，后来经过了战国人的增饰。

其实，这样的结论未免把先秦文献的流传想得过于简单了。一方面，银雀山汉墓大约与司马迁同时期，那么银雀山汉简，顶多只能反映西汉人认为孙武和孙膑是两个人，《孙子兵法》和《孙膑兵法》分别是他们的著作，而不能代表历史事实；另一方面，银雀山汉简《孙子兵法》与《孙膑兵法》其实只是整理者的区分，历史学者李零认为这种划分过于武断，因为从竹简出土的原始状态来看，更应该视为同一系列的作品，也就是战国时期与《吴子》齐名的《孙子》。

李零先生认可《孙子兵法》的主体成书于战国，但同时认为孙武是春秋人物，也就是把作者与作品分开。其实，先秦诸子的作品，往往并非成于一时一人之手，时至今日已是学界共识。明代学者闵于忱就指出，《孙子兵法》是由孙武开始创作，再由孙膑传承下来的。应该说，《孙子》是兵家长期编撰的结晶，未必要固定到孙武、孙膑等几位具体作者身上。

总之，银雀山汉简的发现，更大的价值是提供了一个西汉的《孙子》版本，并且反映了《孙子兵法》文本传承的复杂性，但不能据此断言，在先秦时代，孙武与孙膑是两个人、《孙子兵法》与《孙膑兵法》是两部书。因为从先秦文献来看，没有"孙武"其人的明确记录，《孙子》只是一部或一系列著作。

兵圣孙武的原型是伍子胥吗？

南宋学者叶适认为，兵圣孙武是战国纵横家虚构的人物；钱穆先生又提出，孙武是孙膑分化出来的形象。随着山东临沂银雀山汉简的出土，不少学者认为解决了孙武与孙膑是两个人的问题。但银雀山汉简实际上只是汉代史料，与《史记》的史料价值相仿，并不能证明先秦时期的问题。那么，孙武真的就是孙膑吗？这个观点确实存在问题。

《孙子兵法》为什么会被认为出自吴国人之手？孙膑又为什么被认为是吴国孙武的后人？仅凭一句孙武就是孙膑，其实是无法解释清楚的。战国人把"孙、吴"合称的时候，孙在吴之前，但孙膑是吴起之后的人。可见，当时人认为还有一个早于吴起的孙子。但是，先秦文献确实没有孙武其人的明确记录。那么，我们是否可以尝试转变思路，孙武是否有其他称呼呢？

清代学者牟庭（原名牟廷相，字默人，又字陌人）在《雪泥书屋杂志》卷二指出，"古有伍子胥，无孙武。世传《孙子》十三篇，即伍子胥所著书也"。大概的理由是，孙武与伍子胥二者的事迹非常相似：都是从异国来到吴国，担任将领攻打楚国；都讲究军事策略，帮助吴王练兵；伍子胥去世前将儿子托付给齐国鲍氏，之后改为王孙氏，孙膑正是伍子胥后人；"武"不是人名，而是武经、兵书的意思。

《孙子兵法》当然不能说是伍子胥的著作，但这里指出孙武是伍子胥的分化，这个观点非常独到，我们来延伸论述一下。

首先，《左传》《国语》等先秦文献中并没有孙武其人，《史记·孙子吴起列传》作为对孙武最早的记录，除了练兵一事，其他记录都比较笼统，就含糊地说了一句"西破强楚，入郢，北威齐晋，显名诸侯，孙子与有力焉"。如果把此传中的孙武替换成伍子胥,读起来也没有任何违和之处。

伍子胥给人的印象虽然是一位文臣,但军事谋略同样出色。《左传》说,伍子胥本来是楚国人,逃奔吴国后辅佐吴王阖闾。在他的建议下,吴军轮番骚扰吴楚之间的边城,等楚国大军前来援救就撤退,这种战术使得楚军主力十分疲惫。《国语·吴语》中越国大夫种说"夫申胥、华登,简服吴国之士于甲兵,而未尝有所挫也",说明申胥与华登是吴国两位练兵的将领。申胥就是伍子胥。华登是宋国人,公元前522年到吴国,但第二年就离开了。可见,负责练兵打仗的主要就是伍子胥一个人,华登任职这么短都被提及,说明再没有其他人负责为吴国练兵了。

东汉时期的《越绝书》逸文收录了《伍子胥水战兵法》,尽管这部作品应该也是后世托名之作,但也反映了汉代人认为伍子胥是个杰出的军事理论家。同样,虽然孙武给后人的印象是一位军事家,但当时人认为他也是一位政治家。银雀山汉简《孙子兵法》逸文《吴问》中,就记录了孙武和吴王的对话。孙武根据晋国六卿各自推行的土地政策,对晋国和六家的运势进行了简要分析,认为赵氏将会在晋国一家独大。

除了经历和能力,孙武和伍子胥的性格也很相似。"孙武杀二姬"的故事,给人留下的印象是孙武铁面无私、忠诚正直;尽管伍子胥练兵的过程缺乏记录,但在《左传》《史记》中,伍子胥多次苦谏吴王夫差,最后还被夫差赐死。《汉书·刑法志》说"孙、吴、商、白之徒,皆身诛戮于前,而功灭亡于后",这个"孙"在吴起之前,又没有孙膑被处死的说法,那么这个"孙"就是孙武了。

再来看伍子胥和孙膑的关系。《左传》说伍子胥出使齐国,把儿子托付给大夫鲍氏,并改称王孙氏。王孙氏到齐国定居之后,世代传习武学,故孙膑有家学传统。另外,"伍"在先秦文献中可以和"武"通假,所以"孙武"这个名字也有可能来源于伍氏。

相对于完全否认孙武的存在,或者完全认可孙武的存在,承认孙武的原型是伍子胥,是一种折中的观点。一方面,先秦文献都没有孙武其人的记载;另一方面,《史记》又言之凿凿的写着孙武存在。如果要在春秋末年吴国大臣中找一个人来对应孙武,那么伍子胥自然是最合适的人选了。

要离刺杀的庆忌是吴王僚的儿子吗？

《战国策》中唐雎说"专诸之刺王僚也，彗星袭月；聂政之刺韩傀也，白虹贯日；要离之刺庆忌也，苍鹰击于殿上"，说的是专诸刺杀王僚、聂政刺杀韩傀、要离刺杀庆忌时，伴随而产生的神奇异象。可见，要离是与专诸、聂政齐名的刺客，而他刺杀的庆忌也非同一般。战国秦汉时期，庆忌一直是勇士的代表，汉武帝时东方朔就自夸"捷若庆忌"，西汉后期也有征伐西羌的名将辛庆忌。

《史记·刺客列传》是司马迁集中记述刺客事迹的专篇，集中记载了春秋战国时期的五位刺客：曹沫、专诸、豫让、聂政、荆轲，但基于司马迁对刺客的选录标准，未将要离收录，只在《史记·鲁仲连邹阳列传》中提及了要离。邹阳在狱中上书梁孝王时，以要离为例说明忠烈之士的极端行为："然则荆轲湛七族，要离燔妻子，岂足为大王道哉！"

那么，要离刺庆忌是怎么回事呢？《吕氏春秋·仲冬纪·忠廉》说，王子庆忌逃亡到卫国，要离请求杀他。吴王看了看身形瘦小的要离，说："寡人曾用六匹马驾的车都没追上他，射箭也没射中，现在你拔剑都举不起手臂，登上车都够不着横木，你凭什么杀他呢？"要离说："只要足够勇敢，怎么担心没能力？"吴王就同意了。

第二天，吴王给要离编织了一个罪名，要离逃跑了，吴王把他的妻子和儿子烧死并挫骨扬灰，表示要离犯了大罪。这其实是一出非常歹毒的苦肉计。要离逃往卫国见到庆忌，提出愿意追随庆忌一起反抗吴王，庆忌很高兴地同意了。两人一起渡江前往吴国。到江心时，要离突然拔出剑，刺中庆忌。

庆忌惨叫一声，抓住要离，把他扔进了长江中。要离刚浮出水面，又被庆忌抓住投入水中。如是再三，庆忌已经奄奄一息了，但他敬佩要离的勇敢，说："你是天下杰出的人物，我愿意成全你的名声，你走吧！"要离回吴国复命，吴王很高兴，要重赏他，要离推辞说："我对妻儿不仁，对庆忌不义，还被庆忌恩赐不杀，那可算是受羞辱了，我没脸再活在世上了！"然后就自杀了。

《吕氏春秋》没有交代这个故事的背景，东汉赵晔《吴越春秋》把这个故事安排在了吴王阖闾时期。说阖闾派专诸刺杀吴王僚后，王僚之子庆忌逃到卫国去了。阖闾非常担心，伍子胥就推荐了刺客要离。要离这个人非常勇敢，曾经羞辱过齐国勇士椒丘䜣（xīn）。因为这个故事讲得比较详细，所以后世往往流传庆忌是王僚之子。要离也就成为与专诸齐名的刺客，在今天江苏无锡鸿山泰伯陵的后山上，就有纪念专诸、要离的衣冠冢。

需要注意的是，《战国策》说要离刺庆忌时"苍鹰击于殿上"，似乎这件事应该发生在殿堂之上，与《吕氏春秋》所说的江中不合。

更早的《左传》记录了一个公子庆忌，他是吴王夫差时期的人物，屡次劝谏夫差不要再穷兵黩武，但夫差一直不听。庆忌大失所望，后来离开吴国，前往楚国避难。之后，他听说越国准备灭吴，又回到吴国，想除掉奸臣与越国议和。最后，庆忌被吴国人杀死。两年之后，勾践灭吴。春秋国君可以通称"公"，所以公子庆忌也可称王子庆忌，他可能是夫差的兄弟或儿子。

这两个庆忌有什么关系呢？古文献学者杨伯峻认为，吴国可能有两个庆忌，或者是同一个庆忌在战国以后的传说中分化成了两个庆忌，而《吴越春秋》记录离奇，尤不可信。也就是说，《吕氏春秋》和《吴越春秋》中的庆忌，应当是从《左传》中的庆忌形象演变而来的。

其实，《管子》中还有一个水怪庆忌。说的是已干涸数百年的水泽中，如果山谷没有移位，水源没有断绝，就会产生庆忌这种妖怪。它长得像人，但身长仅四寸，穿着黄衣，戴着黄冠，打着黄盖，骑着小马，喜欢奔驰。如果叫它的名字，可以驱使它日行千里往返。这样一个水怪不但对人类无害，而且还有点可爱。

今天浙江省委大院内有座弥陀山，上面有座庆忌塔，是元代僧人为镇压水患所建。康熙三年，即公元1664年，塔坏，直到2006年重建。这里的庆忌明显就是水怪庆忌了。学者陈志良指出，水怪庆忌其实也是公子庆忌的演化，因为庆忌勇武迅捷，却惨死江中，有死而成怪的可能。水怪庆忌同样迅捷，且有黄衣、黄冠、黄盖，是王者象征。

由此看来，《左传》中的庆忌到《吕氏春秋》中的庆忌应该是由历史到传说，《吕氏春秋》中的庆忌到《管子》中的庆忌又是由传说到神话了。

干将、莫邪最早到底是剑师还是宝剑？

手游《王者荣耀》中有一个英雄叫"干将莫邪（yé）"，是个雌雄同体的角色。干将莫邪的原型我们也不陌生，就是春秋吴国的铸剑师干将、莫邪夫妇。同时，他们铸造的一对宝剑也叫作干将、莫邪。那么，到底是先有剑师干将、莫邪，还是先有宝剑干将、莫邪呢？

在《左传》《国语》这些记录春秋历史的先秦文献中以及出土的吴越青铜剑里，都没有干将、莫邪其人其剑的线索。莫邪在史料中最早见于《太平御览》所引《墨子》的逸文，说良剑只愿锋利，但不期望能成为莫邪。《庄子》说现在冶炼金属，金属踊跃地说：我将要做莫邪了。《史记·屈原贾生列传》中引用汉初贾谊《吊屈原赋》也说，莫邪被认为是钝器，铅刀反而成了利刃。可见，在战国西汉时期，莫邪已经成为宝剑的代表。

干将的出现比莫邪稍微晚一些，但一开始就是与莫邪并称的宝剑。《荀子·性恶》说"桓公之葱，太公之阙，文王之录，庄君之曶（hū），阖闾之干将、莫邪、巨阙、辟闾，此皆古之良剑也"，提到了古代的一些名剑。《战国策·齐策》也说，即使是干将、莫邪，没有人持用，也不能伤到什么。这种齐名并称一直延续到西汉，《淮南子》就说，为此扔掉干将、莫邪徒手搏斗，那是错误的。

西汉大儒刘向编纂的文献，除了流传下来的《说苑》《新序》《列女传》三种，还有两种已散佚的《列士传》和《孝子传》，其中记录了干将、莫邪其人。

根据《太平御览》所引的《列士传》逸文记载，干将、莫邪夫妻为晋国国君作剑，历经三年雌雄双剑才铸成。干将就将雄剑藏起来，只带着雌剑去见国君，并叮嘱妻子说，如果国君杀了自己，就告诉儿子雄剑所在。之后，干将果然被杀，莫邪生下了干将的遗腹子，取名赤鼻。赤鼻长大后找到了这把雄剑。这时，国君梦见一个眉毛间隔三寸的人，说自己要报仇。国君下令捉拿他，赤鼻就逃入山中，遇见一个神秘刺客，他希望刺客帮他报仇，就自杀而死。刺客提着他的头去见国君，建议把赤鼻的头扔到油锅里煮，但三天三夜都没煮烂。国君好奇走过去看，刺客趁机用雄剑斩下国君头颅，自己也随即自杀，两颗头颅都掉进油锅。一会儿三颗头颅都煮烂了，大臣们无法分辨，只好分成三份安葬，于是此冢就叫"三王冢"。

《太平御览》引《孝子传》也讲了一个类似的故事，提到赤鼻又叫眉间尺。在鲁迅先生的《故事新编》中，他就以眉间尺为主角，改编成《铸剑》这个故事。

《列士传》《孝子传》毕竟已经散佚，也不好确定这两个故事是否为刘向原文。只能说，大约从西汉后期开始，干将、莫邪走向了人格化。不过，《荀子》说干将、莫邪是吴王阖闾的剑，所以到东汉野史《越绝书》和《吴越春秋》中，干将、莫邪就被改为阖闾的铸剑师。干将最初为阖闾铸剑，但怎么都铸不好，后来莫邪剪掉头发和指甲，扔到炉中，一对绝世名剑终于完成，干将就将雌剑献给了吴王。

清代学者王念孙在《广雅疏证·释器》中说，干将、莫邪都是形容利刃的叠韵字，所以可以作为兵器的通称，但从《吴越春秋》开始以干将为吴人，莫邪为干将之妻，后人才把莫、干当作姓氏。王氏对于"莫邪"一词来源的解释应该可信，但"干将"一词更有可能是吴国剑匠的通称。吴国有干地，《战国策》就有"吴干之剑"的说法，《庄子》也有"干越之剑"的说法，"将"与"匠"可通假。

《越绝书》《吴越春秋》还提到越国铸剑师欧冶子。欧冶这个名字最早见于《吕氏春秋·赞能》，其文说得到十把良剑不如得到一位欧冶。越国有瓯地，又有大臣讴阳，可见欧冶子这个名字，正是越国铸剑师的通称。

总之，干将、莫邪在战国时都只是宝剑的名字，到了汉朝，才从剑名演化为人物。南朝宋裴骃《史记集解》引用了东汉应劭的说法，说莫邪是吴国大夫，给自己铸的剑也叫作莫邪，这又是另一种传说了。

先秦青铜剑为什么从一时风靡到走向没落？

如果要评选一种中国古代最具代表性的兵器，毫无疑问是剑。剑，既是将士上阵杀敌的兵器，又是先秦贵族的必要配饰，还是后世文人津津乐道的器物。古代最有名的剑，在传世典籍中要数干将、莫邪剑，而在出土文物中要数越王勾践剑，它们都是先秦时期的吴越青铜剑。那么青铜剑既然风靡一时，为何最后会走向没落呢？

银雀山汉简《孙膑兵法》说"黄帝作剑"，但这只是传说，虽然现代考古发现中有不少新石器时代玉、石、骨材质的匕首出土，不过学者一般倾向认为这些不算剑。目前国内发现最早的一把青铜剑出土于内蒙古伊金霍洛旗的朱开沟遗址，是一把商代早期的环首青铜剑。在这一带发现的其他考古遗址中，商代晚期的青铜剑大量增加，分布也变得更广。剑首除环首外，还有动物形象的"兽首剑"、铃铛形状的"铃首剑"。

中原地区，商代后期的殷墟也出现了少量的"兽首剑"和"铃首剑"。一般认为，这些青铜短剑受到北方地区的影响，而北方地区又与蒙古草原和南西伯利亚等地关系密切。商末周初的周人也开始使用青铜剑。与商人不同的是，他们用的是扁茎柳叶形铜剑。这种剑由商代巴蜀地区的柳叶玉剑发展而来，而类似的形制，在更早的中亚、西亚、东欧地区都有发现，说明周人使用的青铜剑，应该也受到了外来的影响。

《逸周书·克殷解》和《史记·周本纪》都说，武王伐纣，纣王自焚而死，两位宠妃也自杀。武王就用"轻吕"刺了几下他们的尸体。这个"轻吕"，一般认为就是武王的青铜剑。在周原地区周人早期的墓葬中就发现了不少青铜剑，其中一部分还配有剑鞘。剑鞘的正面，一般是镂刻图案花纹的铜鞘罩；背面使用的应该是皮革或木板，但出土的时候都已经腐烂了。

春秋战国的青铜剑，一种是中原地区从西周时期发展而来的扁茎剑。扁茎剑的剑柄就是一条细铜茎，怎么握在手上呢？需要安装木片来形成剑柄，有的还在剑柄外再缠绕剑绳。另一种是吴越地区发明的圆柱形剑茎，可以不安装木柄，直接缠绕剑绳，剑身和剑柄之间还有凹形的剑格。当时的剑鞘一般由两片木合成，上面缠绕着丝线，然后髹红色、黑色的漆，有的图案非常精美。

剑鞘末端一般会安装一块木或玉制的装饰品，叫"珌（bì）"；剑鞘口往下三分之一处，也会安装一块木或玉制的装饰品，叫"璏（zhì）"，是用来穿剑带的。短剑的剑带与衣带一般是同一条，后来剑变长了，衣带负重垂太低不好看，所以在衣带外再弄一条剑带。剑在不用的时候，装在剑鞘内放入剑匣中。浙江省博物馆有一把越王朱勾剑（又名"越王州勾剑"），就有配套的剑鞘和剑匣。

春秋战国时期，吴越地区的剑在全国最为闻名。因为这里多湖泊丘陵，车战难以施展，作战都以短兵相接为主，这就促进了青铜剑冶炼技术的发展。《周礼·考工记》就说，郑国的刀、宋国的斧、鲁国的削刀、吴越的剑，离开本土就不精良了，因为水土使然。吴越青铜剑也给后世留下不少脍炙人口的传说故事，最有名的就是《史记·刺客列传》中说的，刺客专诸在鱼腹中藏剑，刺杀吴王僚，后世称为"鱼肠剑"。

不过，从出土的青铜剑看，大多只有所有者的题款，比如越王勾践剑的完整铭文是"越王勾践自作用剑"，吴王夫差剑的铭文是"攻吴王夫差自作其元用"。个别还有记事，比如目前出土铭文最长的一把青铜剑，是苏州博物馆收藏的春秋的吴王余眜（mò）剑。其上共七十五个字，内容涉及寿梦、余祭、余眜三位吴王及兄终弟及的王位继承方式等内容，还记录了吴、越、楚之间的三次战争。北京故宫博物院还藏有一把山西浑源出土的"少虡（jù）剑"，制作者为它命名"少虡"，这是唯一一把由铸剑师命名的青铜剑，可能也是吴越剑。

随着战国冶铁技术的发展，青铜剑逐渐淡出了历史舞台。因为青铜材质比较脆，剑身不能做长；而钢铁的强度和韧性更好，所以战国铁剑剑身明显加长。再加上钢铁造价比青铜低廉，更适合大规模推广使用。尽管秦始皇陵陪葬坑出土了不少加长版青铜剑，但都只是陪葬的明器，秦朝实用兵器以铁器为主。

"夫差"和"勾践"的名字是什么意思？

今天江浙一带很多地名非常特殊，它们和先秦吴越的人名和地名显然有一些相似之处。比如江苏句容的"句"，今天读句子的"jù"，但本地人应该知道，这个字原本通勾结的"勾"，读为"gōu"。春秋吴国的别称句吴、越王的名字勾践中都有这个"句（勾）"字。还有江苏无锡，传说这里以前盛产锡矿，汉代挖完了，所以叫"无锡"，但"无"也常见于越国人名，如越国始祖无余、末代越王无强。越王勾践的大夫诸稽郢、吴王诸樊以及浙江诸暨市，都有一个"诸"字。今天的江苏苏州市姑苏区，"姑苏"是春秋吴国都城使用过的名字。浙江的余姚、余杭以及吴王余祭、余昧，都有一个"余"字。春秋越国的都城会稽，《史记·夏本纪》解释说，因为大禹在此"会计"诸侯而得名，但为何不直接叫"会计"呢？所以此说似可商榷。此外，还有吴王夫差的"夫"，明显也属于这种语言系统。诸如此类，不胜枚举。

那么，这些字到底是什么意思呢？过去流行的一种说法是：它们都是古越语的发音字，没有实际含义。唐代颜师古《汉书注》说，吴为"句吴"，"句""吴"都是东夷语的发音字。但这种说法没有解决一个问题：所谓发音字的规律究竟是什么呢？没人能回答。所以这种说法不能让人满意。

语言学者郑张尚芳则独辟蹊径，指出春秋吴、越两国使用的古越语，应该属于侗台语系。侗台语系在今天主要分布在我国南方少数民族地区，包括壮傣语、侗水语、黎语、仡央语四支。

比如，"句吴"的"句"是族群的意思，但"勾践"在金文中写作"鸠浅"，这里的"勾"是兴复的意思，"践"是祭祀的意思，所以"勾践"就是复兴祭祀、保家卫国的意思。勾践的父亲叫"允常"，"允"是伯公，"常"是创业，所以"允常"就是创业的伯公。这两个称呼倒是与这两位的经历比较贴切,《史记·越王勾践世家》记录第一位有名字的越王就是允常。

再比如,"无"是巫的意思,"锡"则通"鬲",《汉书·地理志》中记录无锡有一座历山,所以"无锡"大概是因为有巫者葬于历山的传说而得名,其中"历"又是"鬲"的通假字,"鬲"表示这座山像一口锅倒扣的样子;不过,"无"用于人名,是对年老男子的尊称。王莽当政时提倡复古,把"无锡"改成"有锡",就是认为无锡之前是有锡的,却不知道"无锡"就是本名。

还比如,"姑"是地块的意思,"苏(胥)"是满意的意思,"姑苏"就是令人满意的地块。"余"是田地的意思,"杭"是搁浅的意思,"余杭"就是船登陆的码头,"余姚"就是姓姚的人聚居的地方;但"余"作为人名是我俩的意思,所以余祭、余眛大概是孪生兄弟,其中"祭"是出生,"眛"是终了。

又如,"会"是山,"稽"是矛枪,"会稽"就是"矛山",当时中原对会稽山的称呼正是"茅山"。"夫"是对帝王的尊称,"差"是照耀的意思。夫差的父亲吴王阖庐的"阖"是压制或者狭小,"庐"是放松或者开放,所以"阖庐"大概就是心情放松的意思。

以上就是郑张尚芳先生对于吴越人名、地名的一些说法,可以给我们提供一个新的视角。

吴王夫差的夫人到底是谁？

1978年，位于河南信阳固始县的侯古堆一号大墓被发现，墓主是一名三十岁左右的女性，陪葬坑里有两件青铜器"宋公栾簠（fǔ）"，是宋公栾为妹妹句敔（yǔ）夫人季子制作的陪嫁品。宋公栾其人见于《左传》，就是春秋后期宋国国君宋景公。句敔就是句吴，也就是吴国；季子是宋景公的小妹妹，因为宋国子姓，所以她叫"季子"。

考古工作者认为，墓主就是这位句吴夫人。她是宋景公的妹妹，丈夫应该是吴国国君或者王子。那么，她到底是谁的夫人？为什么会被葬在离吴国千里之外的地方？值得注意的是，墓里还出土了一套九件的编钟。这套编钟的铭文比较乱，有些文字被铲掉重刻，它的器主叫鄱子成周。

从称呼来看，鄱子成周应该是名叫成周的鄱国国君。看来，他的青铜器被当作随葬品，放入句吴夫人的墓葬中。吴国与鄱国有什么交往呢？《史记·吴太伯世家》说，阖闾入郢之战回国后第二年（阖闾十一年，即公元前504年），派遣太子夫差攻打楚国，占领了番地。番、鄱明显是可以通用的，所以考古工作者认为，这位句吴夫人就是夫差的夫人。当时夫差进攻番地，夫人随行，但不久就去世了，所以被安葬于此。固始周边也出土了不少番国贵族的青铜器。

《左传·定公六年》说这一年四月吴国太子终累击败了楚国水军，并俘虏了潘子臣、小惟子和七个大夫。潘子臣的"潘"也可以通"番"，潘子臣可能就是鄱子成周，他是楚国附庸国番国的国君，实际上也是类似楚国大夫的地位，潘氏在楚国政坛长期活跃。经过这场战役，吴军攻克番国，俘虏了潘子臣。所以《左传》与《史记》说的应是同一件事，那么，夫差与终累又是什么关系呢？

古文献学者杨伯峻引用西晋杜预的观点，认为终累是阖闾之子、夫差之兄，所以《吴太伯世家》的记录是错误的。《左传》对于春秋史的可靠性超过《史记》，这是公认的。不过，终累其人仅此一见，之后就再没有出现过。东汉的《吴越春秋》说，齐景公把女儿送到吴国当人质，阖闾就把齐国公主嫁给了太子波，后来公主思念祖国去世了，不久太子波也去世了，夫差正是太子波的儿子。唐代陆广微《吴地记》又说夫差是太子波的弟弟。

那么，太子波应该就是终累了，难道句吴夫人是终累的夫人吗？

唐代司马贞《史记索隐》对此持有不同意见，他认为终累与夫差是一个人的两个名字。这种观点可能更接近史实。从《左传》看，吴国国君即位后会取一个新名字，比如州于即位后叫僚，公子光即位后叫阖庐，那么终累即位后叫夫差其实也是合理的。楚国国君也有这种习俗。后世不明白终累与夫差的关系，所以生造了一个太子波出来。这样看来，句吴夫人应是夫差当太子时的夫人。

夫差即位后的王妃又是谁呢？《越绝书》说，越王勾践送了美女西施、郑旦给夫差。不过，这个说法出现太晚。更早的《国语》则说，越王勾践被困会稽山时，表示会送上自己的嫡女给夫差。勾践的女儿嫁给夫差为王妃，这才是门当户对，比送民女更加可靠。

值得一提的是，上海博物馆有一件"吴王夫差盉（hé）"，铭文是"吴王夫差吴金铸女子之器吉"，很显然这是吴王夫差为一位"女子"铸造的青铜器。文物学者陈佩芬认为，这位女子没有名字记录，表示她地位比较低，不排除就是西施。历史学者陈民镇则认为，这位女子是勾践的女儿，这件青铜器是夫差为了迎娶她铸造的，勾践的女儿可以视为西施的原型。

其实，这件青铜器应该是夫差嫁女的陪嫁品。古文字学者李家浩指出，这里的"女子"并非女性通称，而是女儿的意思，这在《诗经》《左传》中都有例证。山东临朐（qú）也出土了一件"寻仲媵仲女子宝盘"，是寻仲为二女儿出嫁制作的。这种说法比较有说服力，虽然夫差娶了勾践的女儿为王妃，但吴王夫差盉与勾践的女儿并无关系。

我们还可以思考的是，在吴国灭亡时，勾践的女儿的结局如何？会被夫差或者勾践沉杀吗？这也成了千古之谜。

美女西施到底是沉水而死还是泛舟而逝？

我们知道，中国古代"四大美女"是西施、王昭君、貂蝉和杨贵妃，分别有沉鱼、落雁、闭月和羞花之誉。沉鱼所指就是西施。据说水中的鱼见到她的美貌，也要羞愧得沉入水底。在这"四大美女"中，昭君、贵妃都是真实存在的历史人物，貂蝉是有历史原型的虚构人物，那么作为"四大美女"之首的西施，是不是历史上的真实人物呢？

根据广为人知的说法，西施出生于春秋越国，后来越王勾践把她嫁给吴王夫差，吴国灭亡之后，她又和范蠡隐居到了太湖。那么，要了解西施的原始事迹，资料应该是越早越好。但遗憾的是，《左传》没有关于西施只言片语的记载；战国楚简清华简有一篇《越公其事》，记录的是吴越历史，同样也没有提到西施其人；更晚些的国别体史书《国语》，其中有《吴语》《越语上》《越语下》三篇，依然没有西施的痕迹。

战国时期的诸子文集和文学作品才开始有关于西施的记载，在《墨子》《管子》《庄子》《荀子》《韩非子》《战国策》《楚辞》等非史传类文献中，西施都是以美女的身份出现的，与另一美女毛嫱（qiáng）齐名。"西子捧心""东施效颦"的典故，就是在《庄子·天运》中最早记载的，不过西施的邻居那时还不叫东施，而仅仅是"其里之丑人"，即同一个乡里的人。

值得注意的是，《墨子·亲士》说："比干之殪（yì），其抗也；孟贲之死，其勇也；西施之沉，其美也；吴起之裂，其事也。"比干是商纣王的忠臣，他的死是因为劝谏；孟贲是秦武王的勇士，武王和他比赛举鼎，结果武王砸中脚死了，孟贲也被灭族，所以他的死是因为勇武；吴起的死是因为在楚国变法。前后并举之人，皆言其死，所以这句中的"西施之沉，其美也"，说的就是西施因为美貌而被沉入水中淹死。

总之,在先秦文献中,我们只能知道西施是一位知名美女,因为美貌而淹死,大概在后世被讹传为"沉鱼"。但西施具体是怎么死的,为什么死的,史料并没有说。西汉仍然有不少人,以西施为美女的象征,但同样没有涉及具体事迹。司马迁喜欢搜罗奇闻逸事,但《史记》未明确记载西施,而《墨子》《吴越春秋》等提及"西施之沉"或归隐说。直到东汉,《越绝书》和《吴越春秋》两部野史,才把西施写入吴越历史之中,其中提到,勾践被夫差释放回国后,物色到了苎（zhù）萝山上的卖柴女西施和郑旦,教她们化妆和礼仪,之后将她们送给夫差。

传世的《越绝书》和《吴越春秋》关于西施的记载就只有这么多。然而,后人辑录的逸文中却提供了西施的下落。

唐代陆广微《吴地记》引《越绝书》说:"西施亡吴国后,复归范蠡,同泛五湖而去。"就是说,西施亡了吴国之后和范蠡一起泛舟五湖而去。五湖一般认为就是太湖,也有说是江南湖泊的通称。清代学者马骕（sù）《绎史》卷九十六《越灭吴下》引《修文御览》转引的《吴越春秋》说:"吴亡后,越浮西施于江,令随鸱（chī）夷以终。"这一段乍一看,跟前一段区别不大,因为范蠡有"鸱夷子皮"的称号。

《史记·伍子胥列传》说,伍子胥自杀后,尸体是被夫差用"鸱夷"装着"浮之江中"的。"鸱夷"是马皮做的一种袋子,"浮"明显就是"沉"的意思。清代学者褚人获《坚瓠丁集》一书中就指出,当年伍子胥被谗言杀害,西施是有参与的,后来西施被沉江,是为了报答伍子胥的忠诚,所以说"随鸱夷以终"。

历史学家顾颉刚认为,西施确实是吴国王妃,但她姓施,来自鲁国的施氏。当时鲁国臣服于吴国,西施就被送给夫差。越国灭吴后,西施被越王淹死。西晋学者司马彪甚至认为,西施不是别人,正是春秋著名美女夏姬。但仅从先秦文献来看,并没有与西施身份有关的太多信息,所以西施为什么被沉水而死,只能说是个未知数;也可能只是欣赏自己在水中的倒影,而不慎失足落水溺死,但决计不是与范蠡泛舟同去了。

商圣范蠡是和西施私奔了还是被勾践杀了？

范蠡是个很有名的人物，据说他开始辅佐越王勾践称霸，又和美女西施归隐，之后号称陶朱公，做生意做到富可敌国，事业爱情双丰收，成为后世令人艳羡的商圣。不过，根据早期文献的说法，西施是被淹死的，和范蠡没有关系。西施和范蠡一起私奔的说法，是东汉之后才有的。那么，范蠡的结局又是怎么样的呢？

记录春秋历史最客观翔实的《左传》中，并没有提到范蠡其人其事；范蠡最早是在《墨子》中出现的，他是与文种并列的勾践的近臣；另外，清华简《越公其事》和《国语》中的《吴语》《越语下》也都提到了范蠡。《越语下》是以范蠡为主角讲述的，说范蠡在越灭吴后没有返回越国，而是向勾践辞别，泛舟五湖，不知所终，勾践还把会稽山周围三百里土地封给了范蠡。

《越语下》是关于"范蠡隐居"最早的记录，《韩非子》《吕氏春秋》虽也有提到范蠡，但没有说他的结局。不过，先秦诸子文献中还流传着范蠡结局的另一种说法。

《吕氏春秋·悔过》说，如果对方不够聪明，即使说理的人再能言善辩，说的道理再鞭辟入里，也无法被对方接受，所以"箕子穷于商，范蠡流乎江"。箕子是商纣王的叔父，屡次劝谏无效，导致自己被囚禁；范蠡却是"流"于江湖，大体也符合归隐说。《吕氏春秋·离谓》说有些人喜欢诋毁忠臣，君主无法明察，所以会导致"比干、苌弘以此死，箕子、商容以此穷，周公、召公以此疑，范蠡、子胥以此流"，说比干和周灵王的忠臣苌弘都是这样死的，箕子和商纣王的另一名忠臣商容都是这样穷困潦倒的，周公旦、召公奭也是这样被猜忌的，最后说范蠡、伍子胥都是这样被"流"的。可见，范蠡与伍子胥有相似的经历。

伍子胥从楚国逃到吴国，所以"流"可以理解为流浪、流亡、流放，"流乎江"就是经过长江到达吴国。但之后伍子胥自杀，尸体又被沉于长江，那么"流"也可以说是流杀，流杀就是沉杀、淹死的意思，或者说抛尸在水中流走。张家山汉简《二年律令》中就有"流杀"一词。但要注意的是，这里的前提是忠臣被诋毁，君主不能分辨是非。所以"流"应该是指伍子胥被夫差赐死沉江一事，那么《吕氏春秋》说的范蠡的结局也可能是被流杀。

汉初贾谊的《新书·耳痹》也说，伍子胥见夫差不听劝阻，于是"何笼而自投水，目抉而望东门，身鸱夷而浮江"，这里说伍子胥自己投水而死，而不是被赐死沉江，但身体终究还是流入了长江。接着又说范蠡"负石而蹈五湖"。另外，《史记·韩信卢绾列传》说韩王信写给柴将军的信里有"夫种、蠡无一罪，身死亡"一句，那么范蠡与文种一样都是有功而被杀死的。

《史记·越王勾践世家》说范蠡在吴国灭亡之后，带着私属流亡海上，之后到齐国经商，改名为鸱夷子皮，又去宋国陶邑，号称陶朱公。不过，这个说法漏洞很大。因为鸱夷子皮也出现在《墨子》《韩非子》等文献中，他是齐国大夫陈恒政变的重要帮手，当时是公元前481年，比吴国灭亡还早八年，范蠡当时还在越国。贾谊《新书》提到了陶朱公其人，说他是梁惠王时的人。魏国定都大梁是公元前361年，之后魏国才称梁国，所以陶朱公的年代，距离范蠡也就更远了。

这样从早期文献来看，范蠡并非泛舟太湖，有可能是和西施一样沉水淹死的。

不过，民俗学者郭必恒认为，范蠡和西施一样都是虚构人物，因为《左传》只有文种没有范蠡，也没说文种被赐死，但之后却有了范蠡走而文种死的说法。所以文种之死其实是模仿伍子胥之死编造的，而范蠡归隐又是为了与文种被杀形成对比，说明功高盖主与功成身退的道理。《史记·越王勾践世家》说文种教勾践"计然七策"，《史记·货殖列传》又说范蠡以"计然七策"经商，可见范蠡就是文种分化出的形象。这也是一种比较有意思的观点。

孔子"野合"而生到底是什么意思？

关于孔子出生的情况，我们知道最有名的一种说法是，孔子是父母"野合"而生的。这种说法出自《史记·孔子世家》，说孔子的父亲叔梁纥，是鲁国昌平乡陬（zōu）邑大夫，他和一个颜姓女子"野合"，然后在尼丘祷告，生下了孔子。那么，这个语焉不详的"野合"到底是什么意思呢？

古代比较有代表性的是唐代司马贞《史记索隐》的解释，他认为孔子的父亲叔梁纥年老，而母亲颜徵在年少，这种情况不符合礼仪，所以被称为"野合"。唐代张守节《史记正义》也说，男性小于十六岁、大于六十四岁，女性小于十四岁、大于四十九岁，这种婚姻就被称为"野合"。

司马贞还引用了《孔子家语》的说法。原来，叔梁纥有个大老婆，是鲁国施姓女子，为他生了九个女儿，还有个妾为他生了一个儿子叫孟皮，但孟皮是个瘸子，不能继承叔梁纥的爵位。后来，叔梁纥又向颜家下聘，颜家有三个女儿，两个姐姐都嫌弃叔梁纥年龄大，只有小妹也就是颜徵在愿意嫁给叔梁纥。不过，《孔子家语》一般认为是三国曹魏学者王肃的伪作，因为成书太晚，所以不能作为过硬的证据。

而且，老夫少妻真的就不合礼仪吗？按照周朝的礼制，诸侯娶妻往往是一拖三，也就是说娶一个夫人，夫人的妹妹和侄女都要陪嫁，侄女比姑妈就小一辈了。《周易·大过》还说"枯杨生稊（tí），老夫得其女妻，无不利"，意思是说枯萎的杨树发芽了，老头娶了年轻老婆，也没有什么不好。

《孔子世家》说，叔梁纥死后葬在曲阜东边的防山，孔子长大后，就想寻找父亲的墓葬，但母亲一直没有告诉他，大概母亲也不知道。司马贞又解释说，因为颜徵在年少守寡，为了避嫌就没去送葬，所以才不知道叔梁纥的葬处。这个说法也没有根据，更像是司马贞为了自圆其说编出来的。所以，"野合"与老夫少妻无关。

现在流行这样一种说法，说"野合"就是野外交合，也就是男女在野外发生性关系。这种说法来源于郭沫若先生。在他看来，中国的史前传说里，帝王诞生时"知母不知父"都是野合，表明初民社会都是男女杂交或者血族群婚。《史记》使用了"野合"这个词，就暗示孔子也是这样出生的。

春秋时期，社会风气确实比较开放，很多国家都有男欢女爱的场所，比如燕国的有祖、齐国的社稷、宋国的桑林、楚国的云梦、郑国的溱洧，每年暮春三月，这些地方都允许男女自由恋爱；至于上头了做点别的什么事情，那自然也是不禁止的。恩格斯认为近代的一些原始部落也还有这种习俗。

汉代纬书《春秋演孔图》也说，颜征在到大湖的岸边游玩，梦见黑龙和自己发生关系，醒来后就生下了孔子，不少人认为这是暗示孔子的生父不明。其实，这个故事明显照搬了《史记·高祖本纪》的情节，与其说反映了早期的婚姻形式，不如说只是在神化先人。而且，如果孔子真是那种场所的产物，那又如何确定孔子的生父呢？《左传》说，鲁庄公想去齐国看祭社，可见鲁国并不存在这种场所。这样看来，"野合"可能与野外交配无关。

清代学者桂馥在《札朴》卷二《温经》中，倒是给了一种更合理的解释，他说"野合，言未得成礼于女氏之庙也"。也就是说，"野合"是指没有明媒正娶、昭告宗庙的非正式婚姻。"野"有野蛮之义，也有野外之义。应该是叔梁纥没有以礼娶颜征在，两人仅仅是事实婚姻关系。颜征在因此没有资格参加叔梁纥的葬礼，孔子跟着母亲长大，自然也就不知道父亲的葬地了。

值得一提的是，江西南昌海昏侯墓出土了一面"孔子镜屏"，上面有一篇类似《孔子世家》的孔子传记，说孔子是"野居而生"。有学者认为"野居"是而"野合"非，有学者认为"野合"是而"野居"非，也有学者认为"野居""野合"是同一个意思。其实，无论是"野合"还是"野居"，都应该解释为非婚同居，如果仅仅是住在野外生下孔子，似乎不需要特地强调说明。

子贡是勾践灭吴和田氏代齐的操盘手吗？

孔子弟子有三千人，最杰出的有七十二位，子贡又是其中的佼佼者。据说，他不但会做生意，还参与政治，历仕鲁、卫，聘问各国，与诸侯"分庭抗礼"。更厉害的是，他一手促成了勾践灭吴和田氏代齐，那就是《史记·仲尼弟子列传》中说的"子贡一出，存鲁、乱齐、破吴、强晋而霸越。子贡一使，使势相破，十年之中，五国各有变"。那么，子贡真的有这么厉害吗？

在《仲尼弟子列传》中，子贡占了三分之一的篇幅。除了抄录《论语》的四篇内容外，重点讲述的就是他游说五国的故事。原来齐国大夫田常想政变夺权，又忌惮其他大族，就想把他们的注意力转移去攻打鲁国。鲁国是孔子的故乡，孔子就和弟子商量如何使鲁国避免战争，子贡主动请缨出使。子贡先去了齐国，他劝说田常不如攻打强大的吴国，通过这种方式削弱其他大族的势力。但齐军已经出发了，子贡就让田常先按兵不动，自己找吴国来出击齐国。

之后子贡就去了吴国，劝吴王夫差去救鲁国。夫差担心越王勾践报复，子贡又去说服勾践出兵跟随。子贡劝勾践迎合夫差，让夫差放心攻打齐国，并且威逼晋国，这样越国才能乘虚而入。然后子贡回报夫差，勾践也派大夫文种带兵前往。子贡最后去了晋国，让晋定公厉兵秣马，等待吴军。之后夫差果然大败齐军，逼近晋国，结果被晋军击败。勾践就趁机袭击吴国，最后夫差被杀，吴国灭亡，田氏也由此扫清了代齐的障碍。

这个故事非常精彩，原来勾践灭吴和田氏代齐的操盘手居然是子贡，而子贡的幕后，还有一位孔老夫子。

在先秦文献中也有类似的记载。

《墨子·非儒下》说，孔子在齐国求职失败，对齐景公与相邦晏婴非常怨恨。后来孔子听到齐国要攻打鲁国，就派子贡去齐国。子贡见到田常，就劝说他攻打吴国，并劝说其他家族，让他们别妨碍田常叛乱。然后又劝说越国攻吴。三年之内，齐国、吴国都经历了劫难，死去的人以十万计。在墨子看来，这都是孔子的阴谋导致的。

《韩非子·五蠹》也说，齐国将要攻打鲁国，鲁国派遣子贡去游说。齐国人说，我们的辩论水平不如您，但我们要的是土地，不是要听您的道理！于是仍然攻打鲁国，一直打到鲁国都城十里外的地方，才停下来划分国界。在韩非子看来，尽管子贡能言善辩，但鲁国还是被割地。所以机智善辩不是保全国家的方法，只有提高自身实力才能抵抗大国。

可以发现，《墨子》具备了《仲尼弟子列传》的雏形，但对子贡和孔子的人品是贬低的，而《韩非子》甚至认为子贡的能力也不行。其实，各家的说法无非是为自己的政治主张服务。其中《墨子·非儒》一篇，看篇名就知道，《非儒》就是为了批判儒家而写的。韩非子认为子贡这种"言谈者"是对国家有害的"五蠹（dù）"之一。《非儒》的故事应该经过了战国纵横家的传播，司马迁将其写入《史记》，所以子贡身上明显有纵横家的影子，整个故事也变成了对他的赞美。

在反映春秋史最客观可靠的《左传》中，子贡也确实有多次与吴王君臣交谈的行为。

第一次是夫差与鲁哀公会见，鲁国执政季康子不敢去。吴国太宰嚭责怪季康子无礼，子贡就抬出吴国先祖仲雍断发文身的事迹：你祖先多无礼啊，大家这么做不都是事出有因吗？

第二次是鲁国叔孙武叔协助夫差伐齐，夫差把剑和甲赐给他，叔孙武叔呆住了，子贡马上出来辞谢，因为在鲁国这是赐死的意思。夫差大概也学到了，回去就赐剑给伍子胥。

第三次是夫差与鲁哀公、卫出公会见，太宰嚭要求重新结盟，鲁哀公不想答应。子贡说，以前有盟约，现在就不用另签了；如果随意更改，那每天签也没用；要是盟约必须重温，那迟早也会凉凉。卫出公也不想答应，就被吴军包围了旅社，子贡去问太宰嚭，太宰嚭解释说是因为出公迟到。子贡说：有人反对他来才会迟到，你们还关押了他，不是让反对的人开心，让到会的诸侯害怕吗？太宰嚭只能放过卫出公。

可见，子贡确实才思敏捷、口齿伶俐，在与吴国的外交上，为鲁国争取到了一些利益，所以才会被演绎成"子贡一出"，"五国各有变"。

为什么说"叶公好龙"是被儒家抹黑的?

"叶公好龙"是个大家耳熟能详的成语,讲的是叶公子高这个人非常喜欢龙,房子里雕的画的都是龙。龙听说后很高兴,从天而降,跑到叶公家里来了。没想到,叶公吓得惊慌失措,拔腿就跑。其实这个故事,是儒家抹黑叶公的。

为什么这样说呢?因为历史上真有叶公子高这个人。据《左传》记载,叶公子高是楚国叶县的县公,所以叫叶公。当时楚国的县不是后世的县,而具有边疆军区的性质,县公由楚王直接任命,拥有辖区内的军政大权。今天河南叶县还有叶公园、叶邑古城等景点。当时,楚国的白县县长白公胜叛乱,杀死了令尹和司马,又囚禁了楚惠王。令尹和司马是楚国的首相和副相,分别主管政事和军事,可以说此时楚国的中央系统瘫痪了。

而叶公对白公胜早有警惕,在此之前就提醒过令尹,此时他果断率领军队救驾,经过一番战斗,白公胜战败自杀。勤王首功的叶公因此被楚惠王封为令尹兼司马。尽管楚国有不少令尹和司马,但叶公是楚国八百年历史上唯一身兼二职的人。不过,叶公没有沉迷于权力,而是及时急流勇退,把令尹和司马职位分别让给了前令尹和前司马的儿子,自己回到叶县继续担任县公去了。

这么一位德才兼备的人物,为什么会被说成"叶公好龙"呢?答案其实在《论语》和《史记·孔子世家》里。

话说孔子当年周游列国,曾经到达楚国,拜见了叶公。当时白公胜还未叛乱,叶公与孔子两人有一番交谈。叶公向孔子问治国之道,孔子说只要近者悦、远者来就行了!叶公又说:我们这儿有一个坦率直白的人啊,告发他的父亲偷羊;孔子却说,我们那儿也有一个坦率直白的人啊,父亲为儿子隐瞒,儿子为父亲隐瞒，这才是坦率直白呢！这就是儒家"亲亲相隐"的理论。最后，令尹觉得孔子不行，楚王也就没有聘用孔子。

因为孔子只到过楚国的叶县，而且叶公和令尹有过交流。所以合理推测，叶公向令尹说过，孔子的政见不适合楚国。因为在叶公看来，国法应该是最重要的，而孔子却认为，国法不应该优先于人伦。

叶公与孔子的观点孰是孰非，这里就不评价了，我们再回到"叶公好龙"这个故事。其实它并不是一个独立的故事，整个故事其实是这样说的：孔子的弟子子张拜见鲁哀公，一连等了七天，哀公还不能以礼相待。子张非常生气，就告辞离开了，并让随从将这个"叶公好龙"的故事转告给哀公。子张当然是讽刺哀公名义上爱好士人，但实际上就跟"叶公好龙"一样。那问题来了，"叶公好龙"从何说起呢？很明显，"叶公好龙"也正是讽刺叶公在名义上爱好士人，却排斥了士人，而这个士人，自然就是子张的老师孔子。

那么，"叶公好龙"这个故事最早出自哪里呢？唐代《艺文类聚》、宋代《太平御览》中提到，是《庄子》最早讲的"叶公好龙"这个故事。不过，在古今各种版本的《庄子》中，都没有"叶公好龙"这个故事。

今本《庄子·人间世》倒是讲了叶公另外一个故事。说叶公将要出使齐国，听说齐国对待使者虽然表面礼貌，但做事却喜欢拖拖拉拉。叶公因为自己出使的任务重要，非常担心自己办不好，结果心急上火了，所以才来向孔子请教。孔子认为，子女对父母的"命"和大臣对君主的"义"，是天地之间最重要的，所以孔子的建议就是，事情该怎么做就怎么做，不要太计较个人得失，国家之间交往也不要使用花言巧语，如实传达国君的意思就行了。

总之，这里的叶公是个社恐的打工人形象。这篇文章虽然见于《庄子》，但提倡的父子君臣之道，明显又有儒家的影子，叶公形象也是被贬低的。所以"叶公好龙"见于《庄子》，也不奇怪。另外，这个故事最早明确收录在西汉刘向《新序》中，刘向本人也是有名的大儒，自然站在儒家这一方，所以"叶公好龙"就成千古奇冤了。

孔子真的被盗跖骂得无话可说吗？

司马迁在《史记·伯夷列传》中讨论"天道无亲，常与善人"的命题时，以盗跖为例批判现实不公："盗跖日杀不辜，肝人之肉，暴戾恣睢，聚党数千人，横行天下，竟以寿终，是遵何德哉？"盗跖被塑造为恶行累累却得善终的反面典型，与伯夷、叔齐的悲剧命运形成对比。《伯夷列传》通过盗跖的"寿终"结局，暗讽孔子理论的局限性。盗跖据说是著名贤人柳下惠的弟弟，又叫柳下跖。《庄子·盗跖》说，盗跖率领一支九千人的军队横行天下，攻杀诸侯。孔子和柳下惠是朋友，认为柳下惠不教导弟弟，所以自己愿意替柳下惠去教育。柳下惠认为弟弟根本不听自己的，而且弟弟巧言善辩，喜欢羞辱人，让孔子千万别去。

孔子不听，在泰山南边见到了盗跖。盗跖当时在干什么呢？正在把人的肝脏切碎了吃。盗跖听说孔子来了，非常生气，说孔子就是一个伪善之人，要把孔子的心肝挖出来加餐！孔子就说：将军您又高大又聪明又勇敢，却被人称盗跖，我为您感到不值啊！不如让我去为您出使诸侯，游说他们，这样您在中原就会拥有城池与民众，成为诸侯，就不会有战争了。

盗跖却不屑一顾地说：我的优点，都是父母给的，不用你说我也知道；而且能够被别人说服的，都是庸人。我听说有巢氏和神农氏的时代，大家都悠然自得，这才是道德的最高境界。之后的黄帝和尧、舜、禹、汤、文、武，都是一些恃强凌弱的人。你推崇周文王、周武王之道，但天下之盗没有比你更大的了，为什么不叫你"盗丘"呢？你害得徒弟子路被剁成肉酱，连自己也无法容于诸侯。这样看来，黄帝和尧、舜、禹、汤、文、武这些人，都是为了追求个人功利而违反自然常理的。什么是自然常理呢？眼睛看到色彩，耳朵听到声音，嘴巴尝到滋味，志气得到满足，宇宙天地无穷无尽，人的寿命却是有限的，能让心境愉快而颐养生命，这才符合自然常理。你说的那套虚伪奸诈的东西，都是我不想要的，你赶快走吧！

孔子被骂得无话可说，只能离开了。

其实，这个故事很明显不是真实的。首先，柳下惠不是孔子同时代的人物，他的活动时间比孔子要早一百来年。但柳下惠是孔子敬仰的人物，是儒家推崇的贤人，所以《庄子》在这里把柳下惠和孔子拉到了一起，同时又刻画了一个柳下惠的弟弟做大盗，故意形成一种反差。其实盗跖这个人在信史中也成疑，所谓横行天下、攻杀诸侯的强盗团伙，在春秋晚期的中原也不存在。孔子时代最让中原头疼的，众所周知是吴王夫差。

说盗跖是柳下惠的弟弟，也是没有根据的。柳下惠同时代倒是有个展喜，又叫乙喜，被柳下惠派出去办事，所以后世有人认为他是柳下惠的弟弟，但证据其实也不充分，他有可能是柳下惠的族弟或者子侄。因为柳下惠字季禽，所以他本人可能就是家中的小弟。

总之，盗跖这个人物是道家利用来批判儒家的。既然孔子是儒家的至圣先师，他就成为后世非儒的一个最大的靶子，从理论上去和儒家辩经，自然不如讲故事来得更具体形象，所以后世就流传了无数这种围绕孔子的真真假假的故事。盗跖这个故事算是批判儒家最重的，也就显得尤其不真实。当然，《盗跖》这篇一般认为并非庄子本人所作，庄子本人对孔子还是比较尊敬的，但《庄子》这本书对孔子的态度不同也不奇怪。

除了《盗跖》，《庄子》中还有一些段子对孔子的编排相对和缓，影响力却非常大，最典型的就是"孔子见老子"。这件事也是《庄子》最早记录的，而且好多篇章都反复提及这件事，以至于儒家经典《礼记》也把这件事抄录下来了，但《论语》没有记录孔子与老子的交往。《论语》有些内容可能也来自道家学说，比如孔子遇见楚狂接舆、长沮、桀溺、荷蓧（diào）丈人的故事就有明显的扬道抑儒的倾向；孔子见楚狂的故事，在《庄子·人间世》中也有类似的记录。

孔子真的见过老子吗？

孔子见老子的传说非常有名。东汉就有不少以"孔子见老子"为主题的画像石，《史记》中的《孔子世家》和《老子韩非列传》也都提到过。不过，这两篇内容不太一样。

《孔子世家》说，孔子去周室问礼于老子，将要告辞时，老子告诫他说：富贵的人赠人财物，高尚的人赠人言辞，我不富贵，只能窃取高尚，以言辞为您送行：聪明的人因为议论他人而受到威胁，博学之人因为揭露罪恶而遭受困境，做子女的应该忘掉父母，做臣子的应当忘掉君主啊！

《老子韩非列传》则说，孔子去周室问礼于老子。老子说：你说的这些人，骨肉都腐朽了，只有言论还在。君子得到时运凌驾而起，没有时运就随风飘移。优秀的商人看起来好像没有财物，高尚的君子表面上也很愚蠢。所以你要戒掉骄傲、欲望、做作和志向，这些没好处。我告诉你的就这些了！孔子离开后，对学生说，老子像龙啊！

这两条记录虽然有些矛盾，但大体都是反映道家思想的。其实，早在《史记》之前的《庄子》中，就有孔子于周室问老聃的说法了，但同时又说，孔子往南到达沛邑见到老聃，其中老子的言论又不相同。

那么，《庄子》之前还有孔子见老子的记录吗？在记录孔子事迹的早期文献《左传》《论语》中，均没有孔子见老子的记录，也没有孔子去周室的记载，甚至没有老子其人的存在，只有《论语·述而》提到一句"子曰：述而不作，信而好古，窃比于我老彭"，这个"老彭"一说为老聃和彭祖两人，另一说为彭祖一人。总之，孔子是否见过老子，在早期文献中是完全没有痕迹的。

这样看来，孔子见老子这件事，不排除是道家学派为贬低儒家学派而制造的传说，所以这件事最早记录于《庄子》。因为不是真实事件，所以从一开始就存在矛盾之处。儒家经典《礼记》也摘录了孔子见老子的故事，这就显得更加真实了。《史记》又摘录了其他资料，所以出现了不同的说法。但孔子见老子这件事，整体还是深入人心、鲜有质疑的。

其实，司马迁在《老子韩非列传》中对老子其人是有所质疑的，他笔下的老子不是一个人，而是三个人。第一个老子，就是大家熟悉的李耳，字聃，所以也叫老聃。其实"老"本身就是一个氏，老氏在春秋时期就存在了，是宋国的公族；而李氏是战国时期才崛起的，应该与后面提到的魏国将军李宗有关。

司马迁接下来讲，老子长期住在洛邑，见到周室衰弱就要离开，到达关卡时，关令尹喜要求他写下一本书。老子就写下了五千字的《道德经》，然后翩然出关，没有人知道他的下落。老子出关是一个经典的故事，后世甚至有"老子化胡"的传说。不过，《史记》之前，同样也没有这样的说法。

接下来，司马迁又介绍了楚国人老莱子，老莱子也是孔子同时代的道家人物，著有《老莱子》十五篇。《庄子》也提到他劝说过孔子去除矜持和睿智，《战国策》也说老莱子教过孔子事君之道。《史记·仲尼弟子列传》说孔子在周以老子为师，在楚以老莱子为师，明确把老聃与老莱子当作两人。后世"二十四孝"有"老莱娱亲"的传说，主角就是这位老莱子。但在《庄子》之前同样没有老莱子的记载，这位人物是否真实存在过，还是存疑的。

《老子韩非列传》介绍的最后一位老子，是战国初年周室的太史儋，他曾经见过秦献公，预言秦国将会称王称霸。太史儋即使是真实人物，与孔子也不会有时代交集。

司马迁还介绍说老子有个儿子叫李宗，他曾担任魏国将军，被封段干，李宗的六世孙在汉文帝时还有任职。《战国策》中魏国有段干宗，又作段干崇，应该就是李宗，他是战国后期人，那么他也不会是老子、老莱子或太史儋之子，他的父亲可能就叫李耳，也可以视为《老子韩非列传》中的另一个老子。

海昏侯墓出土的《论语》能改写语文课本吗？

2011年，位于江西南昌新建区的西汉海昏侯墓被发现。海昏侯墓出土的文物，尤其是"孔子徒人图漆衣镜"及竹简等，与《史记·孔子世家》《史记·仲尼弟子列传》存在深刻的文本关联和思想呼应。衣镜背板上的孔子传记与《孔子世家》在关键细节上高度一致，如孔子生年（鲁襄公二十二年）、身高（"长九尺六寸"）、卒年（鲁哀公十六年）等。衣镜结尾引用的"太史公曰"部分几乎与《孔子世家》末尾的评述一致，仅个别字词差异。这表明刘贺或其幕僚可能直接参考了《史记》文本。衣镜文与《史记》的相似性提示两者可能共享更早的"母本"。

考古工作者在海昏侯墓中还清理出了一批简牍，其中有《论语》相关的内容，被命名为《知道》。因为《知道》的内容不见于今本《论语》，于是，网上就有不少声音说"《论语》要更新了""语文课本要加课了""历史要改写了"等。那么，《知道》到底讲了什么内容？真的能改写语文课本吗？

根据公布的资料，《知道》有一句说："孔子智（知）道之易也，易易云者，三日。子曰：此道之美也，莫之违也。"意思是孔子了解推行王道是很容易的，很容易很容易，一连说了三天。孔子又说，王道之美，是没人能够抵御的。不过，类似的话，其实之前也出现过。一是《礼记·乡饮酒义》中有"孔子曰：吾观于乡而知王道之易易也"的表述，二是在1973年甘肃金塔出土的肩水金关汉简中有类似表述，所以也并不是什么新鲜话。

那么，为什么说《知道》是《论语》的内容呢？这就得从《论语》的起源开始说了。《论语》不是孔子本人的作品，它大概成书于战国初年，可能是孔子弟子曾子的后学之作。孔子去世后，儒家学者分为了八个派系，都认为自己是孔子的真传。所以，即便最原始的《论语》版本也不能完全反映孔子的全部思想，因为它主要是体现曾子这一派的思想主张。

较原始的《论语》版本，因为是用战国文字写的，所以一般叫古文《论语》，简称古《论语》。当然，古《论语》也不是一个固定的版本，因为战国秦汉的典籍在传承中，一般都会经历持有者的增改。所以一般说的古《论语》，其实指的是战国时期各种版本的《论语》，而不是曾子学派最初的那个。

后来，秦始皇实行挟书律，禁止民间私藏违禁书籍，作为百家语中的儒家著作全都成了禁书，在汉惠帝废除挟书律之前，战国时用古文写的儒家著作基本都不流传了。西汉中期鲁恭王刘余扩建宫室，拆毁了孔家的府第，发现墙壁中藏着一批战国典籍，其中就有《论语》，这就是西汉出现的古文《论语》。因为秦朝二世而亡，汉初不少儒生是六国遗民，他们有的能背诵不少典籍，在挟书律废除后，他们就用通行的隶书默写这些典籍，其中的《论语》就是今文《论语》。

按照《汉书·艺文志》的分类，《论语》有三种版本。一种是二十一篇的古《论语》，其中有两篇《子张》；一种是二十二篇的齐《论语》，多出《问玉》《知道》两篇；还有一种是二十篇的鲁《论语》，另有十九篇《传》。齐《论语》和鲁《论语》都属于今文《论语》，区别在于经师是齐人还是鲁人。海昏侯刘贺当年做昌邑王时，中尉王吉就是齐《论语》的传人。所以整理者最初判断，这一批竹简就是失传的齐《论语》。

不过，随着对这批竹简的深入研究，学者发现定性并不是这么简单。

因为这批《论语》虽有《知道》篇，却没有齐《论语》的另一篇《问玉》，学者推断，在西汉或许并没有形成古、齐、鲁三大版本，这只是班固基于手头版本的个人分类。1973 年在河北定州八角廊出土了汉简《论语》。墓主中山怀王和海昏侯差不多是同时代人。这批竹简的分类也是众说纷纭，但如果抛开古、齐、鲁三者必选其一的分类方式，不妨认为它是一个独立的版本。

那么，今天的通行本《论语》是怎么来的呢？西汉今文经比较吃香，汉成帝当太子时，教他《论语》的老师叫张禹。张禹身兼齐、鲁之学，就整理出了一部新的二十篇《论语》。东汉古文经又火了起来，大学者郑玄又把张禹本《论语》和古《论语》融合起来，还给它们作了注解。三国曹魏时，大名士何晏又以郑玄本《论语注》为底本，写成了《论语集解》。后世的《论语》文本，其实就是从《论语集解》正式定型的。

总之，海昏侯墓竹简的《论语》作为西汉《论语》的一种版本，主要价值还是在《论语》版本学以及汉代思想史方面，它既不能改写传世版本的内容，也不能超越传世版本的价值。所谓"《论语》要更新了""语文课本要加课了""历史要改写了"等言论，都只是一厢情愿的想法。

先秦时期"大人国"的人究竟有多高大？

古今中外的传说中，都不约而同地提到"大人国"和"小人国"。《史记·孔子世家》说，吴王夫差攻打越王勾践，在越国会稽山得到了一节大骨头，需要一辆车子才能装下。夫差不知道是什么，派使者去鲁国问孔子。使者问：最大的骨头是什么呢？孔子说，当年大禹在会稽山会集群神，防风氏迟到了，大禹就将他杀了示众，他的一节骨头需要一辆车才装得下，这就是最大的骨头。使者又问：防风氏是掌管什么的？孔子说：防风氏是古代汪芒氏的首领，掌管着封山和嵎山，姓漆。虞夏商时期叫作汪芒氏，到周代被称为长狄，现在叫大人国。使者问：那么最高的人有多高呢？孔子说：最矮的僬侥氏只有三尺高，而最高的人有他们的十倍呢！

可见，按照孔子的说法，防风氏也就是汪芒氏。在周代叫作长狄，在孔子时又被称为大人国，他们的国人足足身高三丈，可以说是名副其实的巨人国。

《国语·鲁语》也有相关的记述，且《国语》的记述与《史记》几乎一样。

根据《左传》，长狄是春秋前中期活跃在黄河下游的部落，建立了一个叫鄋（sōu）瞒的政权。春秋初期，长狄攻打宋国，结果在长丘被宋军击败，国君缘斯也被斩杀。后来长狄侨如又进攻鲁国，《穀梁传》还说，长狄侨如、虺、豹三兄弟，身材高大，皮糙肉厚，为害中原，瓦片石头都无法对其身体造成伤害。

鲁国大夫叔孙得臣是一位神箭手，他一箭射中了侨如的眼睛，侨如这才倒下。侨如的身体居然有九亩地之大。叔孙得臣让手下斩下侨如的头颅用车拉走，侨如的眉毛居然都伸到了车前的横杠之上。叔孙得臣为了纪念这场胜利，后来就给自己三个儿子取名为侨如、虺、豹。这种习俗在游牧民族中比较流行，成吉思汗叫铁木真，就是因为他出生的时候，父亲擒获了一位叫作铁木真的勇士。

侨如还有三个弟弟焚如、荣如、简如，可能是长狄另外三族。后来先后被晋国、齐国和卫国消灭，长狄族也就灭亡了。

至于大人国，《山海经·大荒北经》提到了"大人之国"，他们是釐姓，应该是漆姓的谐音。总之，以上的汪芒氏、大人国的传说成分都很大，唯一真实存在的应该只有长狄。春秋诸侯与长狄的战争也确实存在，但叔孙得臣杀长狄侨如的经历，毫无疑问是被《穀梁传》神化了。历史学者沈长云就认为，长狄只是形容他们的首领身材高大，并不是说他们全体国人都高大、他们就是大人国；长狄也有可能只是所谓的长丘之狄，他们因居住地而得名，与身材毫无关系。

总之，目前的考古还没有发现先秦时期有这样的"大人国"存在，神话学者袁珂先生就认为，"盖人体大小，自古恒为士庶兴会所寄，扩而张之，想象生焉"，也就是说，人的大小长短，是最容易被观察并引发联想的，所以才有各种"大人国"和"小人国"的传说。至于《国语·鲁语》，也不能将它作为实录对待，这与"子不语怪力乱神"的观念相悖；即使真有其事，吴王夫差在会稽山得到的大骨头大概也只是一块巨型兽类的骨头罢了。

先秦时期"小人国"的人究竟有多矮小？

近年，有一部叫《山海经之小人国》的电影上映，讲的是周饶国的王子拯救父亲与国家的故事。周饶国其实就是《山海经·海外南经》中记录的一个古国。据说这里的国人个头都很矮小，但他们冠带整齐，彬彬有礼。《山海经·大荒南经》也记录了一个焦侥国，他们的国人以几（jī）为姓，以粟为食。其实，焦侥国就是周饶国，也写作僬侥国。

《史记·孔子世家》就通过孔子之口说，"僬侥氏长三尺，短之至也"，即僬侥国人只有三尺之长，是人类里面最矮的。今本《竹书纪年》卷一还说帝尧二十九年春，僬侥氏来朝贡，并献上没羽箭。这是关于僬侥人出现时代较早的记录，但今本《竹书纪年》并不可靠。焦侥、周饶这两个词都比较拗口，神话学家袁珂认为，它们应该就是"侏儒"的谐音。

"侏儒"在周代就有了，和现在意思一样，是一种矮小病患者，官府给他们安排了工作，让他们充当杂技演员。《史记·孔子世家》就说，齐景公和鲁定公在夹谷会见，景公派遣一群倡优和侏儒出来唱歌和表演。孔子这时候以鲁国大司寇的身份相礼，他认为普通人前来迷惑诸侯，其罪当诛！于是就让相关负责人将这些倡优和侏儒都斩首了。当然，此事在《史记》之前是没有记录的，也不符合孔子"仁者爱人"的观念，不一定是真实的历史。

《山海经》还提到了两种小人，一种是《大荒南经》里的"菌人"，一种是《大荒东经》里的"靖人"。菌人和靖人又是什么呢？袁珂先生认为，它们应该也是"侏儒"的通假字。但不少古人对这个"菌"字望文生义。比如清代吴任臣《山海经广注》就认为，菌人是长得像人一样的菌类；清代汪绂（fú）《山海经存》则认为，菌人像地上的菌类一样微小。

其实这些"小人国",应该和"大人国"一样,是古今中外共同的传说母题,不能落到实处。《格林童话》中就有白雪公主和七个小矮人的故事,英国小说《格列佛游记》中也有大人国和小人国的故事。

也有不少学者试图为这些奇人异国寻找原型,比如当代学者王永宽在《漫话小人国》一文中认为,历史文献中的小人国可能与现代的俾格米人有关。俾格米人身材矮小,身高仅有"四英尺至四英尺八寸",即 1.22 米到 1.46 米,分布在中非、东南亚、大洋洲以及太平洋上的一些岛屿。不过,僬侥人据说只有三尺之长,按照战国秦汉的长度,差不多只有 70 厘米,任何一个种族的成年人都不可能这么矮;同样,先秦时期的大人国据说有三丈长,那么就有六七米高,而任何一个种族的成年人也都不可能这么高。

《庄子》中也提到过两个小人国:一个住在蜗牛的左角,叫作触氏;一个住在蜗牛的右角,叫作蛮氏。他们有次为了争夺地盘而战,杀得伏尸数万;战胜方追逐战败方,一旬五日后才折返。这当然只是一则寓言,旨在说明人类在宇宙中的渺小,与触氏国人、蛮氏国人之于蜗牛没有什么区别。相对于《山海经》里的小人国来说,这两个小人国的虚构色彩就很明显了。

除此之外,先秦时期还流传一个叫庆忌的"小人"。他生长在干涸数百年的湖泊之中,仅有四寸之长,却能日行千里。

战国篇

战国时代到底是从哪个事件开始的？

今天所谓的战国时代，指的是先秦史的最后一段时间。那么，这个时代为什么被称为"战国"呢？"战国"这个词，本来是军事强国之义。《战国策·燕策一》中多次提到当时"凡天下战国七"，这也就是"战国七雄"一词的来源。

比较明确把战国作为时代，也是从《战国策》开始的。《战国策》是西汉学者刘向编订的一部书，分为《东周》《西周》《秦》《楚》《齐》《赵》《魏》《韩》《燕》《宋》《卫》《中山》十二国策。这十二国，就是战国时期主要的十二个国家，《战国策》讲的就是以它们为主角的历史事件。刘向在书中也多次提到"战国时""战国之时"。可见，刘向是把"战国"一词由时代的主要国家，上升为整个时代的概念了。

现在我们一般把"春秋战国"合称，既然战国是承接春秋的时代，那么，两者之间应该有个分界线才对。比如，西周的灭亡是公元前771年犬戎攻破镐京，战国与秦的分界线是公元前221年秦统一天下，这些时间点都是比较清晰的。但春秋的结束、战国的开始，并没有一个这样显而易见的标志性年份。北宋司马光编写《资治通鉴》，以韩、赵、魏三家立为诸侯的公元前403年作为战国时代的开始。那么，公元前403年能作为春秋时代的终结吗？

与"战国"作为时代之名来源于《战国策》类似，"春秋"作为时代之名，也来源于《春秋》这部书。古人对春、秋两季最为重视，古文字学家陈梦家、于省吾等人认为商代大约只分春、秋两季，到周代才有四季之分，但春、秋两季仍最为古人重视，因此，当时列国史书统称为《春秋》。不过，只有鲁国的《春秋》经过先秦儒家传承幸存于世，也被称作《春秋经》，成为儒家"五经"之一。

孔子之后的儒家则根据《春秋经》分别创作了《左传》《公羊传》《穀梁传》《邹氏传》《夹氏传》五种，后两者已失传。在《左传》中，《春秋经》记录的最后一年是公元前481年。当年鲁国人狩猎获得了麒麟，孔子认为麒麟是瑞兽，不该在乱世出现，遂不再整理《春秋》；《公羊传》《穀梁传》二传则把《春秋经》记录的最后一年定为孔子去世的公元前479年。一般认为，前者更加接近《春秋经》原本，孔子不可能写自己去世的事，所以不少学者以公元前481年为春秋的结束。清代学者顾栋高的著作《春秋大事表》，就以《春秋经》的开始之年（公元前722年）到《春秋经》记录的最后一年（公元前481年）作为春秋时期；范文澜先生在《中国通史简编》中也采用了这一说法。

这一说法固然是严格遵循了《春秋经》的断代，但也导致了公元前770年至公元前722年之间存在时代空档，西周与春秋之间是什么时期呢？公元前481年没有太多的理由作为战国时代的开始，春秋时代也没有理由晚至公元前403年。春秋与战国之间又是什么时期呢？所以，应在西周、春秋、战国三者之间建立起合适的衔接点为宜。

郭沫若提出，春秋时代是公元前770年至公元前476年，战国时代是公元前475年至公元前221年。因为《史记·十二诸侯年表》的结束是公元前477年，这年是周敬王末年。《六国年表》的开始是公元前476年，这年是周元王元年。但根据《左传》，周敬王去世其实是公元前476年，所以郭沫若修正了《史记》的年份，但仍采取《史记》的断代法。这其实是看重"元王元年"这个概念，而这年并无大事发生，并不符合现代史学观念。

当代不少学者则倾向于公元前453年之说。当年发生了晋阳之战，也就是晋国的韩、赵、魏三家攻灭智氏并瓜分了其领土，这件事基本奠定了"战国七雄"的格局。其实，这年也符合历史文献的记录。《左传》记录的最后一年虽然是公元前468年，但末尾其实还补叙了之后的晋阳之战；《资治通鉴》记事虽然始于公元前403年，但开头其实也倒叙了之前的晋阳之战；而《战国策》记录最早的一件大事同样也是晋阳之战。这些都表明，古人早就认识到晋阳之战的重要意义，所以用公元前453年作为春秋战国的分界线，实是较为合理的断代方法。

曾国和随国到底是不是同一个国家？

《史记·周本纪》提到西周末年"缯"与申国、犬戎联合攻杀周幽王，导致西周灭亡："申侯怒，与缯、西夷犬戎攻幽王……遂杀幽王骊山下。"此"缯国"是否为湖北随州的曾国？考古学界认为，此"缯"更可能是河南方城的姒姓缯国，与姬姓曾国无关。而《史记·楚世家》仅称"随国"，未提"曾国"。

大家去湖北省博物馆参观，应该会对其中两件国宝比较感兴趣，一件是越王勾践剑，另一件是曾侯乙编钟。曾侯乙编钟于1978年在湖北随州擂鼓墩曾侯乙墓出土，而曾侯乙墓出土的文物多达15404件。按照材料来分，有青铜器、漆木器、铅锡器、皮革器、金器、玉器、竹器、丝器、麻器、陶器等；按照用途来分，有乐器、礼器、兵器、车马器、甲胄、生活用品、竹简等。技艺之精湛，品种之齐全，堪为周代诸侯国之冠。

曾侯乙编钟中有一件叫"楚王酓（yǎn）章钟"，是楚王酓章在位第五十六年给曾侯乙的陪葬品。酓章就是《史记》中的楚惠王熊章，他在位第五十六年是公元前433年，曾侯乙正是在这一年去世的。更令人疑惑的是，在战国初期，湖北地区应该都是楚国的地盘，为什么还有个实力并不弱的曾国存在呢？著名学者李学勤提出，曾国就是文献中的随国；历史学者杨宽却认为，曾国和随国是两个国家。那么，曾国到底是不是随国呢？

据《左传》记载，春秋初年，随国是汉水以东的第一大国，成为楚国扩张的打击目标。随国不是对手，很快被击败臣服，后来又被击败两次，终于彻底投靠楚国。在春秋后期的吴王阖闾入郢都之战中，楚昭王逃到随国，吴王阖闾令随国国君交出昭王，随侯说随国与楚国订立了世代盟约，不可能叛楚。随国应该有一定实力，阖闾最终放弃离开了。楚昭王复位后，还曾联合随国攻打蔡国，之后就没有关于随国的记录了。

单从文献来看，随国与曾国吻合度很高，一是都在湖北随州一带，二是随国对楚昭王有过救命之恩。昭王之子惠王在曾侯乙去世后前去吊丧，也就可以理解了。当然，这只是推测，没有足够的证据支持。

其实，在曾侯乙墓发掘之前，也有少量曾国青铜器被发现，宋人书中就记录了"楚王酓章钟"，当时还没人关注曾侯乙。清代中期学者阮元在其书中曾记录一件"曾伯簠"和一件"曾仲盘"，他认为，这个"曾"就是春秋时期山东兰陵一带的姒姓鄫（zēng）国。不过，鄫国在公元前 567 年就灭亡了，比曾侯乙去世早了一百多年，所以曾国绝对不是这个鄫国。

1933 年，安徽寿县战国楚幽王墓出土了一件"曾姬无恤壶"，器主是战国楚声王的王后。郭沫若先生据此指出，应该存在一个楚国的邻居姬姓曾国。

1949 年后，湖北、河南交界一带陆续发现了一些曾国墓葬，其中最有名的就是曾侯乙墓，为曾国所在的方位提供了重要的坐标，曾国也因此引发了世人的关注。

有趣的是，曾国考古如抽丝剥茧一般，是逐步接近真相的。

1979 年，随州义地岗又发现一处曾国墓葬，出土了西周中期的"周王孙季怠戈"，器主是曾穆侯之子，自称"周王孙"。

2009 年，在随州文峰塔发现了春秋晚期的曾侯與墓。其中一件"曾侯與钟"上的铭文说：曾国始祖是文王、武王时的伯括。伯括一般被认为是周初名臣南宫括，也写作南宫适；然后说周朝衰落后，曾国依附楚国，在楚国对吴国失利时，曾国坚决支持楚国。

2011 年，历史学者曹锦炎公布了一件"随仲嬭（mǐ）加鼎"的铭文，"嬭"就是文献中的"芈（mǐ）"，楚王的姓。所以这就是楚王为二女儿芈加制作的嫁妆，这也是第一次出现与随国明确相关的青铜器。

2019 年，随州枣树林发现了曾侯宝夫妇墓。令人惊奇的是，曾侯宝夫人墓出土了一组"嬭加编钟"，芈加说自己是楚文王的后代、穆王的长女，嫁到曾国；另外还有一件"楚王媵随仲嬭加缶"，这完全表明曾国就是随国。芈加既是长女又排行第二,说明她应该有个哥哥,那就是大名鼎鼎的楚庄王。

此外,枣树林还发现了曾公求夫妇墓。其中曾公求夫人墓出土了一件"楚王䀇渔媵簠",其铭文表示她是楚国公主芈渔;还有一件"唐侯制随侯行鼎",是唐国国君赠给随侯的鼎。所以,合理的推测是,曾应该多用于自称,而随则多用于他称,这才导致文献中有随无曾、考古中多曾少随的情况。无论如何,曾、随问题总算是盖棺论定了。曾国考古的曲折历程和伟大发现,可以说是周代诸侯国考古的佳话和典范。

自称"寡人好色"的齐宣王为什么娶了个丑女？

司马迁在《史记·孟子荀卿列传》中简述了孟子游说齐宣王的经历，其中提到孟子曾劝谏齐宣王行"王道"，而齐宣王以"好货""好色"等借口推托，最终未采纳孟子建议。"寡人好色"这一对话的完整版见于《孟子·梁惠王下》。

《孟子·梁惠王下》里记录了孟子与齐宣王的对话，其中齐宣王有句名言："寡人有疾，寡人好色。"那么，齐宣王的王后应该是倾国倾城的大美女吧？恰恰相反，史料记录，齐宣王的王后叫无盐女，是先秦时期最著名的丑女，没有之一。那么，喜欢美女的齐宣王为什么会娶一个丑女呢？

无盐女这个人物，《史记》没有记录，最早见于西汉刘向的《新序》中。《新序》卷二说，齐国的无盐女奇丑无比，到底有多丑呢？她又高又壮，皮肤黑得像上了漆，额头和眼窝深深下陷，脖子粗，头发少，鼻孔朝天，喉结凸出，胸部隆起，还驼背。总之怎么丑怎么来，三十岁了还没嫁出去。不过，这么一个丑女，却自信满满地去求见齐宣王，希望能被收入后宫。当时在场的大臣宾客听了都哈哈大笑，认为无盐女是天下脸皮最厚的女人。

齐宣王倒想听听她能说什么，就下令召见她。齐宣王问道："平民百姓都不肯接受你，你却要来寡人这里，莫非你有什么特殊才能吗？"无盐女说："民女只是仰慕大王的仁德罢了！"齐宣王又问："那你有什么爱好吗？"无盐女说："我最喜欢出谜语呢！"齐宣王感兴趣了，就让无盐女出一个瞧瞧。无盐女忽然隐身不见了。谜语不一定是口头语言，也可以用动作表达。齐宣王非常惊讶，拿出汇集说解隐语的工具书检索，但找不到也想不出无盐女想表达什么。

第二天，齐宣王把无盐女从家里招来，无盐女却连着四次说齐宣王很危险。齐宣王诚恳地请教说："寡人哪里危险呢？"无盐女就说："现在国外虎视眈眈，国内奸臣掌权，大王年已四十，还没有立太子，这是第一个危险；高台高达五层，黄金珠宝遍地，耗尽百姓钱财，这是第二个危险；贤能之士隐居，阿谀之徒环绕，这是第三个危险；大王沉迷酒色，既不联络诸侯，又不励精图治，这是第四个危险啊！"

齐宣王听了，若有所思，也感叹说："你的话很有道理，寡人这才明白，差点就要亡国了！"于是下令拆除高台，解散戏班子，罢黜马屁精，不用华贵器物，任用贤能之士。最后，选择良辰吉日立太子，并封无盐女为王后。无盐女就这样实现逆袭，成为齐国王后。作者刘向认为，齐国能国泰民安，正是这位丑女的功劳。

在刘向编写的另一部作品《列女传》中，故事却有些不同，无盐女有了个正式的名字叫钟离春。钟离氏出自钟离国，这是一个嬴姓小国，在现在安徽蚌埠、凤阳一带。而无盐成了她的籍贯，也就是今天山东东平一带。无盐女也从三十未嫁变成了四十未嫁，这样就更是大龄剩女了。后世据此演绎出不少关于无盐女的传说故事，考虑到"无艳"更符合她的相貌，所以"无盐"还经常被写成"无艳"，所谓"有事钟无艳，无事夏迎春"嘛。

但如果联系《列女传》的上下文看，就会发现这个故事完全是个段子。因为紧接着《齐钟离春》之后的一篇叫《齐宿瘤女》，说齐国有一个脖子上长着瘤子的女子，嫁给了齐湣王为王后；再往后的一篇叫《齐孤逐女》，说齐国有一个父母早亡、被乡人驱逐的女子，嫁给齐襄王的相国为夫人。这些故事的套路也都与无盐女差不多，难道说齐国君臣有娶丑妻的特殊癖好吗？如果不是之前史书白纸黑字写了齐襄王的王后是太史敫（jiǎo）的女儿，恐怕《齐孤逐女》的男主角就成了齐襄王。

其实，这些故事明显都是出自一个模板的段子，而后人编出这些段子，主要还是为了劝谏君王，要重视后宫嫔妃的德行，切勿沉迷美色。放在刘向笔下，自然就是劝谏汉成帝不要沉溺赵飞燕、赵合德的美色。其实，古本《竹书纪年》提了一句齐宣王八年杀王后，这位王后是谁却没说。但《竹书纪年》

出土于西晋，西汉人未必听过这个说法，他们就在史料空白处掺入了自己的私货。看，就连那个自称"寡人好色"的齐宣王，不也娶了个有德无貌的丑女王后吗？这位自诩"寡人有疾，寡人好色"的齐宣王，就这样被强行塞了个丑女王后。

百家争鸣的"稷下学宫"真的存在吗？

人们在谈到春秋战国诸子争鸣、百家齐放时，往往都会提到当时一个学术圣地——齐国的"稷下学宫"。一般认为，稷下学宫首创于田齐桓公，在齐宣王的时候达到鼎盛，当时有不少思想家汇聚于此，你来我往畅所欲言，其中就包括著名大儒孟子和荀子。甚至有人说，战国之所以能够成为中国思想史上的黄金时代，离不开稷下学宫的孕育。

近年，考古工作者声称确认了稷下学宫遗址的位置。这是一处建筑遗址群，位于山东淄博临淄区齐都镇小徐村西，齐国故城小城西门外南侧约150米。他们的证据主要有三点：第一，历史文献有多处记录稷下学宫位于齐都的西门之外；第二，出土的这处遗址的年限断代为战国中晚期；第三，出土的这处遗址环境相对封闭，面积近四万平方米，规模大，规格高，又是成排建筑的格局，不像是宫殿、宗庙等建筑。

尽管不少媒体据此报道说"稷下学宫被确认"，不过，考古学界仍然有不同的声音。有学者就质疑，因为这处遗址目前缺乏带有文字证据的实物资料，所以很难认定这就是稷下学宫；也有学者认为，这样成排布局的建筑，很有可能是军营；还有学者指出，这处建筑遗址群存在的时间并不长，上面还叠压了较大面积的铸币遗存，所以不会是稷下学宫，可能只是铸币作坊。

其实，"稷下学宫被确认"的过程还有一个严重的缺陷，就是历史文献根本没有提到过"稷下学宫"这四个字！《史记》之前的战国诸子作品，包括《孟子》《荀子》，都没有提到"稷下"这个地名。《史记·孟子荀卿列传》说荀子担任过齐国祭酒一职，但没有说祭酒是稷下学宫的官职。《史记》虽然最早提到"稷下"，但也仅有两处记载。一处是《田敬仲完世家》，说的是齐宣王喜欢博学善辩之士，包括邹衍、淳于髡、田骈、接予、慎到、环渊等七十六人，齐宣王一律赏赐他们宅第和上大夫的爵位，却不用他们处理政事，只需讨论学术。这样"稷下学士"就慢慢多了起来，以致达到了成百上千人的规模。另一处是《孟子荀卿列传》，说邹衍、淳于髡、慎到、环渊、接予、田骈、邹奭等"稷下先生"，各自著书立说，谈论国家大事，从而获取了国君的信任。

要注意的是，这里只说邹衍等人是"稷下学士"和"稷下先生"，并没有说存在一个"稷下学宫"。他们或许会有一个专门讨论的场所，但这个场所是什么样的，其实并不明确，可能他们仅仅只是在朝堂上参与议政而已。所谓"稷下"，可能仅仅是个荣誉称号。而且，孟子、荀子这些重量级大咖，其实也并不在这个原始名单中。所以，他们讨论的内容和交锋的结果，对于当时各国社会思潮的影响，似乎也不会太高。

尽管《史记》只有只言片语，但后世文献却丰富起来。西汉刘向《别录》首先指出，稷下学士得名于齐都临淄的稷门，因为他们在稷门之下集会讨论；东晋的《齐地记》又指出，稷门是齐都临淄的西门；东晋虞喜则指出，稷下其实得名于齐国稷山，国君在稷山之下设置馆舍招待士人。根据《左传》来看，春秋时齐都临淄确实有稷门，齐国国君与莒国国君曾在此盟誓。不过，莒国是在齐国的南边，所以清人高士奇又认为，稷门应该是齐都临淄的南门。

"建安七子"之一的徐幹在《中论·亡国》中说，齐桓公设立"稷下之宫"，并设置大夫的封号，招揽贤人并且尊崇他们，孟子等人也都游历到了齐国。这是稷下之宫最早的记录，但并不符合原始记载。直到20世纪，郭沫若在《十批判书》中提出"稷下学宫"这个名词，"稷下学宫"的概念才迅速流传开来。我们应该知道，后世的这些说法，其实都是基于作者的个人认识，很难直接作为信史来采用。

扁鹊见的是蔡桓公还是齐桓公？

扁鹊是中国古代的著名神医，他最有名的事迹是《韩非子·喻老》中的"扁鹊见蔡桓公"，说的是扁鹊去见了蔡国国君蔡桓侯——因为周代诸侯通称"公"，所以桓侯又叫桓公。扁鹊就说："您的病在皮肤与肌肉之间，需要及时治疗啊！"桓公却说："寡人可没有病啊！"等到扁鹊离开，桓公对身边的侍从说："这些医生急功近利，故意把没病的人说成有病，来显示自己的本事！"

十天后，扁鹊又来了。这次扁鹊对桓公说："您的病进入了肌肤，不治疗会更严重呢！"桓公不理他。等扁鹊离开后，桓公很不高兴。

十天后，扁鹊再次来见桓公，对他说："您的病进入了肠胃，不治疗会更严重呢！"桓公又不理他。等扁鹊离开后，桓公又很不高兴。

又过了十天，扁鹊远远地看到桓公，马上转身跑了。这下桓公奇怪了，派人去问扁鹊："你见到国君为什么要跑呢？"扁鹊说："国君的病现在已经深入骨髓，是司命之神所管辖的，我已经无能为力了。"在当时的信仰中，司命就是掌管人的生命的神。

五天之后，桓公身体开始疼痛，派人去找扁鹊，但扁鹊已经逃到秦国去了。不久，桓公就去世了。

这个故事在《史记·扁鹊仓公列传》中也有记录，但内容稍微有些区别，说扁鹊见的不是蔡桓侯，而是齐桓侯。有一种说法认为战国时齐国定都在蔡，所以齐桓侯也称蔡桓侯。但实际上，蔡国在战国初期就被楚国灭了，国都上蔡、新蔡、下蔡几个地方也都成了楚国地盘，其中上蔡是现在的河南省上蔡县，新蔡是现在的河南省新蔡县，下蔡是现在的安徽省寿县，而齐国的都城一直在临淄，就是现在的山东省淄博市临淄区。所以，蔡桓侯与齐桓侯一定是两个人。很明显,这两个高度相似的故事,至少有一个是讹传。

《扁鹊仓公列传》还提到,扁鹊曾给晋昭公的执政赵简子和虢国太子等人看过病,他的足迹遍布全天下,像周都洛邑、秦都咸阳、赵都邯郸和齐都临淄他都去过。最后因为遭到秦国太医令李醯(xī)的嫉妒而被其派人杀死。不过,赵简子并非春秋后期晋昭公时的执政,而是春秋晚期晋定公的执政,而虢国其实在春秋前期就已经灭亡了,至于秦国定都咸阳、赵国定都邯郸,这些都是战国时代的事情了。

《战国策》说,扁鹊还为战国中期的秦武王看过病,秦武王却听信大臣的意见。扁鹊非常生气,认为国君与聪明的人议事,却让愚笨的人败坏,一举一动都可能导致亡国。西汉陆贾《新语》说扁鹊本来住在宋国,因为得罪国君而逃到卫国,卫国有人即将病死,扁鹊前去治病。患者的父亲却认为,儿子需要良医,扁鹊不能治好。之后父亲请来了巫师,而患者自然就去世了。

《韩非子》说的蔡桓侯,是春秋前期人。《扁鹊仓公列传》里提到的齐桓侯又有两位:一位是春秋的齐桓公小白,"春秋五霸"之首;一位是战国的齐桓公午,即齐威王的父亲。

总体来看,扁鹊的活动时间从春秋前期一直延续到了战国中期,这明显不符合实际。所以实际情况应该是,扁鹊并非专指一位名医,而是春秋战国时期一系列名医的共同称呼。那么扁鹊见的既可能是蔡桓公,也可能是齐桓公,因为扁鹊所处的时代以及他的活动场所都是不固定的。当然,扁鹊这些故事也是真假参半,部分应该偏向于传说。

司马迁把这些不同时代的故事整合在一起,也不代表司马迁不会甄别史料,而是有意为后人保存更多的扁鹊故事。东汉画像石有不少扁鹊行医的图像,而扁鹊形象都是人首鸟身,这也印证了汉朝人认为扁鹊并非一个具体人物。东汉时期甚至还流传说,黄帝时期就有一位名医"古扁鹊"。

近年,四川成都老官山汉墓出土了一批医学类竹简,其中《脉经》里就提到了"敝昔",也就是扁鹊;所以《脉经》很有可能与《汉书·艺文志》中记录但已经失传的《扁鹊内经》《扁鹊外经》有关,是战国至汉初扁鹊学派的著作。

鬼谷子真能操纵战国这盘棋吗？

在先秦诸子里，鬼谷子可谓是最神秘的一个人物。一来，他的名字叫"鬼谷"，听起来像是百鬼夜行的地方，他也被后世道教尊为神仙；二来，传说中战国不少英才都出自他的门下，包括兵家孙膑、庞涓和纵横家苏秦、张仪等人，他们在一定程度上左右了战国时局。那么，鬼谷子到底是怎样一个人？他真的能操纵战国这盘棋吗？

最早记载鬼谷子的是《史记》。其中《苏秦列传》提到，苏秦从老家东周到齐国，向鬼谷先生拜师学习；《张仪列传》也提到，张仪是魏国人，最初与苏秦一起从鬼谷先生学习。可见，鬼谷先生也就是通常所谓的鬼谷子，在《史记》中是纵横家苏秦和张仪两人的老师。但是，他和两位徒弟究竟交流过什么呢？《史记》完全没有提到。

汉代扬雄《法言》说，苏秦、张仪向鬼谷子学习"鬼谷术"和"纵横言"。东汉王充《论衡》记载了一个故事，鬼谷子对两个徒弟讲："你们谁能说得我流泪，以后谁就能获得国君的封地！"结果两个人都说哭了鬼谷子，但苏秦上场时，鬼谷子哭得更厉害一些，说明苏秦比张仪还要厉害点。东汉应劭《风俗通义》说，鬼谷子本人也是纵横家。

南朝陶弘景作《真灵位业图》，正式把鬼谷子纳入了道教神仙体系。五代杜光庭在《录异记》里说鬼谷子是黄帝时的人，到周朝时跟老子一起去了西方。他在《仙传拾遗》中又说鬼谷子是春秋晋平公时的人，隐居在鬼谷，姓王名诩（chán）。后世有人把这个字认错了，写成王栩或王诩。有人根据读音写错了，写成王禅或王蟾。《子华子》又说鬼谷子叫刘务兹。唐朝初期，已涌现出不少《鬼谷子命书》之类伪托鬼谷子写的算命书，时至今日这种书籍仍有不少。这些显然都不可靠。

南宋学者洪适《盘洲文集》说"庞涓之浅尝鬼谷，遂致马陵之祸"，意思是庞涓学习鬼谷之术浅尝辄止，所以导致了马陵之战的失败。而《史记》说得很清楚，孙膑和庞涓一起学过兵法。所以明朝小说《东周列国志》就把孙、庞、苏、张四人都列为鬼谷子的弟子，而兵书《武备志》说魏国人尉缭也是鬼谷子门生，朝鲜古典小说《帷幄龟鉴》甚至把韩信也列为鬼谷子的弟子。

在现代人房立中编著的《新编鬼谷子全书》所收录的民间传说里，毛遂和徐福也成了鬼谷子的弟子。如果我们通过网络搜索，会发现更令人叹为观止的结果，范蠡、商鞅、白起、王翦、李斯等，凡是有点名气和能力的战国人，几乎都成了鬼谷子的弟子！如果真是这样，那么整个战国时代还真是鬼谷子的一盘棋了。但就算是《史记》的原始记录，都存在问题，更别说后世那些捕风捉影、不着边际的记载了。

历史学者杨宽就指出，苏秦和张仪不是一代人，鬼谷子其人应该是伪托的，今本《鬼谷子》也是伪书。另一位战国史学者缪文远也认为鬼谷子是假托人物，至于鬼谷在何处也不需要考证了。总之，鬼谷子很有可能是虚构人物。即便真的存在，也只是一位默默无闻的理论学者，并没有什么神通广大、覆雨翻云的本事。

如果鬼谷子真实存在，所谓的"鬼谷"可能是鬼谷子的氏，战国的氏大量来源于地名，所以可能存在一个鬼谷。《史记·樗里子甘茂列传》中还真有个"鬼谷"，在《战国策》中又写作"槐谷"，位于今天陕西兴平一带。东晋徐广《史记音义》又说鬼谷在颍川告城，即今天河南登封一带。除此之外，还有河南淇县、新疆哈密、浙江宁波、四川广汉等多种说法，当然都没有可靠的证据。

"鬼谷"除了可能是"槐谷"的讹误，东晋王嘉《拾遗记》还指出"鬼谷"是"归谷"，就是归隐山谷的意思；学者许富宏认为，"鬼谷"是周代隗姓族人聚居地。这些说法，其实都建立在鬼谷子是真实人物的基础上。现代还有不少人说鬼谷是个学术流派或培训机构，这当然也不对，因为《史记》的原始记载就是把鬼谷子当作一个人物叙述的，只是在后世传播中走了样。

孙膑到底是在哪场战争中杀死庞涓的？

《史记·孙子吴起列传》记录了孙膑和庞涓这对师兄弟的故事。据说，孙膑出生在齐国的阿（ē）、鄄一带，是兵圣孙武的后人，与庞涓一起学习兵法。后来庞涓成为魏国将军，认为自己不如孙膑，就把孙膑骗到魏国，陷害他。结果孙膑被处以膑刑，他的脸上也被刺了字。膑刑是古代肉刑之一，就是剔去膝盖骨，孙膑的名字由此而来。后来孙膑偷偷见了齐国使者，使者暗中将他带回齐国，孙膑成为将军田忌的门客，之后就有了著名的"田忌赛马"的典故。

后来魏国攻打赵国，赵国向齐国求救。齐威王就任命田忌为将领、孙膑为军师率军去救。田忌想直接前往赵国；孙膑却认为不如攻打魏国都城大梁（今河南开封），这样就能收到围魏救赵的效果。田忌听从孙膑的建议，果然在桂陵之战中大败魏军，生擒庞涓。

魏惠王二十八年，即公元前342年，魏国攻打韩国，韩国向齐国求救。这次仍然是田忌为将，孙膑为军师。齐军采取围魏救韩的战术，攻打大梁。庞涓回师援救大梁，而孙膑使用逐日减灶的策略，制造齐军大量逃亡的假象，诱敌追击。庞涓中计，丢下大部队，只率少量轻兵锐卒追赶齐军，结果在马陵中了孙膑设下的埋伏，魏军大败，庞涓羞愤自杀。之后，齐军乘胜消灭了魏军的大部队，俘虏了魏国太子申。

《孙子吴起列传》关于孙膑的记录就这么多，除了孙膑赛马一事，主要就写了桂陵之战和马陵之战。《史记·田敬仲完世家》也提到齐国先是在桂陵之战中击败魏国，后来在马陵之战中，田忌为将军，孙膑为军师，杀了庞涓，并俘虏了太子申。《史记·魏世家》也有类似的记录。

1972 年，在山东临沂银雀山出土的汉简《孙膑兵法》中，又有关于孙膑的新故事。其中一篇《见威王》讲的是齐威王与孙膑的问答，一篇《陈忌问垒》讲的是田忌与孙膑的对答，而另一篇《擒庞涓》更值得重视，给出了一个不一样的"围魏救赵"的故事。

《擒庞涓》中说，魏惠王想攻打赵国都城邯郸，派庞涓率兵八万驻扎在茬丘，齐威王就派田忌率兵八万相救。庞涓又攻打卫国的都城帝丘，田忌想直驱赵国，营救赵、卫，但孙膑不同意。他提出派遣两支较弱的军队，去攻打南边魏国较强的平陵。这样一来，庞涓就会认为田忌不懂军事。此时，田忌又派轻车迅速抵达大梁城郊，引诱庞涓回救，同时派小部队引诱庞涓快速进军。庞涓果然上当，丢下大军和辎重连夜回赶，结果在桂陵碰上齐军主力，庞涓在战斗中被擒。

如果把《擒庞涓》和《孙子吴起列传》放在一起看，就会发现一个问题，桂陵之战和马陵之战的过程太相似了！两者都是魏国去进攻别的国家，然后齐国派遣田忌和孙膑相救，最后孙膑使用类似的计策，结果两次都大败庞涓。但问题是，庞涓会这么容易两次跌入同一条阴沟里吗？而《孙子吴起列传》中的"庞涓死于此树之下"，是否更像是戏剧表演呢？

历史学者杨宽调和《擒庞涓》和《孙子吴起列传》两处记录，认为庞涓先是在桂陵被擒，然后被释放了，最后战死在马陵，不少学者也同意这种说法。但要注意的是，在《孙膑兵法》中，只有桂陵之战却没有马陵之战，而"擒庞涓"中擒的对象可以是活人，也可以是死人。《陈忌问垒》中，孙膑就说"取庞涓而擒太子申"，据《孟子·梁惠王上》，魏惠王说自己"东败于齐，长子死焉"。孟子是梁惠王同时的人，可见被擒的太子申的确被杀了。

如果说庞涓是在桂陵之战中战死，当然比同样两次栽在孙膑手中更合逻辑。那么，到底是《孙膑兵法》错了，还是《史记》的《孙子吴起列传》《田敬仲完世家》《魏世家》错了呢？在记录战国历史最可信的《竹书纪年》中，马陵之战的主帅并非田忌，而是另一位齐国宗室田朌（fén）。这样一来，田忌就没有指挥马陵之战了,既然孙膑是跟随田忌的门客,所以很可能也没有参与这次谋划。

历史学者田昌五就认为,《史记》中马陵之战的内容实际上写的还是桂陵之战。也就是说,孙膑擒杀庞涓应该是在桂陵之战中发生的事。

张仪的对手是苏秦吗？

在《史记》的《苏秦列传》《张仪列传》中，苏秦和张仪都是鬼谷先生的弟子。苏秦出山更早，他先游说赵王合纵，又用激将法让张仪去秦国，并花钱让张仪成为客卿。之后苏秦派人告诉张仪，自己担心秦国攻打赵国，破坏合纵计划。张仪恍然大悟，于是在苏秦未来主政的十五年里，秦国都没有东出函谷关。苏秦又先后游说燕、赵、韩、魏、齐、楚六国合纵，身挂六国相印，风光无限。后来齐国有大夫与苏秦争宠，派人刺杀了苏秦。

苏秦去世后，张仪终于可以大显身手。当时魏国已经臣服秦国，张仪又游说楚、韩、齐、赵、燕五国都与秦国连横。后来，秦惠文王去世，继任的秦武王不喜欢张仪，张仪返回老家魏国，并担任魏国相邦，一年之后死于任上。

苏秦、张仪合纵连横的言论非常精彩，《资治通鉴》也基本上照搬，并把张仪合纵列于苏秦去世之后。从《史记》看，《苏秦列传》排在《张仪列传》前面。这样看来，苏秦的活动时间要早于张仪。不过，他们的故事太精彩了，也就显得有些不太真实。苏秦能让六国成功结盟，又怎么会担心秦国进攻赵国就会导致合纵失败呢？张仪又怎么可以让秦国做到十五年不东出呢？

关于"纵横"的意思，《韩非子》说："纵者，合众弱以攻一强也；横者，事一强以攻众弱也。"合纵就是众弱联合攻一强，连横就是侍奉一强攻众弱。所以一般解释为，合纵就是六国联合起来对抗秦国，连横就是小国联合秦国对抗其他小国。但事实上，从张仪、苏秦所处的战国中期来看，秦国远没达到一家独大的程度，那就不存在六国攻秦为合纵、秦合六国为连横的基础。

这样的情况，只能是纵横家根据战国晚期局势的伪托。

战国初年，魏文侯最早变法，魏国成为华夏第一强国。此后，秦孝公、齐威王相继变法。此时，魏国身处中原的地缘劣势开始显现，魏惠王多次败于齐、秦。后来，楚、赵、韩、燕四国也陆续变法，形成七大国实力均衡的局面，从而有了所谓的"战国七雄"。战国后期，身处中原的韩、魏以及西周国、东周国的实力要弱一些，就迫切需要搞好外交来保护自己，纵横家这个职业也就因此诞生。

所以，"纵横"实际上是以中原的三晋二周为中心，联合北燕、南楚是为"纵"，联合东齐、西秦是为"横"。

值得注意的是，《孟子》提到楚国人景春说，公孙衍和张仪是"一怒而诸侯惧，安居而天下熄"。这表明，当时人认为与张仪齐名的纵横家应该是公孙衍，而不是苏秦。在《张仪列传》中，张仪的对手也主要是公孙衍，另外还有一个对手是陈轸，两人的传记都附在张仪之后。而苏秦除了帮助张仪上位，两人基本上就没有交集了，司马迁也就把他们分别记在了两篇列传中。孟子是张仪同时代的人，他的说法比较可靠，这表明在他的时代苏秦可能还没出现，苏秦是比张仪更晚的人物。

张仪和公孙衍的交手，《张仪列传》的记录也不完全准确。

根据历史学者杨宽的考订，公孙衍最早是在秦国推行攻伐韩、魏的政策，但张仪主张连横韩、魏，秦惠文王采取了张仪的战略。公孙衍只好返回老家魏国，结果被庄子的好友、相邦惠施重用。之后，公孙衍发起一场魏、韩、赵、燕、中山五国互相称王的活动，借此对抗秦国。结果秦国攻打魏国，逼迫魏国臣服，由张仪兼任魏国相邦，惠施、公孙衍只好逃走。后来齐国击败秦、魏联军，驱逐了张仪，惠施、公孙衍才得以回国。

公孙衍又发动魏、韩、赵、燕、楚五国攻秦，但最终参战的只有魏、韩、赵三国，结果又被秦国击败。魏国为了获得齐国支持，任命齐人田需为相邦。田需与公孙衍关系不好，设计将公孙衍杀死，张仪就没有了敌手。后来秦国攻打韩、魏，齐、楚不来救，韩、魏只能臣服秦国。张仪又欺骗楚怀王，让楚国与齐国绝交，虽然齐、楚并未绝交，但却被秦国双双击败。张仪的一生由此达到了巅峰。后来秦武王即位，张仪离开秦国，在魏国度过余生。

看来，张仪剧终之际，才是苏秦登场之时。

苏秦是被人嫉妒所杀的吗？

《史记·苏秦列传》讲了战国纵横家苏秦之死。说齐湣王时，齐国大夫大多和苏秦争宠，他们派人去刺杀苏秦，苏秦虽然逃走了，但受了重伤。齐湣王查不到凶手。苏秦快要死了，就建议齐湣王将他车裂，并定以燕国间谍的罪名，这样就一定能抓到凶手。齐湣王照苏秦的建议做了，果然凶手自以为无事就跑了出来，齐湣王便诛杀了刺伤苏秦的凶手，为苏秦报了仇。

按照《史记·苏秦列传》的说法，苏秦在燕王哙时死于齐国。不过，齐湣王与燕王哙不是同时代人。《孟子》说，燕王哙禅位给大臣子之，引发国内动乱，孟子建议齐宣王攻打燕国，子之、燕王哙都死于乱军之中。齐湣王是齐宣王的儿子，在"滥竽充数"的故事中，喜欢听合奏的是齐宣王，喜欢听独奏的就是齐湣王，他和燕王哙之子燕昭王才是同时期的人。

《孟子》还提到公孙衍与张仪是齐名的纵横家。可见，燕王哙、齐宣王、孟子、张仪是同时期的人物，而燕昭王、齐湣王、苏秦则是同时期的人物。司马迁自己也说，社会上流传苏秦的故事有很多不同，是因为把不同时期类似的事迹都附会到了苏秦身上。苏秦本人就很有名，加上还有两位纵横家兄弟苏代、苏厉，他的事迹就更容易乱了。

1973年，湖南长沙马王堆汉墓出土了一批帛书，其中有些内容类似《战国策》，记录了战国纵横家的言行，被命名为《战国纵横家书》。《战国纵横家书》共有27章，其中16章记录的是苏氏的故事，有13章的内容都是未见于传世文献的新资料。据历史学者杨宽研究，这里的苏氏都是苏秦，并进一步论证了苏秦是燕昭王派去齐国的间谍，事发后被齐湣王处死，苏秦比张仪要晚25年去世，并非因被齐国人嫉妒而被刺杀。

历史学家赵生群仍然支持《史记》的观点，认为《战国纵横家书》才是讹传。《史记·苏秦列传》确实采用了《战国策》的记录，与《战国纵横家书》的性质应该类似。但问题在于，《苏秦列传》的记录本身过于离奇，也不符合《孟子》等文献的记录。杨宽先生认为，今本《战国策》中关于苏秦的资料真伪参半，而《史记·苏秦列传》里的资料几乎都是后人杜撰的，司马迁误认为苏秦是张仪同时期人，反而把真实的苏秦事迹安在了苏代、苏厉头上。

按照杨先生的考订，燕昭王即位后立志复仇，苏秦正是在此时进入的燕国。不过，当时齐国与秦、赵三国同盟，任意一国的实力都足以碾压燕国。苏秦察觉到，三国虽然表面团结，却暗中都想争夺富裕的宋国。于是，燕昭王封苏秦为卿相，协助齐湣王攻取宋国。苏秦怂恿齐湣王联合秦、燕伐宋，把赵国晾在一边。燕国与宋国并不接壤，实际上分不到羹，齐湣王乐于此，准备大举攻宋。

赵国相邦李兑反对与齐国撕破脸，他指出这是燕国人在挑拨离间。苏秦见计谋败露，只好劝说湣王暂时放弃攻宋。后来，苏秦去赵国，企图刺探情报，结果被关押了。经过燕昭王出面，苏秦才被释放回齐国。这个时候，秦国相邦魏冉也发现齐、赵关系微妙，就想趁火打劫，提出秦王为西帝、齐王为东帝，共同消灭赵国。

齐湣王最初答应了秦国，苏秦却建议他放弃帝号，这样让秦国成为众矢之的，诸侯合纵攻秦，齐国才能趁机攻灭宋国。但苏秦真实的小算盘是，齐国不会因为灭亡宋国而壮大，齐国和秦国的关系反而会走向破裂。在苏秦奔走之下，齐、燕、赵、韩、魏五国形成同盟，这就是苏秦"身佩六国相印"的真实情况，楚国并没有参与。

不过，五国联盟很快破裂，因为赵、魏不同意齐国伐宋，齐湣王只好拉拢秦国，约定秦国伐魏而齐国伐宋。最终，齐湣王如愿以偿吞并宋国。然而，实力大增的齐国却令其他国家不安。于是，秦、燕、赵、韩、魏五国反而结盟，由燕国相邦乐毅担任联军统帅攻打齐国。齐湣王终于开窍，以反间罪车裂了苏秦，然而一切都晚了，齐都临淄被联军攻下，齐湣王在逃亡路上被楚国人杀死。

《史记·苏秦列传》说，苏秦因为反间计败露而被杀，令天下人耻笑，导致大家忌讳谈论他的学术。但这种说法是不公正的，苏秦正是《孙子兵法》所谓的"死间"，他以生命为代价来完成间谍的使命。

楚辞是屈原开创的诗歌体裁吗？

一般认为，楚辞是屈原开创的一种诗歌体裁，《楚辞》是一部以屈原的作品为代表的诗歌总集。《史记·屈原贾生列传》说，屈原去世之后，楚国还有宋玉、唐勒、景差等人都擅长辞赋。西汉学者刘向最早编订《楚辞》，收录了屈原、宋玉和西汉的贾谊、东方朔、庄忌、王褒等人以及刘向本人的作品。所以，后世流传的《楚辞》作品，确实是从屈原开始的。那么，楚辞真的是屈原开创的诗歌体裁吗？

在2008年出版的上博简第七册中，有一篇《楚辞》类文献《凡物流形》；在2011年整理出版的上博简第八册中，又有四篇《楚辞》类文献，分别是《李颂》《兰赋》《有皇将起》《鹠鹏（liú lì）》。这五篇新出土文献都不见于今本《楚辞》，整理者曹锦炎认为，这五篇辞赋的体裁与句式，都比今本《楚辞》更原始，而且比屈原所在的时代也都更早，对于楚辞研究和中国文学史、先秦学术史、先秦思想史的研究，都有非常重要的作用。

《凡物流形》有两个版本，写法和屈原《天问》有些相似，全篇都采用问答的形式。前半部分主要讲自然万物的形成、人的生死由来等；后半部分主要讲圣人的才能和人才的选拔，强调怎么通过面貌辨别人才。

《李颂》是以李树为歌颂对象，将普通人家的李树和官府园林的桐树对比。桐树比较崇高怡然，李树虽遭冷落排挤，但始终坚贞不二，不随波逐流。这自然是寄托了作者本人的情感，屈原也有歌颂橘树的《橘颂》，二者可谓异曲同工。

《兰赋》同样是托物咏志之作，以兰花的高洁来抒发作者个人的情感和志向。作者认为兰花花瓣凋落仍不失芬芳，虽然遭到近处的诋毁，却能够享受四方的赞誉。兰花在先秦时就是花之君子的象征，屈原《离骚》就多次提到了兰花。

《有皇将起》的作者是楚国一位教育贵族子弟的老师。他一方面对学生寄予关怀，另一方面又愤慨小人诋毁他的教育动机。屈原曾经担任三闾大夫，掌管屈、昭、景三大家族的教育，他的遭遇与屈原相似。

《鹠鹈》讲的是"鹠鹈"这种鸟。"鹠鹈"一作"流离"，也就是"枭"，即猫头鹰，古人将其视为恶鸟。有人认为《诗经·邶风·旄丘》说的就是"流离"小时美貌而长大丑恶，比喻卫国大臣最初有小的善行，但最终不能成大器；《鹠鹈》作者则斥责鹠鹈贪图富贵、不劳而获。总之都是在以物喻人。

遗憾的是，以上五篇《楚辞》类作品，作者是谁不得而知。如果它们的创作时间在屈原之前，那就可以说屈原并非楚辞这一诗歌体裁的开创者。当然，这几篇的艺术成就都不如《离骚》《天问》《九歌》等作品，屈原仍然是辞赋史上空前绝后之人，他在文学史上的崇高地位是无可撼动的。

其实，在上博简整理公布之前，也有楚辞类文献出土，那就是山东临沂银雀山汉墓出土的《唐勒赋》。

《唐勒赋》讲的是唐勒、宋玉与楚顷襄王的对话。唐勒先对顷襄王讲驾驭马车的道理，提到造父驾驭马车的神技，诀窍是让马静心自由驰骋，而不要对其鞭策呵斥。不过《唐勒赋》是残篇，后面的内容残缺了。但《唐勒赋》不少字句和《淮南子·览冥训》有些相似，所以《淮南子》可能借鉴了《唐勒赋》，而《淮南子》里面认为造父、王良的车技不如钳且、大丙。

著名学者李学勤指出，按照行文习惯，后面应该就是宋玉说钳且、大丙的车技，但这样一来，文章所体现的思想就是唐勒不如宋玉了。所以李先生认为，《唐勒赋》的作者并非唐勒而是宋玉，篇名或许叫《御赋》更为妥当。

唐代《古文苑》也收录了宋玉《大言赋》《小言赋》《讽赋》。《大言赋》《小言赋》都说唐勒、景差、宋玉三人先后在楚顷襄王面前作赋，最后当然都以宋玉胜出。《讽赋》说唐勒对宋玉非常不满，趁他休假时向顷襄王中伤宋玉，说宋玉虽然美貌却口多怨言，最后以宋玉自己辟谣结束。也正因如此，宋玉被流传为与潘安齐名的古代著名美男子。

考古发掘的楚国最高级别墓葬的墓主是谁？

2024年4月16日，国家文物局在安徽淮南发布"考古中国"重大项目进展，聚焦武王墩墓考古新发现。初步判断武王墩墓是至今为止科学发掘的规模最大、等级最高、结构最复杂的大型楚国王级墓葬。那么，这个武王墩的墓主人到底是谁呢？

根据公布的信息，武王墩出土了一件青铜鼎。该青铜鼎口径88.3厘米，高度约为1.2米，这件青铜器要比安徽博物院的镇馆之宝——铸客大鼎还要大，非常令人瞩目。原来在1933年至1938年的时候，位于武王墩以南15千米处的李三孤堆先后经历了三次严重的盗掘，从里面出土了楚王熊忓（hàn）鼎、盘等青铜器，铸客大鼎也在其中。熊忓即《史记·楚世家》里记录的战国晚期楚幽王熊悍。学者一般认为，这座墓葬就是楚幽王本人的墓。

根据《楚世家》记载，公元前278年，楚顷襄王在位时，秦将白起攻陷了楚国郢都，即今天湖北荆州纪南城，它是战国楚国存续最久的都城。此后，顷襄王就向东迁都到陈邑，称为陈郢，在今天河南省周口市淮阳区。公元前241年，楚考烈王合纵伐秦失败，为了避开秦国的锋芒，又将都城南迁到寿春，即今天安徽淮南寿县，也称郢。《史记·六国年表》还说，在公元前253年，考烈王还曾迁都到巨阳，但《楚世家》没记录这件事，所以一般认为它只是个陪都。

公元前238年，楚考烈王去世，嫡子幽王即位。幽王在位十年后去世，同母弟哀王即位。哀王在位仅两个月，就被异母兄负刍杀死。负刍在位五年，公元前223年，秦将王翦攻下寿春，俘获负刍，楚国灭亡。

这样看来，定都寿春的楚王总共包括考烈王、幽王、哀王和负刍两代四王。而李三孤堆的位置，正是在楚国寿春故都以西约25千米处，加上出土了楚幽王本人的器物，所以它很快被判断为楚幽王陵。那么，这里会不会是比幽王更晚的王陵呢？这个可能性也不大。因为哀王在位才两个月就被篡位，他的陵不至于修得这么好；负刍就更不可能了，因为他成了秦军的俘虏，他的墓葬规格自然不会太高。

李三孤堆还出土了另一位楚王的器物。这位楚王的名字叫熊肯，也有释作熊前的。这个名字在《史记》中找不到对应的人，但肯定是幽王之前的楚王，最有可能的就是考烈王。考烈王在《楚世家》中叫熊元，在《史记·春申君列传》中叫熊完。李三孤堆还有太子的器物，幽王去世后传位于弟，应该还比较年轻，没有儿子，但本人当过太子，所以是他自己的器物。哀王就更年轻了，很可能也没有儿子，从这点看也说明李三孤堆不会是哀王陵。

除了武王墩和李三孤堆，这一片还发掘过一座三里冢。三里冢基本被盗掘一空，但学者结合其形制推断，它应该也是一座楚王陵，但它修建得仓促，没有完工。那么三里冢的墓主，应该就是短暂在位的哀王了。比较有趣的是，武王墩和李三孤堆都是"甲"字形的一墓道墓葬，三里冢却用的是"中"字形的二墓道墓葬。大概哀王也想有一番作为，从自己的陵寝规格开始进行提升，没想到在位才两个月就死于非命。

既然基本确定了幽王、哀王的墓葬所在，又排除了不会葬在这里的楚王负刍。那么，武王墩的墓主身份，也就呼之欲出了。他应该就是幽王、哀王和负刍的父亲楚考烈王。

楚考烈王在位时，虽然楚国国力已经江河日下，但毕竟瘦死的骆驼比马大。赵国平原君门客毛遂自荐来楚国，游说考烈王出兵救助被秦军围困的赵都邯郸。楚、魏援军一到，秦军不战而走。之后楚国还攻灭了鲁国。东方国家最后一次合纵抗秦，被推选为合纵长的就是楚考烈王。而考烈王时的执政令尹，正是大名鼎鼎的春申君。可见，当时楚国整体实力并不弱，而且考烈王还相当有声望。

至于为什么叫"武王墩",其实这是当地的俗名,和李三孤堆、三里冢一样。三里冢也有"商鞅冢"的称呼。2024年5月18日,国家文物局再次发布武王墩一号墓考古发掘以及文物保护的重要成果,已基本确定墓主人就是楚考烈王。

《盗墓笔记》里的楚帛书有原型吗？

《盗墓笔记》里，开篇说民国时期湖南长沙有一伙"土夫子"，盗墓得到一件战国楚国的帛书，最后被美国人骗走了。虽然《盗墓笔记》是虚构的小说，不过这件事情还真有原型。

在东汉蔡伦改进造纸术之前，古人写字的载体，主要包括竹简、木牍和绢帛，合称为"简帛"。绢帛就是丝织品，在上面书写的文字，就被称作帛书。《史记·陈涉世家》就说，陈胜、吴广起义前，用朱砂在绢帛上写了"陈胜王"三个字，塞到鱼肚子里，这就是帛书。

因为绢帛比较昂贵，且不易保存，出土数量比简牍少得多。除一些零散的文书、信件之外，真正算得上书籍的只有两批，一批是1942年长沙子弹库楚墓出土的帛书，另一批是1973年长沙马王堆汉墓出土的帛书。如今，马王堆的名气要比子弹库大很多。马王堆遗址在湖南省人民医院马王堆院区里，现在还能预约参观；子弹库遗址在湖南省遥感中心院子里面，但整个遗址回填了，地面也没有任何标志物。不过，楚帛书无论是书写的时间，还是出土的时间，都比马王堆帛书早。

1942年9月，有几个"土夫子"光顾这里，盗掘了一批陪葬品，其中有漆盘、铜剑、木剑鞘、木龙、陶鼎、陶壶、陶簋等，另外还有一个竹篾编成的书箱子。箱子里放着一卷较完整的帛书，还有一些帛书残片。到1973年的时候，考古工作者对这座墓正式进行科学发掘，断定它的年代大约是战国中晚期。

楚帛书被盗后不久，长沙的文物收藏家蔡季襄买到它，经过初步研究，写下《晚周缯书考证》一书，这是研究楚帛书最早的著作，世人从此才开始了解和关注楚帛书。1946 年，蔡季襄前往上海，想找一家有红外线摄影的照相馆拍摄楚帛书。这时候，美国人柯强骗他，说自己可以用红外线相机给帛书拍照，这样就能显示那些看不清楚的文字，方便进一步研究帛书内容。蔡季襄信以为真，便把帛书交给了他。等蔡季襄到约定时间去取时，柯强却耍无赖了，说帛书被朋友带到美国用更好的相机去拍照了，一个星期就能回来。蔡季襄无可奈何，被迫与柯强签订契约，同意柯强将帛书暂定代价一万美金，若他不能将帛书寄回给蔡季襄，这一万美金就作为补偿，随后柯强先付了一千美元保证金。最后，柯强果真将楚帛书霸占为己有，甚至连承诺的剩余的九千美金尾款也没有支付。

1964 年，柯强将这卷楚帛书卖给了美国古董商，后来又被美国的文物收藏家赛克勒得到。虽然赛克勒生前说过，要把楚帛书还回中国，但他在 1987 年去世后，这卷楚帛书被收入赛克勒美术馆。1992 年，柯强又将剩下的帛书残片和竹箱子一起卖给了赛克勒美术馆。楚帛书就是这样从地下出土又流到海外的。

当时蔡季襄手上还有十四片帛书残片，后来他将它们送给了朋友，朋友又送给古文字学家商承祚。1996 年，商承祚的儿子将仅剩的一片捐给了当时的湖南省博物馆（在 2022 年更名为湖南博物院）。这片楚帛书记录的是占星术，就是通过星象占卜的方法。

当然，更受关注的还是流落到美国的那卷较完整的楚帛书。它大约宽 47 厘米，高 38.7 厘米，分为内外两层：内层是书写颠倒的两段文字，一段十三行，另一段八行；外层的上下左右除各有三段文字外，每段文字后还各有一个彩色神怪图像，代表的是十二月的月神；在外层的四角上，又用彩色绘制了青、红、白、黑四色神木，代表一年四季或一日四时。

著名学者李零认为，这是一篇标注时日宜忌的历法著作，类似后世乃至今天民间使用的"老皇历"，这个时间点适合做什么，那个时间点不适合做什么，一查就知道，所以给它命名为《四时令》。按照阅读顺序，中央的十三行文字是第一篇，被命名为《岁》，岁就是年；八行文字和四种神木是第二篇，被命名为《四时》；周边十二行文字和图像是最后一篇，被命名为《十二月》。

这批楚帛的其他残片，被命名为《五行令》和《攻守占》。《五行令》也是类似《四时令》的历法书，区别在于是按照五行划分还是按照四时划分；《攻守占》则是讲攻守城池时方向和时辰的宜忌事项。

2025年5月18日，楚帛书第二卷《五行令》、第三卷《攻守占》，共计132件（组），结束在美国79年的漂泊，回到祖国。楚帛书第一卷《四时令》仍由美国赛克勒基金会收藏。中国国家文物局表示，将继续推动楚帛书第一卷《四时令》早日回归。

战国时期的"西周国"和"东周国"是什么？

在《史记·周本纪》中，东周进入战国时代之后，周天子的故事就变少了，反而有个"西周"和一个"东周"比较活跃。大家知道，周朝分为西周和东周两个时期，那战国怎么又冒出来个"西周"呢？其实，此西周非彼西周，此东周也非彼东周。它们不是周天子的周王朝，而是位于东周都城洛邑附近的两个小国。《战国策》前两章是《东周策》和《西周策》，讲述的正是东、西二周国的故事。

周人发祥地在岐山的周原，后来周武王建立了周王朝，弟弟叔旦就被分封在老家周原一带，所以又叫周公旦，这样就有了周王朝与周公国并存的局面。等到西周灭亡后，当时的周公跟随周天子一起前往东都洛邑，并在洛邑附近安家。到春秋后期，周国国君周公楚在政治斗争中失败出逃，他的封地被天子收回，周国也就灭亡了。

战国初年，周考王将弟弟揭分封在王城，就是今天洛阳市区的王城公园一带，让他重新建立周国，因为周公旦是周王朝的重要先祖，不能断了祭祀，所以让揭延续周公的祭祀。揭被称为周桓公，他的儿子是威公。周威公虽然名声不大，但他是战国变法的先行者，他提拔了一批平民贤者，使得周国实力大增，吞并了洛邑一带的小封国，甚至后来周天子本人都没有了地盘，只能仰仗周威公生存。

周威公去世后，"战国七雄"的韩、赵为了削弱周国，分别扶植威公的幼子根与太子朝争位，结果周国被一分为二，太子朝在西边称周惠公，幼子根在东边也称周惠公，都嚷嚷自己才是正统。所以当时人为了区分，就管太子朝这边的叫作西周国，之前的桓公、威公也都算为西周公；幼子根这边的叫作东周国。天子所在的洛邑被东周国占有，西周国则又保留了对周公的祭祀。因为当时"战国七雄"都没有实力吞并天下，二周国又拥有天子和周公作为挡箭牌，所以暂时没有灭顶之灾。

当然，在列强的夹缝中生存也殊为不易，所以二周国都大力任用谋士来合纵连横，其中最有名的纵横家是周最。他在当时游走于诸侯之间，影响力不下于名士苏秦。《战国策》里面有21篇文章都涉及他的故事。不过，《史记·周本纪》把他的身份弄错了，将其误解为西周武公的儿子。直到北大汉简《周驯》被发现，才证明周最应该是东周昭文君的儿子。《史记·苏秦列传》说苏秦就是东周洛阳人，《吕氏春秋》说纵横家张仪入秦曾得到东周昭文君的资助，所以东周国可能也资助了苏秦，苏秦、张仪反过来又保护了东周国。

东周末代天子周赧王即位后，可能与东周公发生了点矛盾，所以又搬到了西周居住，当然也一样是个花瓶。东汉学者服虔还说，周赧王负债累累，债主前来追债，赧王躲上高台，这个高台在汉代还是个景点，被称为"逃债台"，后世也因此有了"债台高筑"这个成语。

随着秦国坐大，二周国本来倒向了秦国，但楚国又威胁要灭亡二周国，所以二周国夹在中间，两头不讨好。公元前256年，西周武公趁着秦国在邯郸战败，名将白起被处死，决定背叛秦国，暗中联络诸侯攻秦，没想到诸侯联军没来，秦国的将军摎（jiū）却带领大军压境。武公只好前往秦国赔罪、纳土称臣。同年，武公与周赧王都离奇去世，推测应该是被处死或自杀。《资治通鉴》却说合纵与降秦的是周赧王，这是司马光尊崇天子的观念所致，实际上周天子只是招牌，真正的主角是西周武公。

周赧王的去世，代表东周王朝的终结。不愿降秦的西周人只好又逃到了东周。东周嗣君别无选择，只能继续合纵诸侯抵抗秦国。公元前249年，新即位的秦庄襄王派相邦吕不韦攻打东周国，杀嗣君，东周国也就灭亡了。

二周国在战国时代其实是有些影响力的，只是传世史料对于它们的记载相对较少，而且西周国、东周国与东周王朝往往被混称为"周"，给后世区分带来很大的不便，知名度自然也就小了。

周天子的"九鼎"哪儿去了？

要说先秦时期名气最大的宝物，莫过于周天子的"九鼎"了。不过，关于九鼎的下落却是一个谜。《史记》中的《周本纪》《秦本纪》说的是秦灭周后获得了九鼎。《秦始皇本纪》却说，秦始皇出巡路过彭城（今江苏省徐州市）祭祀，希望得到泗水中的周鼎。《封禅书》也说，宋国的太丘神社被毁时，九鼎被沉于彭城的泗水之中。太丘在今河南永城市太丘镇，东汉名臣陈寔（shí）曾担任太丘长。而秦朝灭亡后，就完全没提到"九鼎"的下落了。

那么，秦朝究竟有没有得到九鼎，九鼎又到哪里去了呢？

《左传》说，春秋中期，楚庄王率兵到达东周都城洛邑郊外，驻扎下来，阅兵示威。天子周定王非常惶恐，派大臣王孙满前往犒军。楚庄王骄傲地问王孙满："九鼎的大小与轻重如何呀？"

王孙满就说："鼎的大小与轻重，在于德行而不在鼎本身。当年夏朝在有德之时铸造九鼎，把九州的万物画在了上面。后来夏朝灭亡，九鼎传到了商朝。后来商朝灭亡，九鼎又传到周朝。所以只要有德行，鼎虽小却也重；但要是缺德呢，鼎虽大却也轻。上天的赐福都是有期限的，当年周成王把九鼎安置在此，占卜的结果是周朝能传三十代，享受国祚七百年。现在周朝虽然德行衰微，天命却未曾改变。鼎的轻重，可不是能随便问的啊！"楚庄王就退兵了。

这个故事就是成语"问鼎中原"的出处，这里的"九鼎"象征的就是王权，表示楚庄王有取代周天子的野心。但经过与王孙满的对答，庄王明白自己实力还不够，这才悻悻而去。其实王孙满的话，并不是春秋实录，而是战国初期的人附会的。因为周朝总共有约八百年，但到周定王时才经过四百来年，无论是周成王时还是周定王时，都不太可能会有这样的预言。

这样的说法，应该出自三家分晋、田氏代齐的战国初年，当时周王朝已经六百年了。一般认为，《左传》的主体部分成书也是在战国初期。既然这个故事不能作为实录，所以也不能成为天子使用"九鼎"的依据。

那么，考古资料又是怎么说的呢？其实鼎并不是一种神秘物品，它就是先秦常用的一种烹饪与盛放食物的容器，在每一个综合性博物馆中都很常见。新石器时代就有了陶鼎，最早的青铜鼎出土于洛阳偃师的二里头遗址，是一件网格纹的三足圆鼎，形象还比较朴素。二里头遗址一般被认为是夏朝晚期的都城。

进入商代，青铜冶炼技术迅速发展，又出现了不少高大的青铜器，上面还装饰有精美的饕餮纹、夔龙纹等。鼎一般以三足圆鼎最为常见，成语"鼎足三分"也是这样来的，中国国家博物馆就有一个"子龙鼎"；当时还出现了四足方鼎，最有名的就是"后母戊大方鼎"（旧释为"司母戊"）了。青铜本身是比较稀缺贵重的金属，铸造的青铜器除了给活人使用，也是祭祀鬼神、沟通天地的重要工具，从而被赋予了权力的意义。

到了周朝，就出现了用鼎表示等级的列鼎制度。东汉学者何休说，周天子用九鼎，诸侯用七鼎，卿大夫用五鼎，天子之士用三鼎。这种说法最为广泛流传，但值得注意的是，其他文献有不同的说法，比如《周礼·膳夫》说的是天子有十二鼎。那么，天子到底用几鼎呢？目前没有发现周天子的墓葬，所以天子具体用的鼎数是个谜。不过，可以从诸侯墓葬推测。

从山西曲沃出土的西周晋侯墓地来看，不同的晋侯有七鼎、五鼎、三鼎、两鼎几种规格。从河南新郑出土的李家楼春秋郑伯墓地来看，这位郑伯拥有两套不同款式的"正鼎"，一套九件，一套七件。另外还有六件"陪鼎"，每三件应该与一套"正鼎"组合使用。所以，周天子和诸侯用鼎，在不同时期，应该存在数量与类型的差异。这样看来，"九鼎""十二鼎"的说法都不全面，真实的列鼎制度要复杂得多。

总之，"九鼎"更应视为先秦王权的一种象征，而不可局限为九件具体的青铜鼎。而这种象征意义，从秦朝开始就被新制造的传国玉玺取代了。"九鼎"既然失去了其价值，也就不再被提及了。

秦始皇的父亲是吕不韦吗？

《史记·吕不韦列传》中有一个惊天的八卦，说秦始皇其实是韩国商人吕不韦之子。原来秦始皇的父亲秦庄襄王还是秦王孙时，就被派往赵国当人质，当时吕不韦也到赵国做生意，他看中了秦庄襄王这个潜力股。本来吕不韦已经娶了邯郸舞姬赵姬，赵姬都已经怀孕了。后来庄襄王也看上了赵姬，吕不韦干脆就把赵姬献给了庄襄王。吕不韦隐瞒了赵姬已怀孕的事实，到了"大期"的日子，就生下了政，也就是后来的秦始皇。庄襄王也就把赵姬立为夫人，秦始皇即位后赵姬又成了帝太后。

这个"大期"是什么意思呢？一种说法是怀胎十个月，一种说法是十二个月。我们这里暂且信十二个月的说法。因为如果是正常的十月而生，那嫁给庄襄王才不到十个月，不就穿帮了吗？所以，按照这个故事的逻辑，秦始皇出生应该是比正常人延长了两个月，这才不至于穿帮。

这个故事非常有名，后人也对这种八卦津津乐道。《史记·秦始皇本纪》的末尾附录了一篇东汉明帝的诏书，大概就是编者班固给续补上去的，里面就说"秦直其位，吕政暴虐"，直接管秦始皇叫"吕政"了。《资治通鉴》里也引用了《吕不韦列传》这个说法。那么，这个说法到底可不可信呢？

首先，我们要注意，这个故事只是《吕不韦列传》的说法，但不是《秦始皇本纪》的说法。《秦始皇本纪》正文其实写得很清楚，秦始皇就是庄襄王的儿子，庄襄王在赵国做人质时，见到吕不韦的姬妾，非常喜爱就迎娶了她，后来生下了秦始皇。本纪的可靠性整体自然是要高于列传的。

那么，在《史记》之前有没有这个故事呢？《战国策》虽然是西汉刘向编撰的，但一般认为其史料来源于先秦时期。《战国策·秦策五》就提到了吕不韦和庄襄王，但并没有说吕不韦把怀孕的赵姬送给庄襄王。

其实这个故事，很明显与《史记》中另外一个故事的情节相似。《春申君列传》说，楚考烈王没有儿子，春申君就将已怀孕的姜李氏献给考烈王，后来生下了幽王、哀王兄弟。但这个故事漏洞非常明显，因为在幽王、哀王相继即位后，哀王庶兄负刍又杀死哀王篡位。另外，还有一位秦国的昌平君，也可能是考烈王的儿子。所以考烈王无子的前提本来就是无稽之谈。日本学者鹤间和幸就认为这个故事是负刍一伙为了抹黑幽王、哀王传出来的，并且认为这个故事就是解答秦始皇出生之谜的关键线索。

《吕不韦列传》本身也存在自相矛盾之处。按照文中的说法，赵姬是舞姬出身，但后面又说，秦、赵矛盾激化时，秦庄襄王逃回秦国，赵国人想杀了赵姬母子，赵姬带着儿子躲在自己家里得以幸免，因为赵家是邯郸的豪族，所以也能够保护好赵姬母子。这就说明赵姬不应该是舞姬出身，《秦始皇本纪》也只说赵姬是吕不韦的姬妾。可见，《吕不韦列传》是在有意贬低赵姬的出身，但还是不小心留下了破绽。

对于这个问题，古今也有不少学者质疑，考辨最详细的是历史学者李开元。他还从当事人主观动机考察，认为吕不韦没有作案动机。如果这件事是真的，任何人包括秦始皇本人，肯定都想封了吕不韦的口，因为秦始皇即位的合法性，是来源于秦国的血脉。这样一来，吕不韦其实从中捞不到任何好处；而庄襄王娶赵姬涉及国家重大继承问题，以当时的医疗水平，不至于发现不了赵姬怀孕。何况，生男还是生女，能否健康成长，都是未知数。总之，吕不韦这样做，不但风险太大，而且收益为零。所以这个故事，应该是汉武帝时代全面否定秦朝，汉朝由秦朝的继承者变为颠覆者，才借鉴了春申君的故事，目的是说秦朝的统治不合天命。

神秘的昌平君到底是谁？

战国末年有个非常神秘的人物，就是昌平君。《史记·秦始皇本纪》记载，秦王政九年，即公元前238年，大臣嫪毐造反，秦王政派遣"相国、昌平君、昌文君"带兵攻打嫪毐。公元前226年，又把昌平君迁徙到郢地。公元前224年，秦将王翦攻打楚国，夺取了从陈郢以南直到平舆的楚国土地，俘虏了楚王负刍。楚将项燕又立昌平君为楚王，在淮南起兵反秦。公元前223年，王翦再次发兵攻打楚国，大破楚军，昌平君战死，项燕也自杀了。

有些《史记》的标点本把"相国昌平君"当作一个词，但秦国当时的相国是吕不韦。秦国从来没有过两个"相国"并存的情况，但有过两个"丞相"并存，即右丞相和左丞相，其中右丞相位高于左丞相。汉初萧何本是丞相，因为诛杀韩信有功，被提升为相国。可见相国位高于丞相，"丞相"实际上是"相"之"丞"，即相国的辅助。那么，此处的"相国"应是吕不韦，而非昌平君。

为什么昌平君之前是秦国大臣，后来又被拥立为楚王呢？根据唐代司马贞《史记索隐》的观点，昌平君是楚国的公子，被秦国立为相，之后迁徙到郢地，被项燕立为楚王反秦。至于昌平君和昌文君姓甚名谁，史书上都失传了。

1975年，湖北云梦睡虎地秦墓出土了一篇记录秦国大事和墓主生平的竹简文献，被命名为《编年记》。此文献提到"廿年……韩王居□山。廿一年，韩王死。昌平君居其处，有死□属"，又说"廿三年，攻荆，□□守阳死。四月，昌文君死"。空格的字有争议，结合昌平君被迁徙到郢地，第一个空格大概是郢附近一座山的名。

"郢"是哪里呢？郢是楚国都城。根据历史学者辛德勇的观点，战国时楚国实际上只有两个"郢":一个是考古发现位于今天湖北荆州的纪南城,这是战国前中期的楚国都城,在公元前278年被秦将白起攻破;另一个就是公元前241年楚考烈王迁都至此的寿春,后来也改称"郢",直到楚国灭亡。那么,公元前278年至公元前241年楚国的都城在哪里呢?公元前278年,楚顷襄王迁到陈,称为陈郢,但不算正式都城,只是行在,所以与"郢"有所区别。这种观点是有道理的。

所以,在公元前226年,昌平君去的"郢"只能是楚国故都纪南城了,纪南城当时属于秦国南郡江陵县。墓主喜是南郡安陆人,得知韩王被囚的具体位置也就不奇怪了。

之后,又发现了两件青铜器。一件是"十七年丞相启状戈",一件是"十二年丞相启颠戈"。启、颠二人的身份不明确,但状的身份是明确的,他就是秦王政登基时的右丞相隗状。所以,这两件戈都是秦王政时期的。而秦王政十二年,即公元前235年,当时的右丞相是启,左丞相是颠;到十七年,即公元前230年,颠的左丞相之位被隗状代替。不少学者据此认为,右丞相启不是别人,应该就是昌平君。

历史学者李开元对此论述最为详细,他认为,昌平君就是楚考烈王在秦国做人质时生的儿子启,后来成为秦国"楚系外戚"的重要人物,参与平定嫪毐之乱;公元前237年,吕不韦被罢黜后,秦国不再设相国,昌平君为右丞相。公元前226年,为铲除外戚势力,又把昌平君驱逐到陈郢。昌平君与项燕联合,在淮北的陈郢反秦,最后兵败被杀,昌平君起兵的"淮南"是"淮北"之误。云梦睡虎地秦墓出土的家书木牍可以证明这件事,这是秦国士兵黑夫与惊兄弟俩写给老家另一位兄弟衷的信,其中提到正在进攻"反城"淮阳。

当然,也有不少学者坚持认为昌平君被贬之郢是故郢纪南城,故郢位于江北,昌平君潜入楚国腹地淮南起兵,倒也说得过去;家书木牍提到的"反城"淮阳,说的不是昌平君在淮阳叛乱,而是王翦最初攻打陈郢一事。

日本学者鹤间和幸认为,《秦始皇本纪》关于昌平君称王的记录是错误的,因为《楚世家》和《白起王翦列传》都说,项燕在楚亡的前一年战死于淮北的蕲地，不至于在楚亡后又拥立昌平君，《秦始皇本纪》反而是讹误。这种说法也值得重视。

最后要说的是，昌平君是丞相启这一说法，也已被2002年在湖南龙山新出的里耶秦简推翻。因为其中记录了秦王政二十五年，即公元前222年，丞相启仍在相位，那么他自然也就不是昌平君了。

秦汉篇

秦人是西部原住民还是东部来客？

今天陕西省的简称"秦"，名称来源于周代秦国。周代秦国以及后来建立的秦朝，统治的核心区域正是陕西关中平原一带。不过，西周秦国位于更往西的甘肃东部天水、陇南一带。那么，再往前的秦人是哪里来的呢？

根据《史记》的《秦本纪》《赵世家》的记载，秦国的母系祖先是颛顼的孙女女脩，她吞了玄鸟蛋生下大业。大业之子大费协助大禹治水，成为嬴姓的祖先。大费的后人孟戏、中衍，担任商王太戊的驭手。中衍的玄孙叫作中潏（yù）。他居住在西戎，保卫西垂地区。中潏又有儿子蜚廉、孙子恶来。他们一个善于奔跑，一个力大无穷，是商纣王的重臣。后来武王伐纣，杀死恶来。蜚廉当时在北方为纣王采石，后来葬于霍太山。他有个儿子叫季胜，季胜的玄孙造父是周穆王的驭手，被封在赵城，其后以赵为氏。

恶来有个玄孙叫大骆，他这族住在犬丘，也跟随造父这支以赵为氏。大骆有个庶子叫非子，擅长畜牧，在汧（qiān）渭之间为周孝王养马，孝王就想立他为大骆一族的继承人。这时，申国国君申侯进言说，当初我们骊山氏的女儿嫁给戎胥轩，生下中潏，因为这层亲属关系，戎胥轩一族投靠周国并保卫西垂，西垂这才和睦。现在我又把女儿嫁给大骆，生下嫡子成。申骆通婚，西戎顺服，您的王位才稳固，还是多考虑吧！孝王就把非子封在秦地，让他延续嬴姓祭祀。

按照《史记》的说法，秦国的母系祖先是颛顼的孙女，却没有交代父系祖先是谁，看起来秦人似乎来自中原华夏。这样的记录类似《殷本纪》《周本纪》，明显是有意把祖先纳入五帝世系中，并不是真实的记录。那么，秦人到底是西部原住民，还是东部来客呢？

不难发现，《史记》这段记录存在含糊、矛盾之处。按照申侯的说法，申侯一族的骊山女嫁给戎胥轩，生下中潏，之后戎胥轩一族就为周人保卫西垂。这样看来，戎胥轩一族应该之前就住在西垂，而戎胥轩也称"戎"。"西垂"是西部边陲的意思，但往往用于特定地名，即秦人早期都城犬丘，在今天甘肃省陇南市礼县。既然中潏居住在西垂，又说他的子孙侍奉纣王，似乎说不过去。恶来被杀后，他的后人是怎么返回犬丘的，史料也并没有说清楚。

这样一来，就有学者主张秦人是西部原住民，比如近代学者王国维、蒙文通；但更多学者主张秦人应该来自东部。

历史学者王玉哲总结了三条证据。第一，秦人的卵生神话传说属于东方诸多氏族鸟崇拜的范畴；第二，秦祖少昊的都城在山东曲阜，颛顼的都城在河南濮阳，少昊和颛顼都是东方部落祖先神；第三，嬴姓的古老部族也大多在东方。他还指出，西垂应该是商之西垂，而非周之西垂。商之西垂在今天山西南部一带，那也是戎族的聚居地，距离位于山西洪洞的赵城不远，所以能以赵为氏；大骆时迁到今陕西兴平的犬丘，非子才被封到西边的秦邑，也叫西垂或西犬丘。

清华简《系年》也有秦人起源的记录，说商朝灭亡时，飞廉（亦作"蜚廉"）逃到商奄氏，即位于今山东曲阜的奄国。后来周成王攻打商奄氏，杀了飞廉，又把商奄之民迁到今天甘肃甘谷的朱圉，来防御奴虘（cuó）之戎。《孟子·滕文公下》也提到周公东征，将飞廉驱逐到海边杀死。根据这个说法，秦人确实是纯粹的东部来客，但是在西周初年迁徙到西部。而且，秦人不是飞廉的后人，而是奄国的后人。不过一般认为奄国也是嬴姓。因为清华简比《史记》更早，这个说法也被不少学者主张采用。

考古学者对此也有分歧。俞伟超先生主张"西来说"；而梁云先生主张"东来说"，他认为，目前出土最早的秦文化遗址是西周中期，所以《秦本纪》的记录是正确的，而《系年》的说法是错误的，但他同时也承认，山西南部目前并没有找到更早的秦文化遗址。

总之，对于秦人的起源，目前学界整体还是偏向"东来说"，但证据并没有完全形成闭环。其实,"西来说"同样也需要重视,历史人类学者王明珂就认为,秦人也可能本来就是原住民"西戎",因为仰慕东部文化而刻意模仿东部器物风格,或者将他们认为有东部风格的珍贵器物随葬。仅从考古器物的风格来看,实际上难以判断族群的归属。

秦始皇为什么不立皇后？

秦始皇是中国历史上第一位皇帝，但奇怪的是，史书中却没有关于他的皇后的只言片语。所以现在一般认为，秦始皇没有立皇后，中国历史上第一位皇后是吕雉。当然，秦始皇肯定不会是不近女色之人。《史记·秦始皇列传》说，秦始皇每灭一国，就将这个国家的美女搜罗到咸阳仿造的六国宫殿中，所以秦始皇其实是不缺嫔妃的。胡亥即位后大开杀戒，差不多就杀了三十多个兄弟姐妹。可见，除了长子扶苏和二世胡亥，秦始皇至少还有三十多个子女。

那么，为什么秦始皇没有立皇后呢？而且，不但没有秦始皇皇后的记录，连有名有姓的嫔妃也一个都没有记录。后世有所谓的"阿房女"，但这只是民间传说。在《史记·外戚世家》中，司马迁就感慨秦之前资料太少，所以不得不从西汉开始写。有一种说法，因为在秦始皇之前诸侯互相通婚，所以国君和君后身份是对等的。秦始皇第一次统一了中国，没有能够与他匹配的女性了，自然也就没有立皇后。刘邦与吕雉都出身布衣，吕后自然就成了皇后。这种说法是有一定道理的。但也说明，秦始皇在统一中国前应该有个王后，那么他的王后又去哪里了呢？

历史学者李开元对此有比较独到的分析。他认为，秦王政的王后是楚国的女子。因为秦、楚两国从春秋开始就有通婚的传统，大名鼎鼎的宣太后就是楚国女子。而在秦王政刚即位时，国家权力掌握在其祖母华阳太后手中，华阳太后也是楚国女子。华阳太后与宣太后有没有关系呢？李先生认为，宣太后的弟弟芈戎封号是华阳君，那么华阳太后从称号以及辈分来看，很可能就是华阳君的孙女。

宣太后在秦昭襄王时长期掌权，她安排自己的侄孙女嫁给了嫡长孙柱，也就是后来的秦孝文王。所以,等到华阳太后掌权的时候,极有可能也为孙子安排一位楚国女子为王后。当时与华阳太后一起在秦国作为"楚系外戚"势力代表的,还有楚国公子昌平君与昌文君。不过,当时还存在一股"赵系外戚"势力,核心人物就是秦王政的母亲帝太后与宠臣嫪毐。后来嫪毐发动叛乱,针对的其实是华阳太后,而不是秦王政。最终嫪毐叛乱被平定,"赵系外戚"势力也就随之土崩瓦解。

秦王政十七年,即公元前230年,华阳太后去世,昌平君成为"楚系外戚"的新领袖。此时,年富力强的秦王政不愿意再受权贵掣肘,尤其是统一天下之际,外戚反而会成为秦国统一大业的阻力。于是在公元前226年,昌平君被外放到了郢地。公元前224年,秦将王翦俘虏楚王负刍,昌平君又被楚人拥立为王。次年,王翦攻杀昌平君,这才彻底消灭楚国。至此,秦王后在国内外都没有了依靠与支援,秦王政终于可以大权独揽。

秦王后为秦王政生的儿子,自然就是扶苏。这也能解释为什么扶苏作为长子,却一直没有被立为太子,因为秦王政对"楚系外戚"仍有很强的戒备心。正是因为他年少时的阴影,史官把这些记录也都通通删除了。加上秦始皇统一之后,焚烧六国史书,有意消除六国记忆,关于他的外戚与后宫的记录也就彻底没有了。但之后楚人陈胜、吴广起义时,却又打着扶苏、项燕的旗号,这或许就与扶苏身上有楚国血统,在楚人中更易得到响应有关。

应该说,这些观点存在不少推测之处,但总体来说,不失为最具有可能性的一种解释。但有一个问题就是,华阳夫人作为太子柱的正妻,又是楚国人,其实不太可能是华阳君的孙女,因为华阳君已经是秦国人了,所以华阳夫人更可能是楚国公主。那么,秦王后又是什么身份呢?影视剧《大秦赋》说她是昌平君的女儿,但昌平君也是秦国人,秦王政即位后娶的应该还是楚国公主,当时楚国在位的是楚考烈王,所以秦王后也许就是考烈王的女儿或者孙女。

孟姜女哭倒的到底是哪国的城墙？

中国古代有四大民间传说，分别是"孟姜女哭长城""梁山伯与祝英台""白蛇传""牛郎织女"。其中，"孟姜女哭长城"大致说的是这样一个故事：孟姜女是秦朝的一名女子，她的丈夫叫万喜良，后来万喜良被官府征发去修长城，但不久就去世了，连尸骨也被填在了城墙里。孟姜女等不到丈夫回来，就一路寻找到长城边，之后放声大哭，以致城墙倒塌，丈夫的尸骨露了出来。最后孟姜女就带着丈夫的尸骨回家了。

这个故事流传非常广，形成了不同的版本，其中一些情节有差别，但整体都是按类似的脉络讲述的。孟姜女也被认为是反抗封建暴政的代表性人物。

当然了，人是不可能哭倒城墙的，《史记·秦始皇本纪》中也没有说秦长城倒塌过。

那么，这个故事是怎么来的呢？原来，根据《左传》记载，春秋后期，齐国国君齐庄公准备袭击莒国，就派遣手下华周和杞梁把战士藏在战车里，从小路悄悄逼近莒国的都城郊外，然后约定第二天和庄公亲自带领的大部队会合。没想到，第二天大部队还没到，华周和杞梁就被莒国人发现了。莒国国君佩服他们的勇敢，也不想与齐军开战，反而送给他们财物，希望他们能够退兵。但华周却拒绝了。莒国国君就亲自擂鼓，指挥进攻齐军，结果杞梁战死，华周也不知下落。

最后，齐庄公也没心情再打，就与莒国讲和退兵了。庄公回国到都城郊外时，碰见了杞梁的妻子，就派手下去吊丧。杞梁的妻子却辞谢说："我丈夫有罪，岂敢麻烦国君吊丧呢？如果能免罪，有先人的破房子在城里，妾可不能在郊外接受吊丧啊！"因为杞梁是为国捐躯，而非罪臣。那么按照礼制，国君应派人到家里进行正式的吊丧。庄公最后也这么做了。

后来，儒家经典《礼记·檀弓》就说，杞梁的妻子是去郊外迎接杞梁的灵柩，而且哭得很伤心。注意，这里出现了"哭"，但《左传》是没有的。《孟子》也说，杞梁的妻子擅长为丈夫哭丧，甚至让这种哭腔都在齐国流行起来了呢！到了西汉刘向编的《列女传》里，它先是照着《左传》讲了杞梁妻的故事，后来又说杞梁妻因为没有儿子与亲属，只好靠着丈夫的尸体在城下哭，过路的人都被她感动得泪流满面。十天之后，城墙也被哭倒塌了。最后杞梁妻埋葬了丈夫，自己也投河自尽了。哭倒城墙就是在这里最早记录的。

到了唐朝，文人特别喜欢批判秦朝，像杜牧的《阿房宫赋》就比较有名，其实说起来，他们的本质都是在批判现实，只不过喜欢把秦朝拉出来当靶子。而杞梁夫妇的故事，也就由齐国移植到了秦朝。杞梁妻哭倒的城墙，也由齐国都城的城墙变成了秦朝北疆的长城了。

可见，杞梁就是万喜良的原型，从他们的名字就能看出变化，"杞梁"被叫成了"喜良"，看上去没有姓氏，所以后来又添上一个"万"或者"范"字。而杞梁的妻子自然就是孟姜女的原型。为什么要叫"孟姜"呢？《诗经》有好几篇都提到"孟姜"这个称呼，比如《郑风·有女同车》说"彼美孟姜，洵美且都"，《鄘（yōng）风·桑中》说"云谁之思，美孟姜矣"。这里的"孟姜"不是一个特定的人，孟代表老大，姜就是姜姓，孟姜就是姜家大姐的通称，在《诗经》中是正面的形象。周代姜姓国家中最著名的就是齐国了，所以杞梁妻也就被安上了"孟姜女"这个名字。

司马迁注重史实，而杞梁妻的传说在汉代尚未与秦始皇修长城取得联系，因而没有收录在《史记·秦始皇本纪》中。

神秘的"十二金人"究竟是什么？

秦始皇铸造的"十二金人"非常神秘。据《史记·秦始皇本纪》记载，秦朝统一天下后，"收天下兵，聚之咸阳，销以为钟镰（jù），金人十二，重各千石（shí），置廷宫中"。秦始皇把天下的兵器都收缴了，放到咸阳，销毁之后铸成了钟镰——钟镰就是编钟架子两侧的立柱，还有十二个金人，每个金人有千石之重，它们都被放置于宫廷中。金一般是指铜，先秦时期，一石是一百二十斤，千石就是十二万斤，相当于现在的三十吨左右。

《汉书·五行志》又说："秦始皇帝二十六年，有大人五丈，足履六尺，皆夷狄服，凡十二人见于临洮。"这句话说的是，在秦始皇二十六年，即公元前221年，曾有十二个身高五丈、足长六尺的巨人，穿着夷狄的服装，出现在秦朝西垂临洮郡。在班固看来，这是上天给秦始皇的警戒，让他不要跟夷狄一样无礼，否则会招来灾祸。但秦始皇在当年吞并了六国，反而把这件事当作祥瑞，就销毁天下兵器，按照巨人模样做成十二个金人，每个金人有十一米多高。

班固写过一篇歌颂长安的《西都赋》，其中说："列钟虡于中庭，立金人于端闱。"钟虡就是钟镰，说的是钟镰陈列在庭院之中，金人陈列在皇宫正门。东汉张衡也有一篇《西京赋》，其中说："高门有闶（kàng），列坐金狄。"闶是指建筑中空阔的地方，金狄就是夷狄装束的金人，说它们是以坐姿陈列在宫门的空地上。

那么，十二金人去哪里了呢？大约成书于魏晋时期的《三辅旧事》说，十二个铜人每个重二十四万斤，也有一个版本说是三十四万斤，汉代把它们搁置在长乐宫门前。《三国志·魏书·董卓传》说，东汉末年董卓为了铸造铜钱，把十个铜人及钟镶都给销毁了。又有一本叫《关中记》的书说，魏明帝想把剩下两个铜人迁到洛阳，因为太重，没搬多远就搬不动了；后赵皇帝石虎派人把它们搬到邺城，最后被前秦天王苻坚又派人搬回长安给销毁了。

不过，后世这些说法明显疑点重重。《秦始皇本纪》说一个金人重12万斤，但《三辅旧事》翻了倍，明显是夸张之辞。《关中记》说魏明帝派的人搬不动，那为啥石虎和苻坚又能搬动呢？其实，《三辅旧事》《关中记》这些古代方志文献，都采用了不少地方传说，不是严谨的历史著作。《汉书》虽然是正史，但说金人形象来自巨人，显然也不可信。至于《西京赋》《西都赋》这些文学作品，里面充满作者对故都的想象，也非写实。

另外，按《秦始皇本纪》的说法，秦始皇把金人安置在了宫廷，但东汉之后却说，它们被挪到宫门前了。可见，后人认为十二金人这种巨人雕像，应该放置在宫门之外。那么，秦朝为什么会把它们放置在宫廷之中呢？十二金人到底是做什么用的呢？对此，还是应该从早期文献中寻找答案。

《秦始皇本纪》后面附录了汉初贾谊的《过秦论》，说秦始皇"收天下之兵聚之咸阳，销锋铸镶，以为金人十二"。这句话与《秦始皇本纪》大同小异，但要注意的是：第一，《过秦论》没有说金人的重量，所以"重各千石"可能只是司马迁添加的夸张之辞；第二，《过秦论》中"以为金人十二"的"以"是一个表示方法的介词，相当于"来"，也就是说，"为金人十二"就是"销锋铸镶"，那么，十二金人正是钟镶本身。

另外，《史记·平津侯主父列传》说秦始皇"销其兵，铸以为钟镶"，《太史公自序》同样说"销锋铸镶"，《汉书·贾山传》引用汉初贾山的《至言》说"悬石铸钟镶"，这三处都有钟镶却无金人。《史记·六国年表》则说秦始皇二十七年（前220）"为金人十二"，《淮南子·泛论》又说"铸金人"，这两处又有金人而无钟镶。这就说明，其实西汉人都清楚"铸金人"和"铸钟镶"就是一回事，所以一般不需要重复提及。但东汉之后的人不理解，就把十二金人和钟镶当作两种东西了。

可以印证的是，湖北随州出土的曾侯乙编钟，其中的铸镶就是铜人的形象。所以"十二金人"就是秦宫编钟架子两侧的立柱，并不是什么神秘的东西。

它们尽管可能比较高大,但绝对不会是"收天下之兵"铸造的,因为当时的兵器主要是铁器,而十二金人却是铜人,单凭这点就难以自圆其说了。

所以,《秦始皇本纪》中的"销以为钟镰,金人十二"之间不应该有逗号,应该是"销以为钟镰金人十二"才对。

卫国真的在秦二世时才灭亡的吗？

网上流传一个说法，秦始皇并没有真的统一天下，因为还漏了一个卫国。为什么这样说呢？因为这件事是《史记》最早记录的。

《卫康叔世家》说，卫国国君卫君角九年时，秦国兼并了天下，秦始皇正式登基，这年的时间比较明确，就是公元前221年。卫君角二十一年时，秦二世将卫君角贬为庶人，卫国正式亡国绝祀。那么这一年就是公元前209年，也就是秦二世元年。《六国年表》在秦二世元年也提了一句"出卫君角为庶人"。这样看来，《史记》中至少有两处提到卫国灭于秦二世元年。

不过，这种说法也显得不合情理。既然秦始皇连六国都灭了，凭什么要特意留一个卫国呢？有学者推测卫国是吕不韦的老家，但吕不韦老家有韩国和卫国两种说法，而且秦始皇把自己的出生地赵国都消灭了，吕不韦也不得善终，秦始皇对卫国就更没有理由存在特殊感情。所以，秦始皇为什么不灭亡卫国，也成了一个未解之谜。

古今不少学者赞同《史记》的说法，北宋司马光编写《资治通鉴》时，就把秦二世贬卫君为庶人这条放在秦二世元年的事迹中。历史学者杨宽也赞同此说，不过，他还认为，公元前254年或公元前253年，卫国国君卫怀君在去见魏国国君魏安僖王时，被魏安僖王囚杀，魏安僖王另外册立怀君的弟弟为卫元君。因为卫元君是魏安僖王的女婿，比较好控制。《韩非子》说魏安僖王"攻尽陶、卫之地"，所以之后卫国只能算魏国的附庸国，而不再是一个独立的诸侯国。到公元前241年，秦国夺取卫国的都城濮阳，把卫君角迁徙到了野王，这样一来，卫国又成了秦的附庸，直到秦二世时被灭。

按杨先生的说法，卫国作为诸侯国之一，其实在公元前254年或公元前253年就灭亡了。之后就成了诸侯国的封君。这样的封君，在战国时期各国也有不少，魏安僖王的弟弟就是大名鼎鼎的信陵君，秦孝公也曾封商鞅为商君，卫君角也是类似性质的封君。

日本学者平势隆郎则在《新编史记东周年表》中指出，《史记》对卫国灭亡编订的年份有误。卫君角二十一年并非秦二世元年，而是秦始皇二十六年，也正是公元前221年。其实在秦始皇统一六国时，就把卫君角贬为了庶人，《史记》记录的时间晚了十二年。而卫君角九年其实是公元前233年，此年卫国就被秦国灭亡了。这一观点比较新颖，也得到一些学者支持。

为什么会有这样的解释呢？因为根据《秦始皇本纪》的记载，公元前241年时，韩、魏、赵、卫、楚五国攻秦，秦国出兵，五国联军退走，之后秦国攻下卫地，将卫君角迁徙到了野王。注意，这里在位的是卫君角。而在《卫康叔世家》中，秦国攻下卫地并把卫国迁到野王时，这年却是卫元君十四年，十一年后卫元君去世，之后才由卫君角即位，卫君角九年秦并天下，二十一年被废。

对此问题，杨宽先生先是采信《秦始皇本纪》，认为在公元前241年秦国攻下卫国时，当时在位的就是卫君角；之后又采信《卫康叔世家》，认为卫君角到秦二世才被废。这样一来，卫君角在位的年份就被延长了。平势隆郎也认为公元前241年在位的是卫君角，但这年是卫君角元年，而卫君角九年，也就是公元前233年，卫国灭亡，卫君角二十一年，也就是公元前221年，他被贬为庶人。

这两种说法应该都有部分合理之处。总体来说，在公元前254年或公元前253年时，**魏国强行替换卫君**，使得卫国成为魏国的附庸国，卫国作为诸侯国已经灭亡。到了公元前241年，秦国迁卫于野王。野王在今天河南沁阳，相比之前的都城濮阳，野王距离秦国更近，可以理解为卫国又沦为了秦国的附庸国。到公元前221年，秦国灭齐后，才把卫君角贬为庶人，卫国作为附庸国灭亡。平势隆郎主张的公元前233年卫国灭亡，没有更多的证据和理由能够立得住。

　　秦国虽然在战国时期有过封君,但在统一六国后并无其他封君的记录。《秦始皇本纪》提到了武城侯王离、通武侯王贲等人,但他们都只是侯,并不是君。而且六国国王也没有被封,卫君就更没有理由享受此殊荣了。

秦朝版"百鬼夜行"讲了哪些有趣的鬼怪？

《史记·日者列传》通过汉文帝时期的卜者司马季主之口，强调占卜需"法天地，象四时，顺于仁义"，并提到卜筮能"言天地之利害，事之成败"，隐含对鬼神力量的敬畏。《史记·龟策列传》则具体描述占卜器物（龟甲、蓍草）的神性。这种卜筮文化折射出秦汉时期对鬼神的普遍信仰。龟卜、驱邪禁忌等记载，与同期《日书》等文献共同构成"百鬼夜行"的民俗背景，体现鬼神观念在占卜中的核心地位。

在云梦睡虎地秦简中有《日书》两种，讲的是古代日者选择日时占卜吉凶的内容，相当于民间的"老皇历"。其中有一篇《诘》或者叫《诘咎》，意思是禁忌凶灾，在同题材中显得最为另类，它记载了各种鬼神妖怪的名称，以及它们如何危害人，人类又如何应对它们。有人管《山海经》叫中国版的"百鬼夜行"，其实《山海经》虽然有各种妖怪，但描绘的却是一个想象的异域。而《诘》类似日本妖怪谱，鬼怪与人类生活在同一个世界。

作为妖怪指南鼻祖的《诘》，介绍的鬼怪主要有三类。

第一类是人鬼。《诘》开篇就提到，鬼十分丑恶，弯着身子睡觉，双腿长开，席地而坐，连步走路，单脚独立。所提到的第一个鬼是"刺鬼"，会不停地攻击、骚扰人类。对付它的方法，就是用桃木作弓、牡棘作箭、鸡毛作箭羽，用这种弓箭去射刺鬼，就能阻止刺鬼对人的攻击。第二个鬼是"丘鬼"，即坟墓之鬼。丘鬼会无缘无故跑到人的家里来。对付它的方法是从旧墓丘上取来土，制作成假人、假狗，每隔五步放置一个，环绕房舍一周，等到丘鬼来的时候，朝它洒土灰，然后敲打簸箕，并且大声呼喊，丘鬼以后就不会来了。之后还提到一个"故丘鬼"，经常去人的住所吓唬人，用草箭射它，就可以将它驱除。丘鬼与故丘鬼的区别可能在于一种是新鬼，一种是旧鬼。

第二类是物魅。《诘》中还记载了不少作祟的物魅精怪。比如"神狗"经常在三更半夜爬上人的床，把熟睡的男人抓起来，调戏在睡觉的女人。这种狗怎么抓也抓不住，对付它的办法是用桑树皮做成食物，烧烤后喂给它吃，这样它就不会再来了。也有说，是自己食用烧烤后的桑树皮。原型可能就是疯狗。还有一种奇怪的动物"幼蠪（lóng）"，这种神秘的小动物进入房屋之后，酷暑的夏天也会变得寒气逼人，这时候要在房内点燃牡棘草，它就会跑掉，其原型有可能是蜥蜴。还有一种鸟儿，因为会讲人话，被称为"妖"，不过这种"妖"懂的人话不超过三句；如果它所讲的话超过三句，只需要往家里多邀请人，它就不会再说话了。其原型可能就是鹦鹉、八哥之类的鸟。

第三类是天神。《诘》中还记载了为数不多的自然现象。《诘》篇曾经三次提到作祟的"大票"或者"票风"，其实就是"旋风"，也就是俗称的"羊角风"，是当时危害很大的一种自然现象。"票风"害人的时候，脱下鞋子朝它扔过去，它就会停止。这种"票风"经过的地方，野兽和家畜都会说话，应该就是嗷嗷大叫。只要用桃木杖去击打"票风"，并且脱下鞋子往上面扔就行。"票风"还会进入房间刮走东西，这时同样将鞋扔过去，就可以在道路中间取回被刮走的盆盆罐罐了。如果找不到的话，将鞋子扔在道路中间就行，否则不出一年，家人必然得病。除"票风"之外，还有"寒风"。"寒风"会进入房间，只要在房间洒上沙子，它就会停止。

以上鬼怪只是《诘》的冰山一角，限于篇幅，就不一一介绍了。新出土的湖北荆州胡家草场西汉简牍《诘》中，也有类似"幼蠪"的"黝龙"和"丘鬼"，与睡虎地秦简的记录基本一致。

总之，对付这些人鬼、物魅以及天神，方法其实大同小异，用得最多的是桃木、牡棘、桑木这些植物，或者狗屎、猪屎、鸡毛、白石、白砂、白茅、黄土、火、灰这些自然物，伞、鞋、鼓等物件也各有用处，既可以驱逐这些鬼怪，也可以抓住它们将其杀掉，甚至还可以将其煮熟吃了。《韩非子·内储说下》说，燕国人李季外出，妻子与人私通，李季突然赶回，就问妻子此人是谁。妻子说根本没有人。侍从被买通了，也说没看到。妻子说看来您是碰见鬼了，赶紧用狗屎洗个澡吧！可见当时人确实认为狗屎能辟邪。

当然，这些鬼怪无非是古人对自然灾害和身体疾病的解释，虽然不可信，但却给我们留下了反映秦朝民间生活的趣味画卷。

秦始皇到底有没有"焚书坑儒"？

后世说到秦朝政治的残酷，最为常见的罪名就是"焚书坑儒"。

"焚书坑儒"其实是两件事。"焚书"发生在公元前213年，而"坑儒"发生在公元前212年。据《史记·秦始皇本纪》的记载，秦始皇三十四年，即公元前213年，为了消除民众对六国的记忆，秦始皇根据李斯的建议，废除私学，下令将秦记之外的史书、民间收藏的《诗》《书》以及诸子百家著作全部付之一炬，百姓有敢谈论《诗》《书》的都处死，借古讽今的灭族。其中除了《诗》《书》，当然也有不少其他儒家著作，这就成为后世儒家攻击秦始皇的一大依据。

坑儒事件的起因则是方士侯生、卢生为秦始皇寻求长生不死之药，但一直没有找到，按秦律两人将被处死。于是，两人就一起逃跑了，还留下话说秦始皇太贪图权势才找不到仙药。秦始皇非常生气，说自己征召了很多"文学方术士"，让他们帮自己找仙药，自己给了他们很多钱，结果韩众不辞而别，徐市（fú）花了大笔钱也没能找到仙药，现在侯生、卢生还诽谤自己，于是派人审查身在咸阳的"诸生"，结果查出460多人犯禁，秦始皇下令将他们全部坑杀。长子扶苏说，"诸生"都是诵读和师法孔子的，您这样会让天下不安。秦始皇不听，反而把扶苏打发到上郡监军去了。

这就是《史记·秦始皇本纪》对"焚书坑儒"的记录。其中，人们对"焚书"一般没有争议，但有不少学者认为"坑儒"系子虚乌有，其中比较有代表性的是历史学者李开元的观点。

李开元先生认为，坑儒的起因是秦始皇认为方士侯生、卢生诽谤，所以获罪的应该只是方士群体，但在秦始皇的话语中却一变为"文学方术士"，坑儒的时候再变为笼统的"诸生",到扶苏口中更是变为"诵法孔子"的"诸生"。诵读和师法孔子的"诸生",自然就是儒生。这样一来,"方士"就被偷换成了"儒生"。但"坑杀"并非秦朝的刑罚,只在战争中才使用,这也是一个漏洞。而且,在公元前210年秦始皇巡游到琅邪时,徐市依然在秦始皇的身边,所以秦始皇真正痛恨的应该只有侯生、卢生,谈不上因此坑儒。秦宫很多博士也都是儒生。

另外,《史记·淮南衡山列传》中只说"杀术士,燔(fán)《诗》《书》",《儒林列传》也只说"焚诗书,坑术士",而到了《汉书·地理志》则改为"燔书坑儒"。东汉初年学者卫宏在《诏定古文尚书序》中也说,秦始皇焚书后,怕天下不听从新法,就派人暗中在骊山陵谷中种瓜,然后把七百名博士诸生骗去现场观看,埋伏的士兵就从周围用弩箭射他们,并从山上往下填土,七百名儒生就这样被杀害了。一真一假的"焚书坑儒",就这样被绑定成一个词语流传了下来。李开元先生认为,坑术士都未必真实存在,坑儒就更是虚构的了。

历史学者王子今则支持"坑儒"的说法。在他看来,《史记·秦始皇本纪》的记录都是真实的,因为"方士""术士""儒生",他们在文化资质上都有相通之处,而"诸生"指代儒生则比较明显,所以秦始皇确实有"坑儒"的举措。

历史学者白效咏也支持"坑儒"的说法。在他看来,《说文解字》对"儒"的定义是"术士之称",可见儒生即术士,但不等同于方术士或方士。术士要到三国时期才有方士的含义,而在此之前都是儒生。坑儒事件虽因方士而起,但坑杀的却是儒生。

归纳以上三位学者的观点,即:李开元先生认为,方士是术士,但不等于儒生,既否认坑儒,又质疑了坑术士这个事件;王子今先生则认为,方士、术士、儒生基本可以等同,说明坑儒是历史事实;白效咏先生认为,儒生是术士,但不等于方士,坑的是儒生,不是方士。

在我看来,"坑儒"一事应该是可信的,儒生与术士也能等同。至于方士与儒生，前者偏重方技，后者偏重学术，身份可能会有一些差别。但无论如何，从《秦始皇本纪》来看，"坑儒"并不是秦始皇针对方士或儒生群体的无差别屠杀，而是他认为犯了禁令的才杀；坑杀虽然不是正式刑罚，但秦始皇在盛怒之下，使用法外的酷刑，也并非不可能。

秦始皇临终时到底想让谁继位？

秦始皇临终时到底想让谁继位？这个问题，史书本来说得很清楚。《史记·秦始皇本纪》说，秦始皇最后一次出巡时病重，就命令侍从写下诏书给长子扶苏，说"与丧会咸阳而葬"。扶苏之前被打发去了陕北的上郡，担任将军蒙恬的监军，这道诏书又让他回咸阳参加葬礼。一般认为，这就是让扶苏当继承人的意思。诏书写好之后要加盖玉玺，玉玺由中车府令赵高掌管。不过，赵高把这道诏书扣了下来，没有交给使者。

之后，秦始皇就在沙丘病逝，随行的丞相李斯封锁了消息，只有胡亥、赵高与五六名贴身宦官知晓此事。因为赵高是胡亥的老师，他就与胡亥、李斯暗中商量，篡改诏书，立胡亥为太子，并且另外拟一份诏书，赐死扶苏和蒙恬。具体的经过，在《史记·李斯列传》中有比较详细的记录。扶苏收到诏书后，马上自杀。胡亥顺利登上了皇帝之位，也就是秦二世。

不过，北大汉简《赵正书》的发现对这个说法产生了冲击。"赵正"就是秦始皇嬴政。这篇文章写的是秦朝史事，可以与《秦始皇本纪》对照阅读。本文提出一个非常具有颠覆性的说法，说是在秦始皇去世前，丞相李斯、御史大夫冯去疾等人请立胡亥为继承人，并且得到了秦始皇的认可。这与《秦始皇本纪》中冯去疾担任右丞相不同。之后，胡亥即位为皇帝，杀掉扶苏、蒙恬，并且提拔赵高为郎中令。

赵高当时只是"隶臣"，也就是奴隶身份，还是一个小角色。之后秦二世杀李斯，也只是秦二世自己的意见，完全没有提到赵高的作用。李斯临终前仍然劝谏秦二世，子婴也出来劝谏，但秦二世仍然坚持杀死李斯，并让赵高兼任丞相与御史大夫。之后不到一年，胡亥即被赵高杀死。最后，将军章邯攻杀了赵高。这与《秦始皇本纪》中子婴杀赵高也有所不同。这篇文章讲到这里就结束了。

关于《赵正书》的成书时间，整理者认为在西汉初期的可能性比较大。其实，秦始皇遗嘱让胡亥继位一事，在史书中也有些蛛丝马迹。秦始皇将扶苏打发到边境去，而把胡亥带在身边，这个行为本身就很耐人寻味。西汉贾谊在《过秦论》中，系统地批评了秦朝政治，却丝毫未提及二世的皇位是来路不正的。2013 年，湖南益阳兔子山遗址出土了一件秦木牍，被称作《秦二世元年文书》，是秦二世即位后向天下宣告的诏书，其中提到"朕奉遗诏"，这就比《赵正书》年代更早了。

那么，《赵正书》的说法真的就能颠覆《秦始皇本纪》吗？其实也不然。不管秦二世是否篡位，自然都会自称"朕奉遗诏"；《赵正书》代表的只是西汉人的一种看法。历史学者辛德勇认为，《赵正书》只是当时流传的小说家言，其价值不能与作为正史的《史记》相提并论，所以也就不能否定《史记》的说法。至于秦始皇遗嘱让扶苏继位，《史记》也有多处明确提到，比如在《陈涉世家》中，陈胜起义时也说"吾闻二世少子也，不当立，当立者乃公子扶苏"。可见，这一说法在秦末就已流传了。所以，应该是以《秦始皇本纪》的赵高、李斯篡改遗诏更为可信。

历史学者陈侃理则跳出史实本身的考证，采取一种比较折中的方式，认为这是一场"历史记忆的战争"。因为《史记》记录秦始皇遗诏被篡改，要证明是真是伪，其实都是非常困难的。《秦始皇本纪》与《赵正书》记录的差异，只能说明汉初的认识并不统一。至于司马迁选择了《秦始皇本纪》的说法，主要是顺应西汉中期人们对秦朝的主流观念，并最终深刻地影响了后世的认识。无论秦始皇遗诏是否真的被篡改过，《秦始皇本纪》和《赵正书》都只是提供一种说法，并不能代表其中的细节都是历史真相。

赵高到底是不是阉人？

秦朝末年的赵高，是个家喻户晓的奸臣。一般认为赵高的身份是宦官。《史记·李斯列传》中秦二世就说，赵高是"故宦人"，意思是他曾经是宦者。《蒙恬列传》也说，赵高是赵国王族的旁支，有兄弟数人，都在"隐宫"之中出生。他的母亲遭遇过刑罚，他的家庭世代都卑贱。后来秦王政听说他强壮有力，通晓刑法，就任命他为中车府令。赵高又私下侍奉王子胡亥，担任他的法律老师。赵高就是这样发迹的。

这里提到的"隐宫"是什么地方呢？裴骃《史记集解》引用了东晋学者徐广的看法，说"生隐宫"表明是担任宦官。司马贞《史记索隐》引用了一个姓刘的人的看法，认为大概是赵高的父亲触犯了宫刑，导致妻子儿女都被收为官奴婢，后来其妻与别人的私生子也都姓赵，并且生下来后也都遭受宫刑，所以说兄弟都"生于隐宫"。隐宫，就是宦官。《史记·秦始皇本纪》也提到过"隐宫"这个词，说的是秦始皇命令隐宫和刑徒七十万人，分别建造阿房宫和骊山陵。张守节《史记正义》据此认为，隐宫就是人受到宫刑之后，在蚕室休养的地方。

其实，这些解释明显都不合理。如果说"隐宫"只是阉宦的官府，或者休养的蚕室，那赵高只是在这里工作或者生活，并不是"生于隐宫"；至于《蒙恬列传》更是白纸黑字说赵高的母亲遭受刑法，刘氏却强行补上赵高的父亲遭受宫刑，还说赵高兄弟们从小也都遭受宫刑，这就与现有史料矛盾了。因为《秦始皇本纪》就说，赵高在发动政变杀胡亥时，有一个重要助手是女婿阎乐。作家柏杨对此解释说，赵高可能是在遭遇宫刑之前生了女儿，或者是遭遇宫刑之后收养了干女儿。但赵高既然是在成年后遭受宫刑的，那同样不能说"生于隐宫";至于干女儿,史料没有明说,也就不能随便猜。《秦始皇本纪》说派阉宦和刑徒去修宫殿和陵墓,就更加说不通了。

其实,这些解释存在一些误会,它把宦官等同于阉人了。众所周知,东汉之后的宦官,确实都是阉人,比如曹操的祖父大宦官曹腾就是阉人,所以他没有子嗣,只好在同族中收养了曹操的父亲曹嵩做儿子。然而,我们并没有证据表明西汉以前的宦官都是阉人。赵高作为"故宦人",确实是宦者出身,这一点本身没有问题。因为赵高最早担任的中车府令,就是皇宫中负责驾驭的官职,而所谓的"宦官"首先应该强调的是皇宫中的内官身份。

古代有内朝和外朝之分。在内朝任职的称内官,他们在宫中任职、直接服侍王族;在外朝参政诸官则为外官。可见,赵高就是宦官出身,但不能说是阉人,更不能说就是太监。太监是唐代之后高级宦官的一种职务,也不能代表全部宦官,只不过现在都用太监来作为宦官的俗称。历史学者辛德勇力辩赵高为宦官,故而就是阉人,同样是陷入把宦官等同于阉人的错误前提。

回到原来的问题,"隐宫"到底是什么呢?历史学者马非百根据云梦睡虎地秦简的记录,指出《史记》的"隐宫"应该是"隐官"之误,"隐官"是秦代官府中的手工作坊,收容被赦免后身体残缺的刑徒,这些刑徒也可以被称作"隐官"。也就是说,赵高的母亲就是在"隐官"工作、生活,所以赵高的兄弟也都出生在这里。

那么,赵高的父亲又是什么身份呢?历史学者李开元根据睡虎地秦简和湖北江陵张家山汉简指出,赵高的父亲应该是在"隐官"工作的刀笔吏,所以赵高能够精通法律、书法与文字,这些都是有家学渊源的。至于赵高的身份,按照秦朝法律,可以跟随父亲成为"史子",而不是跟随母亲成为"隐官"。这种推测是比较合理的。

秦朝的"失期，法皆斩"是不是谎言？

《史记·陈涉世家》讲了大泽乡起义的故事，说的是秦二世元年，即公元前209年，政府征"发闾左谪戍渔阳"。"闾"本指秦代里巷的大门，里是基层组织，相当于现在的村庄、社区，秦代右高于左，里巷也是富人住在右边，穷人住在左边，穷人也就是所谓的"闾左"了。"谪"是贬谪，一般指因为有罪过而被迁徙；"戍"就是戍守、戍卫，服兵役；"渔阳"是渔阳郡，郡治渔阳县在今天北京市密云区，在秦时是很偏僻的地方。

因罪被贬往渔阳的九百人的戍卒半路驻扎在大泽乡，由陈胜、吴广担任屯长。根据《商君书》的说法，五人为一屯，也有说五十人为一屯。这个时候，正好天降大雨，道路不通，估计这支队伍会迟到；而"失期，法皆斩"，也就是说，戍卒迟到，按照秦代法律，是要被问斩的。这个时候，陈胜和吴广就商量，逃跑是死，起义也是死，左右都是死，为什么不能为国家死呢？他们说的国家，当然是楚国。

之后，陈胜、吴广就杀死了统领这支队伍的两个军尉，然后招来自己的部属，跟他们说"公等遇雨，皆已失期，失期当斩"，你们碰到了大雨，都已经迟到了，迟到都会被问斩。司马迁在这里提到的"失期，法皆斩"，和陈胜口中的"失期当斩"是一回事，一般都把这视为秦末起义的导火索，也被视为"暴秦"的证据之一。

不过，随着几十年来一批批战国秦汉简牍的出现，这个说法遭到了质疑。质疑一方常主张的证据是云梦睡虎地秦简，其中有一篇《徭律》，提到朝廷征发徭役：如果不服徭役，应该罚两套甲；延期三到五天，要被斥责；延期六天到十天，罚一面盾；超过十天，罚一套甲；征发的人数充足后，应该尽快送到服役场所；如果碰到降雨不能行进的，就可以免除这场征发。所以就有一些学者主张，包括不少自媒体也说，秦法并没有"失期当斩"这样的规定，这是陈胜故意编出来骗大家的，这是一个彻头彻尾的阴谋；也有人说，陈胜其实是个法盲，司马迁也理解错了，如果迟到要斩首的话，那首领其实责任最大，不应该是被杀的两名军尉最着急吗？

当然，也有学者坚持《陈涉世家》的说法，认为睡虎地秦简只能代表秦始皇时期的法律，因为秦简的墓主人喜是在秦始皇三十年（前217）去世的，而秦二世即位后推行严刑峻法。还有很多学者认为，《徭律》代表的是秦代的徭役，但睡虎地秦简中还有专门的《戍律》，虽然《戍律》全文没有出现，但《戍律》适应的不是普通的徭役，而是军法相关规定。睡虎地秦简《秦律十八种》也提到，在都邑服徭役或因官府事务住在官舍的，如果借用了官府的物品，自己去世了，应该让服徭役的徒众或者他的门客来负责，和参加屯戍的情形一样。

在先秦秦汉的军法中，迟到斩首的案例数不胜数。从《史记》中就可以看到：《齐太公世家》说，武王伐纣时，吕尚严明军纪，规定渡河集结船只时迟到者斩首；《司马穰苴列传》说，司马穰苴用军法斩了迟到的使者；《魏豹彭越列传》说，彭越起兵时也约定第二天迟到的人要全部斩首，最后有十多个人迟到，就杀了最晚到的那个人树立典型；《卫将军骠骑列传》说，张骞攻打匈奴"失期当斩"，后来交了赎金被贬为庶人。区别在于有些规定是斩主将，有些规定是斩全军，既然是普遍规定，那么还能说秦朝法律严苛吗？

历史学者王子今指出，所谓的"陈胜起事案例并不属于军法惩治对象"，以及"并未见到所有失期士卒都被处斩的记载"等意见，或许与当时的历史真实存在距离。从当时的社会意识来看，大家对于秦法与秦政非常忧虑与恐惧，这一点在史书中比比皆是，《史记》就有"秦法重""秦法至重""秦法酷急"等话语。陈胜起义后，诸郡县"苦秦吏者"，纷纷杀死地方长官，响应陈胜起兵。也就是说，即使当时的法律规定并不苛刻，但在集权专制的氛围下，现实执行仍然非常极端。这种说法应该是比较公允的。

陈胜建立的政权是叫"张楚"吗？

据《史记·陈涉世家》载，陈胜、吴广在大泽乡起义后，攻下了附近的陈县。之后，陈胜在陈县父老的支持下，"乃立为王，号为张楚"。可以印证的是，《秦始皇本纪》说，陈胜等人在旧楚地起事，"为张楚"；《高祖本纪》也说，陈胜"至陈而王，号为张楚"。所以，一般认为陈胜建立的政权就叫"张楚"。

不过，《史记》还有一种说法，说陈胜的国号是"楚"。《陈涉世家》中，多次提到陈胜的政权和军队都称为"楚"；《秦始皇本纪》也说陈胜"自立为楚王"；《高祖本纪》也说，因为秦始皇、楚隐王陈涉、魏安釐王、齐湣王和赵悼襄王都没有后人，所以刘邦派二十户人家给秦始皇守墓，其余几人分别派了十户人家。另外，《秦楚之际月表》中，也有单独的"楚"一栏，并记录了"楚隐王陈涉起兵入秦"一事。

这样看来，陈胜的政权又像是"楚"。那么，到底是"张楚"还是"楚"呢？唐代司马贞《史记索隐》引用李奇的观点，说"欲张大楚国，故称张楚也"，也就是说陈胜希望扩大楚国，所以国号就叫"张楚"。清代学者王先谦也指出，"张"就是"大"的意思，所以"张楚"就是"大楚"。陈胜派吴广冒充狐妖，也喊过："大楚兴，陈胜王。"考虑到"张楚"是两个字，而"楚"是一个字，所以一般认为"楚"可以视为"张楚"的简称。

在长沙马王堆帛书《五星占》出土后，这种观点得到了进一步的强化。《五星占》是一部怎么样的书呢？就是通过金、木、水、火、土五星运行进行占卜的手册。其中的《土星占》一篇收录了一份纪年表。纪年表是从"元·秦始皇"开始的，这表示秦始皇元年，之后分别记录每一年的星象，但是在第三个"七",也就是秦始皇三十七年(前210)后,接下来的不是"元·秦二世",而是"八·张楚",然后是"九""卌(xì)",再进入"·汉元",后面还有"·孝惠元""·高皇后元""·元"等。最后一个"元"自然是汉文帝时,记录的最后一年是文帝三年(前177)。

这样看来,"张楚"和"秦始皇""汉元""孝惠元""高皇后元"并列,在历史学者田余庆看来,这表明"张楚"既是陈胜的国号,又是王号,还用于纪年。同时,从《土星占》来看,汉初不承认秦二世的地位,而以"张楚"为正统,两年后才进入到"汉元",也就是刘邦称汉王的第一年。田先生认为,《土星占》作者注重陈胜的首义之功,所以即使陈胜当年被杀,后面仍然以张楚计算年份,这种观念与司马迁更重视项羽和楚义帝不同。

不过,在2013年,湖南益阳兔子山遗址出土了一件"张楚之岁觚",这件木觚上记录了益阳在"张楚之岁"举兵反秦的事。"张楚之岁"是什么呢?春秋战国时楚国有三种纪年法:第一种是用国王在位的年份,比如"楚王酓章钟"说"唯王五十又六祀",就是楚惠王在位第五十六年;第二种是星岁纪年法,比如《离骚》说"摄提贞于孟陬";第三种是大事纪年法,就是以发生的一件代表性事件纪年,但不是这件事发生当年,而是这件事发生次年。

所以,"张楚之岁觚"其实是公元前208年的一件木觚,而头一年发生的大事就是"张楚"。这个"张楚"并非国号、王号与年号,而是一起事件,所以"张楚"实际上是个动宾短语,也就是"张大楚国"。《陈涉世家》说陈胜、吴广在大泽乡起义时,号召大家露出右臂盟誓,"称大楚",这也是号称要张大楚国的意思,而不是当时就定了"大楚"这一国号。至于"大楚兴"的"大楚",倒像是个偏正短语,这里的"大"是形容词。

回头再看《土星占》,也就明白"张楚"其实就是一个大事纪年,并不代表作者推崇陈胜。这也能解释为什么"张楚"这栏没有标注元年,因为根本没有作为年号使用,更不要说陈胜去世了而年份还在继续。我们也就可以知道,陈胜的国号是"楚"而不是"张楚"了。

项羽到底有没有烧阿房宫？

项羽火烧阿房宫，是一个大众耳熟能详的说法。这个说法的广泛流传，归因于唐代大文豪杜牧的《阿房宫赋》。《阿房宫赋》先是竭力描写了阿房宫的壮丽奇瑰与秦朝统治者的奢华无度，之后提到正是统治者的骄奢淫逸、横征暴敛才导致民众反抗，结果"戍卒叫，函谷举；楚人一炬，可怜焦土"。最后总结秦朝覆亡在于不爱惜民众。所以作者不仅仅是缅怀历史，更是劝诫统治者以史为鉴。

《阿房宫赋》是中国文学史的上乘之作，这就给读者一种印象，阿房宫在秦朝时已经竣工使用，后来在秦朝灭亡时被楚人焚毁。那么，历史事实真的就是如此吗？清代学者王士祯《池北偶谈》指出："杜牧之《阿房宫赋》，文之奇不必言，然于事实殊戾。"《阿房宫赋》文采之高不必待言，但却不符合历史事实。最早记录阿房宫的是《史记》，所以我们还是要回归《史记》文本。

根据《秦始皇本纪》记载，秦始皇三十五年（前212）时，考虑到渭水北边的咸阳宫比较小，但宫中人太多，就计划在渭水南边的上林苑建造新宫，最终选择在阿房这个地方动工建造前殿。前殿就是宫殿中央的正殿，也是整个宫殿最核心的部分。按照计划，前殿大概长750米，宽116.5米，高至少11.65米，可容纳上万人。整个宫殿四周架有天桥，往南通到终南山，往北连接咸阳城。当然，整个项目只是个计划，甚至宫殿都没有取名，因为在阿房建造前殿，所以在当时就俗称阿房宫。但是两年之后，秦始皇就去世了，阿房宫还没有建好。后来秦二世又接着建，当时已经天下大乱，右丞相冯去疾、左丞相李斯、将军冯劫等人就来劝谏，请求二世暂停阿房宫的建设，并且减少各种赋役。二世不但没听，反而将三人下狱处死。一年之后，秦朝就灭亡了。所以按照常理说，阿房宫应该没有建好，所以王士禛认为"终秦之世，阿房宫未成也"。

那么，《阿房宫赋》的描写完全是无中生有的吗？也不尽然。《秦始皇本纪》说，秦国每次灭亡一个诸侯国，就在咸阳北原之上，仿建这个国家的宫室。这些宫室南濒渭水，从咸阳城的雍门往东，直到泾、渭二水交汇处，殿堂之间都用天桥和环廊连接。秦始皇从诸侯国所俘获的美人和乐器，都安置在其中以供享乐。可见，杜牧笔下的"阿房宫"确有原型，但原型应是在渭水以北的仿六国宫殿，并不是渭水以南的阿房宫。后来项羽"遂屠咸阳，烧其宫室"，也没有说包含阿房宫在内。项羽从今天西安市东部的灞上往北进入咸阳，焚烧咸阳宫后又往东去，阿房宫都不在其必经之路上。

考古发现也能证实《史记》的说法。阿房宫遗址位于西安市西龙首原向西南延伸的台地之上。经过 21 世纪的考古勘探与发掘，考古工作者发现整个阿房宫建好的只有前殿的夯土台基，其东西长 1270 米，南北宽 426 米，现存最高 12 米，连前殿都没有建好，更不要说整个阿房宫了。而且这个台基遗址，也没有被火烧的痕迹。仅仅一个台基，确实也没有焚烧的必要。

今天西安除了位于阿房宫遗址公园的阿房宫前殿遗址，还有附近的十余处秦上林苑遗址。过去认为，这些遗址包括文献记录的"磁石门""秦始皇上天台""烽火台"等。唐代描写关中的地理著作《三辅黄图》，就说阿房宫北阙门是"磁石门"，外人前来朝见时如果怀藏兵器，就会被磁铁吸走。这显然只是传说。考古发现证明，这些遗址上的建筑其实都是战国时建好的，顶多是阿房宫的规划区域，而不能算是正式的阿房宫。

其实，类似杜牧的讽喻，早在西汉就有了。《汉书·贾山传》记载汉文帝大臣贾山上书劝谏文帝勤俭节约，就提到秦朝是因为奢侈而灭亡的。贾山说，秦始皇建造了阿房殿，王公大臣都在这里活动，这个阿房殿长 2067.65 米，宽 1500 米，高 16.3 米。这就远远超出了《史记》中所记载的规划，文学修辞色彩非常明显。可见，项羽火烧阿房宫是一个以讹传讹的流言，阿房宫当是中国历史上最大的"烂尾楼"了。

项羽真的自刎在乌江边上了吗？

项羽之死的故事非常有名。《史记·项羽本纪》说，项羽在垓下战败之后，带着八百多名骑兵连夜突围。刘邦发现后，就派将领灌婴率领五千骑兵追逐。之后项羽渡过淮水，这时只剩一百多人。他们在阴陵迷路，还被一位农夫忽悠，陷入了大泽中，结果被汉军追上。项羽又往东撤退，到东城时，只剩下二十八人，而追杀他们的汉骑兵有数千人。这时，项羽为了证明是"天亡我，非战之罪"，展示了一波个人秀。他对手下说，看我来为你们杀一名汉将！然后项羽大喝一声，带头杀入敌军，汉军溃散，项羽果然斩杀了一名汉军将领。

汉军将领杨喜本来在追杀项羽，项羽朝他怒目大喝一下，杨喜连人带马都吓傻了，放弃追赶，回到了汉军大队中。之后汉军继续围攻，项羽继续策马奔驰，再次斩杀了一名汉军都尉，并接连杀了数十名汉军，而自己却只损失了两个骑兵。表演完这波后，项羽就带兵往东到达乌江边。乌江亭长愿意为他摆渡过江，但项羽认为自己无颜再见江东父老，拒绝了亭长的好意，把自己的乌骓马送给亭长。然后，项羽就和手下都下马步战。

项羽又一口气杀了几百个汉军，但自己也受了十多处伤。他知道自己这次难以幸免，决定把头颅送给自己的故人，也就是汉军将领吕马童。于是项羽自杀而死。最后，汉军将领王翳（yì）得到了项羽的头，吕马童、杨喜和另外两个将领吕胜、杨武，四人分别得到项羽一块身体。这五人后来因此都被封侯。

这个故事将项羽的勇武与悲壮刻画得淋漓尽致，是《史记》中当之无愧的名篇之一。不过，其塑造的项羽过于勇猛，反而显得有些不真实；而且项羽既然能够突围成功,为什么将要渡江时却又突然放弃呢?这一行为在后世饱受争议。大诗人杜牧就说"江东子弟多才俊,卷土重来未可知",对项羽不肯渡江表示遗憾与惋惜;大词人李清照则在宋室南渡而消极抗金的背景下,说"生当作人杰,死亦为鬼雄。至今思项羽,不肯过江东",借项羽宁死不渡江来批评宋高宗的逃跑行为。有学者认为,浙江地区的越人首领已经归顺了刘邦,江东实际上也被刘邦势力包围了。但这种解释也不能令人满意,因为项羽只要回了江东,还是有东山再起的机会的。

那么,这到底是怎么回事呢?

其实仔细看《项羽本纪》的话,就会发现后面的"司马迁曰"里,提到了一句项羽"五年卒亡其国,身死东城";《高祖本纪》中也说刘邦"使骑将灌婴追杀项羽东城,斩首八万,遂略定楚地";《樊郦滕灌列传》说得更具体,说灌婴"以御史大夫受诏将车骑别追项籍至东城,破之,所将卒五人共斩项籍,皆赐爵列侯……下东城、历阳,渡江……"。

可见,王翳等五人杀项羽封侯确有其事,但这件事是发生在东城,而非乌江。后世有人想弥补这个矛盾,提出乌江亭属于东城县。但东城在现在的安徽省定远县,今天定远县有东城遗址,而乌江亭则在现在的安徽省和县乌江镇,今天乌江镇还有霸王祠,祠内有纪念项羽的衣冠冢,两地相隔超过100千米。其实,乌江在秦朝应该属于历阳县,所以汉军攻下东城、历阳后就渡江了。

这样看来,项羽之死或许没有那么悲壮,实际上可能就是在东城突围失败战死了。不过,历史学者李开元认为这段史料是可信的,因为其中有个关键人物杨喜,而杨喜的五代孙杨敞,正是司马迁的女婿,所以司马迁采用了杨家的口述史料。这个说法看似合理,但其实杨喜与杨敞的亲属关系,并不见于《史记》与《汉书》。《汉书·高惠高后文功臣表》说在汉平帝时,朝廷就找不到杨喜的后代了。

杨喜与杨敞的亲属关系,其实是在《后汉书·杨震传》中才出现的。从东汉开始,豪族势力开始膨胀,他们都纷纷修订家谱,为家族攀附名人祖先。

《后汉书》成书于门阀兴盛的南朝，采用了不少这种家谱资料。这种倾向在《新唐书·宰相世系表》中达到了巅峰，制造了不少虚假的历史，比如它将杨喜写成了秦朝将领杨熊的弟弟。这些记录的可信度是要严重打折的，杨喜与杨敞或许根本没有血缘关系，那么所谓"杨喜的口述"自然也就靠不住了。

刘邦斩蛇的故事有什么寓意？

《史记·高祖本纪》里面讲了一个刘邦斩蛇的故事。刘邦作为亭长押送沛县的刑徒前往骊山服徭役，结果上路不久，许多人就逃跑了。当来到封邑西边的大泽中休息时，他与同行人开怀畅饮，并在半夜将刑徒都放走，自己也打算跑路。其中有十几个壮士感念刘邦恩德，愿意跟随他。于是，醉醺醺的刘邦就带上他们一起逃亡。在路上，刘邦走在前面，碰到了一条大蛇挡路，刘邦一剑把大蛇劈成两段，然后继续往前走。不久，后面追随刘邦的一些人路过刘邦斩蛇的地方，碰到一个老太婆在哭。众人问老太婆哭什么，老太婆就说：我的儿子是白帝的儿子，他变成蛇挡在路上，结果被赤帝的儿子杀掉了，所以我才哭啊。众人以为老太婆满嘴跑火车，但老太婆忽然就消失了。众人赶上刘邦后，将这事告诉已经酒醒的刘邦，他便告诉众人斩蛇之事，众人从此更敬重刘邦。后来刘邦起兵后，就以赤帝之子自居，推崇红色。

今天河南永城芒砀山有刘邦斩蛇处，不过永城不在丰县西边，位置明显不对；江苏丰县西郊也有个汉高祖斩蛇处，从位置来看显得更真实一些。

当然，这个故事明显只是一个传说，但其中的赤帝之子斩白帝之子，又显而易见有一定寓意。这就和"五德终始说"有关了。战国人认为，五行之间存在互相克制的关系，金胜木，木胜土，土胜水，水胜火，火胜金。《射雕英雄传》中所谓"南火克西金"，一灯大师的绝技"一阳指"能克制欧阳锋的"蛤蟆功"，来历正是如此。战国人认为每个朝代都有自己的五行属性，也就是"德"，历史周期就是按照"五德终始说"进行循环的。比如黄帝是土德，夏是木德，商是金德，周是火德，后者的德胜过前者的德。因为最后秦胜出了，秦就以水德自居，汉初承秦制，也自称是水德，直到武帝时才改为土德；而水对应的五色为黑色。

所以按照这个说法，秦应该是黑帝子。汉初承秦制，那也应该是黑帝子。武帝时改为土德，那就应该是黄帝子才合理，为什么要说秦是白帝子、汉是赤帝子呢？历史学家顾颉刚指出，这其实是西汉末年再次改德导致的。当时权臣王莽准备篡汉，王莽认为自己与过去改朝换代的方式不同，过去夏、商、周、秦、汉之间都是暴力革命，而他是和平禅让，所以他又炮制了一种新的"五行相生说"，前者的"德"诞生出后者的"德"。

"五行相生说"是怎么排列的呢？土生金，金生水，水生木，木生火，火生土。王莽认为自己是黄帝的后人，先占据了土德；火生土，汉朝就变成了火德；火胜金，所以秦朝又变成了金德。《秦始皇本纪》本来明确说，秦朝是水德，推崇黑色，衣服、旌旗、符节都用黑色，但《封禅书》又提到秦朝的服饰推崇白色，这明显是自相矛盾的。同样，《史记·孝文本纪》也认可汉初继承水德，但又时不时提到汉初推崇红色，这也是一个矛盾之处。

所以，顾颉刚先生认为，今天看到的《史记》的相关内容，都不是司马迁的原始记录了，而是经过了西汉后期的整理加工。不过，钱穆先生不同意这个观点，他指出，既然楚国在南边，秦国在西边，那么刘邦作为楚国人，自然以赤帝子自居，所以才编造出这个"南火克西金"的传说，象征西边的秦国将要被南边的楚国取代。所以，这里的"白帝子"和"赤帝子"与王朝的德无关，代表的仅仅是一种方位概念。这种说法也有一定道理，但说服力还是不如顾先生的观点。

还有一种观点认为，所谓"白帝子""赤帝子"既然是白帝之子、赤帝之子，那么按照金生水、火生土的方式，白帝生的儿子就是水德，赤帝生的儿子就是土德，不正好对应了秦朝水德和汉朝土德吗？这种观点看似能够自圆其说，其实是不符合古人概念的。如果刘邦是赤帝的儿子，对应土德就是黄帝；那汉文帝是刘邦的儿子，难道对应金德又是白帝吗？所以"五行相生"指的是朝代相生，而非简单的父子相生。"白帝子"是金德，"赤帝子"是火德，这是毫无疑问的。后世也都说高祖斩的是白蛇，没有人认为是黑蛇吧！

刘邦只比秦始皇小三岁吗？

网上流传一种说法，说秦始皇只比刘邦大三岁。这种说法的广泛流传，源于历史学者李开元的《秦崩》一书。该书在代序《历史的错觉》一文中提到，秦始皇生于公元前259年，刘邦生于公元前256年，他们之间只有三岁的年龄差，是同一代人。之所以给后人隔代的印象，是"时代区分割裂人物，历史观念影响历史时间的结果"。

但要注意的是，李开元在这段话之后有一个尾注，提到刘邦生年有两种说法。一种出自《史记·高祖本纪》南朝宋裴骃集解引用西晋学者皇甫谧的观点，说刘邦出生于公元前256年，享年六十二岁；另一种出自《汉书·高帝纪》隋末唐初颜师古注引用西晋学者臣瓒的观点，说刘邦享年五十三岁，那么刘邦就是公元前247年出生的。清代学者梁玉绳《史记志疑》提到《太平御览》引用的《史记》逸文，也是说刘邦享年六十二岁。所以李开元更支持前者的说法，认为刘邦出生在公元前256年。至于秦始皇出生的年份，《秦始皇本纪》记录很清楚，是秦昭王四十八年正月，即大约公元前259年2月，所以秦始皇就比刘邦大三岁。

但这种说法一定合理吗？我们先看所谓的"《史记》逸文"，其实这句话未必是《史记》的原文，因为如果《史记》能够明确刘邦去世年龄的话，自然就会在《高祖本纪》的开头写上刘邦生年。但毫无疑问，不管是《史记》还是《汉书》，都没有记录刘邦的生年。所以这个《史记》逸文，应该就是《史记·高祖本纪》集解引用的皇甫谧说法。

皇甫谧作为西晋人，司马迁和班固都不了解的事情，他的消息来源怎么就可靠呢？皇甫谧编写的一部史书《帝王世纪》，就采信了很多伪史的记载。

再看另一种说法，臣瓒也是西晋人，他的消息来源固然也是个谜，但臣瓒比皇甫谧有一点优势，他毕竟是朝廷大臣，而皇甫谧只是一位民间学者，所以臣瓒能接触到的资料肯定比皇甫谧多，整体也就相对可靠一些。

另外，虽然《史记》没有明确说刘邦年龄，但从其亲属来看，他的出生年份应该不会太早。第一，《项羽本纪》说，公元前205年，彭城之战后项羽追杀刘邦，刘邦把同车的儿子刘盈与女儿鲁元公主推下车，多亏夏侯婴把他们救上来。这样看来，刘盈与鲁元公主作为刘邦的嫡长子、女，当时大概还只是儿童。第二，《齐悼惠王世家》说，刘邦庶长子刘肥的次子刘章出生在公元前201年。第三，《吴王濞列传》说，刘邦二哥的儿子刘濞出生在公元前216年。可见，刘邦这些晚辈的年龄，整体也都比较年轻。第四，根据《张耳陈余列传》记载，魏国灭亡时张耳定居在外黄，这个时候刘邦跟随张耳当了几个月游侠。魏国灭亡是在公元前225年，二十来岁的刘邦开始闯荡江湖，前来投靠张耳也比较合理。

所以总体来看，在公元前256年和公元前247年这两个年份之中，还是公元前247年更可靠。但其实这两个年份也都有一些玄机。前一个年份公元前256年，正是东周王朝灭亡、末代天子周赧王去世的那年；而后一个年份公元前247年，又是秦始皇正式即位为秦王的那年。所以似乎都是在有意暗示，刘邦的身份非同一般，要么是周天子转世，要么是秦始皇再世。总之，即使刘邦不生于公元前247年，他应该也要比秦始皇小个十来岁才更加合理，大家的初始印象确实是没有错的，这个"历史的错觉"还真不是错觉。

汉文帝霸陵的位置为什么以讹传讹两千年？

2024年，美国考古学会在其主办的《美国考古学杂志》（American Journal of Archaeology）2024年第一期中，评选了"2023年度世界十大考古发现"，其中有一处是我国的考古发现，那就是在西安汉文帝霸陵发现的动物殉葬坑。这种大量珍禽异兽以单个墓葬的形式殉葬，在全国属于首次发现。霸陵的考古发现是在2021年才由国家文物局公布的，位于西安白鹿原东北端的江村大墓就是霸陵，而之前霸陵长期被认为是江村大墓北约2.1千米处的凤凰嘴。为什么会产生这样的讹误呢？

西汉时期的帝陵，大多数分布在渭河北岸的咸阳五陵原上，自西向东分别是武帝茂陵、昭帝平陵、成帝延陵、平帝康陵、元帝渭陵、哀帝义陵、惠帝安陵、高祖长陵和景帝阳陵，基本连成一线，且都建有高大的封土堆，时至今日还很方便辨识。

不过，还有两座帝陵分布在渭河南边：一座就是位于西安东南郊外少陵原上的宣帝杜陵，也有明显的封土堆；而唯独霸陵与众不同，没有封土堆作为标记，给后人的辨识增加了难度。

为什么霸陵会这样设计呢？《史记·孝文本纪》说，文帝最初下令为自己修建霸陵，就提到"治霸陵皆以瓦器，不得以金银铜锡为饰，不治坟，欲为省，毋烦民"，可见，文帝为了节俭而"不治坟"。"坟"和"墓"现在一般可以通用，但最早的意思是不同的，"墓"是墓穴的意思，"坟"就是墓上面的高土堆。所以霸陵是没有封土堆的。之后，文帝的遗诏又重申了要薄葬的意愿。

霸陵除汉文帝陵之外，还有窦皇后陵。《史记·外戚世家》说窦皇后去世后，与文帝合葬霸陵。汉朝的皇帝和皇后"同茔（yíng）异穴"，"茔"是墓地的意思，就是说虽然葬在同一个陵园，却有各自的墓穴和封土。此外，还有文帝母亲薄太后的南陵，由于建在霸陵之南而得名。

《汉书·文帝纪》说文帝"治霸陵，皆瓦器，不得以金银铜锡为饰，因其山，不起坟"，与《孝文本纪》基本一致，但多出了"因其山"三个字，这就给后人造成一种误导：霸陵是在山中凿洞为陵、以石砌筑而成的。这种类似的形式见于不少西汉诸侯王陵，比起以穴地为墓、筑土为陵的其他帝陵更为节省，也就更符合文帝节俭的要求。唐朝帝陵即是如此。

北魏郦道元的《水经注》，最早提出霸陵在白鹿原东；元代民间学者骆天骧的《类编长安志》，又将霸陵的位置锁定在白鹿原北凤凰嘴下；清代学者毕沅担任陕西巡抚时，分别为汉文帝霸陵、窦皇后陵和薄太后南陵立了碑。窦皇后陵和薄太后南陵因为都有封土堆，比较好确认；而毕沅为文帝霸陵立的碑，就在凤凰嘴之下。

2001年，国家文物局在此处树立全国重点文物保护单位碑，表示对毕沅观点的认可。至于毕沅确定的窦皇后陵和薄太后南陵，也已经被考古发现证明是不错的。不过，凤凰嘴却一直没有墓葬发现。后来因为江村大墓的部分外藏坑和陪葬墓被盗，文物流到了海外市场，这才引起考古工作者的注意。经过抢救性发掘和对整个大墓的勘探，考古工作者这才确认：原来江村大墓才是真正的文帝霸陵！

第一，从地理位置来看，江村大墓位于凤凰嘴、窦皇后陵与薄太后南陵之间，比凤凰嘴距窦皇后陵更近，又有一周陵园遗址作为江村大墓与窦皇后陵共同的外围，表明二者符合"同茔异穴"的形态；第二，江村大墓为"亚"字形制，也就是东南西北四面各有一条墓道，这是秦汉时期典型的帝后陵形制；第三，江村大墓的墓室面积达到5256平方米，而过去发现墓室最大的西汉诸侯王陵——洛庄汉墓的墓室也仅有1295平方米。这几条都是比较过硬的证据，墓主的身份自然也就明确了。

这样看来，《文帝纪》说的"因其山"，只是依山为陵，而不是以山为陵。

文帝霸陵的地望在唐宋之前，虽然能被确认在白鹿原，但却无法确知具体位置，后来可能受到唐代帝陵"因山为陵"的风尚和凤凰嘴奇特地貌的影响，而误导了后人的认知，尤其是元人骆天骧《类编长安志》的以讹传讹，最终导致这一谬误流传了千百年，甚至连毕沅这样的大学者都拜错了坟。

钩弋夫人是怎么死的？

《史记·外戚世家》记录了汉武帝钩弋夫人的故事。钩弋夫人姓赵，是河间国人。河间国在今天河北沧州一带，今天沧州还有小吃河间驴肉火烧。钩弋夫人为武帝生了皇子刘弗陵，就是后来的汉昭帝，当时武帝已经七十高龄了。之前太子刘据被迫造反，失败自杀，皇后卫子夫也已自杀，武帝就一直没有立太子和皇后。他对年富力强的儿子们更加不放心，相反，更偏爱天真无邪的刘弗陵，这也是老国君的常见心态。有一次，武帝让画师画了一幅《周公负成王图》。大臣们一看，就知道武帝要立小儿子刘弗陵为太子了。因为据说周成王即位时年幼，是由王叔周公旦来辅佐摄政的。

过了几天，武帝无端责骂钩弋夫人，钩弋夫人连忙磕头请罪。武帝却无动于衷，命令侍卫把她拉走，送往掖庭。钩弋夫人回头望向武帝，乞求宽恕。然而武帝却跟铁了心一样，催促她赶快上路，并直言她就是不能活下去了。之后，钩弋夫人死在了云阳宫。她去世时暴风忽起，尘土飞扬，百姓都非常悲伤，使者当晚就用棺材把她埋葬了，并在墓地做了标记。

之后有一天武帝闲居无事，就问左右侍从："百姓是怎样议论钩弋夫人之死的？"侍从们说："他们都议论道，陛下既然立她的儿子为太子，为什么又要除掉母亲呢？"武帝说："这就不是小孩和愚人能懂的了！古代国家之所以动乱，是因为国君年少，太后年壮。女主独居宫中，容易骄奢淫逸，没人能管得住，你们没听说过吕后的故事吗？"所以，只要为武帝生了子女的嫔妃，最终都会被武帝"谴死"，也就是受到谴责而死。

钩弋夫人怎么死的呢？《史记·外戚世家》说得有些含糊，但其实也很明白了，钩弋夫人就是被武帝处死的。《汉书·外戚传》的记录则更加翔实，说武帝巡游河间国,随行的望气师说,这里有奇女子。武帝因此查访到了钩弋夫人,当时她双手紧握,武帝掰开她的双手,赐号为拳夫人,被封为婕妤。当时武帝没有皇后,婕妤就是后宫的最高职位。至于"钩弋夫人"的称号,应该是说拳头握着像钩状,张开时手指又像"弋"。弋是一种带有绳子的箭,大概说她手指修长。拳夫人住在钩弋宫,生下皇子刘弗陵。刘弗陵五六岁时,武帝认为他强壮聪明,和自己很像,想立他为储君,又怕钩弋夫人专权。后来钩弋夫人因为一点小过失,被武帝责备,自己忧惧而死。

如果说《史记·外戚世家》的记录只是相对隐晦,《汉书·外戚传》就明显是为武帝讳了。托名西汉刘向、成书于东汉的《列仙传》则把钩弋夫人描写为仙人,她先为武帝生下皇子刘弗陵,后来却被武帝"害之"。殓葬时尸体仍不冷,香味散发了一个月。等到昭帝即位,想重新安葬母亲,棺中却只剩下一双丝履。这是典型的道教尸解神话。相对于《史记》《汉书》,《列仙传》更能反映民众的普遍心理,他们都相信钩弋夫人是遭遇毒手,之后又羽化成仙了。

不过,历史学者安子毓质疑《史记·外戚世家》的记录,认为武帝根本没有"立子杀母"的动机,因为国君年少、太后辅政才是国家常态。太后毕竟是国君的母亲,如果没有太后的话,其他大臣不是更不可靠吗?而且钩弋夫人被杀的时候,刘弗陵才五六岁,但直到武帝去世前两天,刘弗陵才匆匆册立为太子,当时他已经八岁了。也就是说,武帝在处死钩弋夫人之后,并没有马上立刘弗陵为太子。而且,《外戚世家》所谓的为武帝生了子女的嫔妃,通通都被武帝谴死,这自然也是无稽之谈。

安子毓先生指出,刘弗陵的储君之位可能根本不是来自武帝的遗命,而是来自霍光的决策!但是,把钩弋夫人之死解释为武帝"杀母立子",无疑是为了加强昭帝即位的合法性。因为《外戚世家》经过了汉成帝时大臣褚少孙的续写,而褚少孙本人又是霍光的粉丝;所以他应该是为了维护霍光,才编出来这段故事。有的学者认为钩弋夫人是因参与了巫蛊之案而被武帝处死的,虽然论据仍不太充分,不过观点颇合情理,不妨备为一说。

《鬼吹灯》中的古滇国真实存在吗？

探险小说《鬼吹灯》系列的《云南虫谷》提到了一个古滇国。这个古滇国在怒江西岸的高黎贡山，位于青藏高原东南部和横断山脉中西侧。其实，在历史上云南地区确实有一个滇国，但它是位于以滇池为核心的云南的中部和东部地区。所以，小说中的古滇国，只是借鉴了滇国这个名字，其实二者并没有多少关系。

《史记·西南夷列传》最早记录了滇国的历史。据说，楚威王派将军庄蹻沿长江西上，一直到达云南滇池一带，发现这儿地域辽阔，土地肥沃，便占领此地，将其划入楚国领土。然而，当庄蹻准备返回楚国时，本来要途经的楚国巴郡和黔中郡却被秦国占领了。巴郡大概就是现在的重庆一带，黔中郡大概就是湖南西部、贵州东部一带。这下庄蹻无路可回，只好带领军队留在滇地。之后，庄蹻就遵从滇地风俗，在滇地割据称王。这就是古滇国的由来。庄蹻是楚国的将军，又是楚庄王的后人，那么滇国可以算是楚国的分支了。

《后汉书·南蛮西南夷传》的说法有些不同，说楚顷襄王派将军庄豪从沅江攻打夜郎，军队到达且兰这个地方，就把船拴在岸上改为步行。之后庄豪率军攻灭了夜郎，于是就留在滇地做起了滇王。因为且兰有停船的木桩，所以就把且兰改名为牂（zāng）柯（kē）。牂柯是当地人对系船木桩的称呼。庄豪就是庄蹻，"豪""蹻"两个字可以通假。但庄蹻西征的时代被改为了楚顷襄王时期，而且是沿着湖南进入贵州，最后才到达云南的。那么，哪种说法更可靠呢？

关于庄蹻这个人物的事迹，史书上存在不同的说法。先秦文献一般认为，庄蹻是与盗跖齐名的大盗。根据《荀子》的说法，公元前 301 年，楚怀王在位时，楚国在垂沙之战中惨败于齐、韩、魏三国联军，庄蹻则趁机在国内发动叛乱，还一度攻打郢都，使得楚国陷入四分五裂的状态。这两个庄蹻是什么关系呢？明代学者胡应麟《困学纪闻》认为，入滇的庄蹻和暴郢的庄蹻是两个人。

历史学者杨宽则认为，这两个庄蹻其实就是同一个人。庄蹻本身是楚国的一个将领，在叛变之后又被招安，之后楚顷襄王派庄蹻入滇，后来秦国攻下黔中和郢都，庄蹻无路可回，从而在滇称王。所以，这两个庄蹻应该就是同一个人，而入滇的时间应该是楚顷襄王时，因为楚国的郢都正是在这个时期被秦国攻下的。这样看来，《后汉书》的作者似乎是发现了《史记》存在明显的错误，从而进行了修正。

其实，庄蹻入滇之说可能根本就是子虚乌有。在《史记》之前，就没有过这个说法；而且，楚顷襄王时楚国已经衰退，再派庄蹻远征似乎说不过去。更重要的是，古滇国的墓葬也已经发掘出来了，可以证实在战国秦汉时期，滇池一带以及滇东南地区，确实存在这么一个滇国。而考古发现的滇国遗存，是一支独立发展的滇文化，并没有受到楚文化多少影响。他们没有华夏已经普及的文字，但从春秋时期开始就有了自己的青铜文明。如果滇国是楚人建立的国家，不可能看不到明显的华夏痕迹。

历史人类学学者王明珂认为，古滇国被认为是楚国的后裔，实际上是华夏在发展壮大过程中，同周边族群交流融合的结果。类似的案例，还有先秦时期东南的吴国、东北的箕子朝鲜和西北的秦国等。

那么，为什么要选庄蹻扮演这个角色呢？春秋时期楚庄王是一代霸主，他的名望很可能传播到了西南地区，所以滇国传说中的祖先也就被称为"庄王"，后世自然就要找个华夏人物跟这个"庄王"配对。春秋战国的庄氏名人不多，最有名的思想家庄周自然不会被安排上，还有一位是楚顷襄王时的庄辛，以直谏闻名，被封于淮北的阳陵，再有就是昙花一现的大盗庄蹻，那么庄蹻自然就是最佳的人选了。

"夜郎自大"中的"夜郎"是个什么样的国家？

《史记·西南夷列传》说，汉武帝派使者来到滇国，滇王问：汉朝和我们比谁更大呢？后来使者又去了夜郎，夜郎侯也同样发问：汉朝和我们比谁更大呢？后世就有了"夜郎自大"这个成语，形容不自量力、妄自尊大。不过，既然同时存在"滇国自大"和"夜郎自大"，而且还是滇王先发问的，为什么只有"夜郎自大"成了典故呢？

第一，滇国确实比夜郎国要大一点，汉朝使者回报也只说滇国是大国，所以这里就管滇国国君叫王，而夜郎国君只配叫侯。不过，汉朝最后还是把滇国国君和夜郎国君都封王了，还分别颁赐了王印给他们两位，而这个待遇，其他西南夷小国都没有，这证明夜郎国在西南小国中，实力其实是仅次于滇国的。

第二，或者是因为"夜郎"这个名字本身比较特别，"夜郎自大"叫起来更为好听一些。

第三，就考古发现来说，滇国的考古发现也比夜郎国更为丰富。滇国的考古遗址发现了不少，出土了大量的青铜器，其中最重要的发现是位于云南昆明晋宁区石寨山的滇国墓葬，这里是战国至西汉时期的滇王墓地，其中就有一枚"滇王之印"。此外还发现了一套玉衣，与中山靖王刘胜墓出土的金缕玉衣相似，但没有穿线，可能只是半成品或一种象征。这不但证明这里就是西汉时期的滇王墓葬，而且印证了文献中汉朝册封滇王的说法。而贵州境内的一些遗址，尽管有一些被认为是古夜郎遗址，但墓葬整体规模比较小，规格也比较低。目前夜郎考古最丰富的地方是在贵州西北毕节市赫章县的可乐乡，其中比较有特色的是一种"套头葬"的习俗，用铜釜等青铜器把死者的头或脚套起来，非常神秘。

第四，就传世文献来说，滇国也明显比夜郎国更受到中原政权的重视。《西南夷列传》就讲了滇国始祖为楚庄王之后将军庄蹻，明显是要把滇国纳入华夏世系，但并没有介绍夜郎国的来源。直到《后汉书·南蛮西南夷列传》才介绍了一个夜郎国始祖的故事，说的是一位女子在遁水边洗衣服，有一根三节的大竹子流到她足间。她听到里面有哭声，剖开后见到一名男婴，女子就将其抚养大。他长大后，就自立为夜郎侯了。这个故事是从西晋蜀地学者常璩《华阳国志》中抄来的，所以仍然没有"中原中心论"。

基于以上四个理由，夜郎显然是被汉朝人士更为轻视的，所以就用"夜郎自大"来奚落。

这里再补充说一下滇国和夜郎国考古发掘的情况。

除了石寨山滇国墓地，滇池一带及滇东南地区也出土了不少滇国墓葬，最早的可以追溯到春秋时期，出土文物中最有特色的是青铜贮贝器和扣饰，这两种都是世界独一无二的文物类型。贮贝器是一种用来贮藏贝币的青铜器具，不少器盖上雕刻了动物或者人物活动场面；扣饰则是一种用反面钩状扣系在人身或者物品上的青铜饰品，其正面的图案也多种多样，生动反映了滇人的自然状态与社会情况。

至于夜郎国，在滇国的东边，《史记》说在牂牁江的旁边，今天贵州西部六盘水有牂牁江风景区，是发源于乌蒙山脉的北盘江水系中的一段。而从目前的考古来看，贵州当地的青铜文明也主要集中在西部地区，所以这一带往往被认为是夜郎国所在地。不过，这里的考古遗址规模整体较小，有的考古学者也认为此地应该并非夜郎国的核心地带，而且没有出土"夜郎王之印"这种象征身份的确凿文物，所以这些遗址甚至也有可能并非古夜郎国遗迹。总之，相对于滇国来说，夜郎国还有不少未解之谜，考古方面还有很大的探索空间。

神话中和现实中的昆仑山是什么关系？

我们对昆仑山并不陌生。昆仑山位于新疆、西藏之间，并延伸至青海境内，是祖国西北部一条雄伟壮丽的山脉。它在历史上拥有无数奇幻瑰丽的神话传说。那么，为何古人会对这座山情有独钟呢？

最早记录昆仑山的是先秦时期的《山海经》。按照其中的说法，昆仑山是位于西部地区的一座非常重要的神山，它不仅是黄河的发源地，还是天帝位于人间的都城，无数神仙和奇珍异兽住在这里。其中最有名的就是西王母了。

古人对高山非常崇拜，因为山是世上离天最近的地方，也就被认为是沟通天地的桥梁。高山对于古人来说，又有大量的未开发区域，这更增加了它的神秘色彩。而且中国地形西北高，东南低，所以西部的山更巍峨。昆仑山就是在这样的观念下被幻想成一座神山的。那么，这座神秘的昆仑山，跟现实中的昆仑山是啥关系呢？

先秦文献《庄子》《楚辞》等也记录了昆仑山，大都把它当作神山来叙述。只有《穆天子传》把它现实化，说周穆王西游，行走了一万四千里，然后登上昆仑山，还拜了山上黄帝的宫殿，再往西行到瑶池，见到了西王母。如果这个距离真实可信的话，那么昆仑山要位于亚欧大陆的中西部了。此外，《尚书·禹贡》说大禹时西北雍州的边塞地区，有个叫昆仑的西戎小国。

《穆天子传》和《禹贡》当然不是真实的历史记载，但反映了古人开始有意识探索昆仑山的实际位置。然而，秦朝疆域最西边也只到临洮，就是今天的甘肃定西，人们对再往西的区域的认知就是一片模糊了。

直到汉武帝的时候，才有了进一步探索的条件。当时汉武帝想联合西域的月氏人夹击匈奴，就有了著名的"张骞通西域"。张骞回国后，向武帝汇报了西域的地理情况。根据他的介绍，大宛东边有于阗（tián）国（于阗就是今天的新疆和田），于阗东边的水往东注入盐泽，也就是今天的罗布泊；盐泽的水又在地下往南流，出地面就到黄河源头了。

不过，张骞又说，大月氏往西数千里是安息，安息再往西有个条支国，靠近西海，西海就是今天的地中海。安息一带的老人说条支有西王母，但未尝一见。看来，张骞也不敢断定昆仑山所在。之后，汉武帝派名将卫青、霍去病等人击败匈奴，打通了河西走廊，汉朝到盐泽之间没有了阻隔。武帝再次派使者前往西域，使者跟武帝回报，说黄河确实发源于于阗。武帝非常高兴，下令把于阗南山命名为昆仑山。

不过，司马迁对此表示有异议，他在《史记·大宛列传》中专门记录了此事。他认为，于阗南山与《山海经》记录的昆仑并不相同，他更相信《禹贡》所说，黄河发源于积石山。至于昆仑山，大概司马迁认为它是神山，而不愿谈论其所在。

后人对黄河之源继续探索，《新唐书·吐蕃传下》说，唐朝使臣刘元鼎出使吐蕃，途经紫山，也就是今天的巴颜喀拉山，他认为这就是黄河源头的昆仑山。之后，元朝、清朝都有官员考察过，确认黄河发源于巴颜喀拉山北麓的星宿海地区，这和今天的认识已经基本一致了。如果认可"河出昆仑"的话，那么巴颜喀拉山就是昆仑山。

除位于新疆、青海的传统说法外，也有不少学者提出新的见解，有的主张昆仑山是甘肃祁连山，有的主张是四川岷山，还有的主张是中原的河南王屋山或者山东泰山。当然，还有人认可《穆天子传》，认为昆仑山在域外。

《山海经》中的昆仑山，更多的是当时人观念中的神山，未必一定要从现实的高山中找出准确的对应。但古往今来对于黄河之源的探索，却是非常具有科学价值的实践活动。今天地理学者命名的昆仑山脉，包括新疆和田地区与西藏交界的山脉，把张骞所发现的于阗南山扩大为整段山脉；而巴颜喀拉山属于昆仑山脉东段的南支。这样一来，既尊重了汉代命名的历史传统，又兼顾了后世至今的科学认知，算是最佳的处理方式了。

参考文献

一、传世文献、文献汇编类

1. 〔汉〕司马迁撰、〔宋〕裴骃集解、〔唐〕司马贞索隐、〔唐〕张守节正义：《史记》，中华书局，1982年。
2. 〔汉〕司马迁撰、〔宋〕裴骃集解、〔唐〕司马贞索隐、〔唐〕张守节正义：《史记》，中华书局，2013年。
3. 〔魏〕王弼注、〔唐〕孔颖达疏：《周易正义》，北京大学出版社，1999年。
4. 〔汉〕孔安国传、〔唐〕孔颖达疏：《尚书正义》，北京大学出版社，1999年。
5. 〔汉〕毛亨传、〔汉〕郑玄笺、〔唐〕孔颖达疏：《毛诗正义》，北京大学出版社，1999年。
6. 〔汉〕郑玄注、〔唐〕贾公彦疏：《周礼注疏》，北京大学出版社，1999年。
7. 〔汉〕郑玄注、〔唐〕贾公彦疏：《仪礼注疏》，北京大学出版社，1999年。
8. 〔汉〕郑玄注、〔唐〕孔颖达疏：《礼记正义》，北京大学出版社，1999年。
9. 〔周〕左丘明传、〔晋〕杜预注、〔唐〕孔颖达正义：《春秋左传正义》，北京大学出版社，1999年。
10. 〔汉〕公羊寿传、〔汉〕何休解诂、〔唐〕徐彦疏：《春秋公羊传注疏》，北京大学出版社，1999年。
11. 〔晋〕范宁集解、〔唐〕杨士勋疏：《春秋穀梁传注疏》，北京大学出版社，1999年。
12. 〔魏〕何晏注、〔宋〕邢昺疏：《论语注疏》，北京大学出版社，1999年。
13. 〔晋〕郭璞注、〔宋〕邢昺疏：《尔雅注疏》，北京大学出版社，1999年。

14.〔汉〕赵岐注、〔宋〕孙奭疏:《孟子注疏》,北京大学出版社,1999年。

15. 杨伯峻编著:《春秋左传注》,中华书局,2016年。

16.〔三国〕曹操等注、杨丙安校理:《十一家注孙子校理》,中华书局,2018年。

17.〔清〕孙诒让撰:《墨子闲诂》,中华书局,2018年。

18. 蒋礼鸿撰:《商君书锥指》,中华书局,2018年。

19. 张震泽撰:《孙膑兵法校理》,中华书局,2018年。

20. 黎翔凤撰、梁运华整理:《管子校注》,中华书局,2018年。

21.〔魏〕王弼注、楼宇烈校释:《老子道德经注校释》,中华书局,2018年。

22.〔清〕郭庆藩撰:《庄子集释》,中华书局,2018年。

23. 徐元诰撰:《国语集解》,中华书局,2002年。

24. 方诗铭、王修龄撰:《古本竹书纪年辑证》,上海古籍出版社,2005年。

25. 黄怀信、张懋镕、田旭东撰,黄怀信修订:《逸周书汇校集注》(修订本),上海古籍出版社,2007年。

26.〔清〕王先谦撰:《荀子集解》,中华书局,2018年。

27. 许维遹撰:《吕氏春秋集释》,中华书局,2018年。

28.〔清〕王先慎撰:《韩非子集解》,中华书局,2018年。

29. 何建章:《战国策注释》,中华书局,2019年。

30.〔宋〕洪兴祖撰:《楚辞补注》,中华书局,1983年。

31. 袁珂校注:《山海经校注》(增补修订本),巴蜀书社,1993年。

32. 王利器撰:《新语校注》,中华书局,2018年。

33. 阎振益、钟夏校注:《新书校注》,中华书局,2018年。

34.〔清〕王聘珍撰:《大戴礼记解诂》,中华书局,1983年。

35.〔汉〕韩婴撰、许维遹校释:《韩诗外传集释》,中华书局,2020年。

36. 刘文典撰:《淮南鸿烈集解》,中华书局,2018年。

37. 向宗鲁校证:《说苑校证》,中华书局,2009年。

38. 石光瑛校释:《新序校释》,中华书局,2021年。

39.〔清〕王照圆撰:《列女传补注》,华东师范大学出版社,2012年。

40. 林屋译注:《列仙传》,中华书局,2021年。

41.〔汉〕班固撰:《汉书》,中华书局,1962年。

42. 汪荣宝撰:《法言义疏》,中华书局,2018年。

43. 王利器校注:《盐铁论校注》,中华书局,2015年。

44.〔清〕汪继培笺、彭铎校正:《潜夫论笺校正》,中华书局,2018年。

45. 黄晖撰:《论衡校释》,中华书局,2018年。

46.〔清〕段玉裁撰:《说文解字注》,中华书局,2013年。

47. 李步嘉校释:《越绝书校释》,中华书局,2013年。

48. 周生春辑校汇考:《吴越春秋辑校汇考》,中华书局,2019年。

49. 王利器注解:《风俗通义校注》,中华书局,2010年。

50. 胡守为校释:《神仙传校释》,中华书局,2010年。

51. 许富宏撰:《鬼谷子集校集注》,中华书局,2019年。

52. 房立中编著:《新编鬼谷子全书》,光明日报出版社,2009年。

53.〔清〕马骕撰:《绎史》,中华书局,2002年。

54. 朱铸禹汇校集注:《全祖望集汇校集注》,上海古籍出版社,2021年。

55. 袁珂、周明编:《中国神话史料萃编》,四川省社会科学院出版社,1985年。

56.〔日〕安居香山、中村璋八:《纬书集成》,河北教育出版社,1994年。

二、出土文献、考古报告类

57. 安徽大学汉字发展与应用研究中心编,黄德宽、徐在国主编:《安徽大学藏战国竹简》(二),中西书局,2022年。

58. 北京大学出土文献研究所:《北京大学藏西汉竹书》(叁),上海古籍出版社,2015年。

59. 曹锦炎:《上海博物馆藏战国竹书〈楚辞〉》,《文物》,2010年第2期。

60. 陈伟主编:《里耶秦简牍校释》(第二卷),武汉大学出版社,2019年。

61. 阿房宫考古工作队:《西安市阿房宫遗址的考古新发现》,《考古》,

2004 年第 4 期。

62. 郭长江、李晓杨、凡国栋、陈虎：《嬭加编钟的初步试读》，《江汉考古》，2019 年第 3 期。

63. 郭长江、凡国栋、陈虎、李晓杨：《曾公求编钟的初步试读》，《江汉考古》，2020 年第 1 期。

64. 河北省文物研究所、定州汉墓竹简整理小组：《定州西汉中山怀王墓竹简〈六韬〉释文及校注》，《文物》，2001 年第 5 期。

65. 河南省文物考古研究所编著：《固始侯古堆一号墓》，大象出版社，2004 年。

66. 湖南博物院、复旦大学出土文献与古文字研究中心编纂，裘锡圭主编：《长沙马王堆汉墓简帛集成》（修订本），中华书局，2024 年。

67. 荆门市博物馆编：《郭店楚墓竹简》，文物出版社，1998 年。

68. 荆州博物馆、武汉大学简帛研究中心编著：《荆州胡家草场西汉简牍选粹》，文物出版社，2021 年。

69. 李零：《子弹库帛书》，文物出版社，2017 年。

70. 刘庆柱等：《齐故城小城西门外建筑基址群考古发现专家论证意见》，《中国文物报》，2022 年 2 月 11 日。

71. 马承源主编：《上海博物馆藏战国楚竹书》（二），上海古籍出版社，2002 年。

72. 马承源主编：《上海博物馆藏战国楚竹书》（四），上海古籍出版社，2004 年。

73. 马承源主编：《上海博物馆藏战国楚竹书》（七），上海古籍出版社，2008 年。

74. 马承源主编：《上海博物馆藏战国楚竹书》（八），上海古籍出版社，2011 年。

75. 内江市文管所、简阳县文化馆：《四川简阳县鬼头山东汉崖墓》，《文物》，1991 年第 3 期。

76. 清华大学出土文献研究与保护中心编、李学勤主编：《清华大学藏战国竹简》（壹），中西书局，2010年。

77. 清华大学出土文献研究与保护中心编、李学勤主编：《清华大学藏战国竹简》（贰），中西书局，2011年。

78. 清华大学出土文献研究与保护中心编、李学勤主编：《清华大学藏战国竹简》（叁），中西书局，2012年。

79. 清华大学出土文献研究与保护中心编、李学勤主编：《清华大学藏战国竹简》（伍），中西书局，2015年。

80. 清华大学出土文献研究与保护中心编、李学勤主编：《清华大学藏战国竹简》（陆），中西书局，2016年。

81. 清华大学出土文献研究与保护中心编、黄德宽主编：《清华大学藏战国竹简》（拾壹），中西书局，2021年。

82. 陕西省考古研究院编著：《李家崖》，文物出版社，2013年。

83. 陕西省考古研究院、靖边县文物管理处：《陕西靖边县杨桥畔渠树壕东汉壁画墓发掘简报》，《考古与文物》，2017年第1期。

84. 山东省文物考古研究院：《齐故城小城西门外建筑基址群发掘收获》，《中国文物报》，2022年2月11日。

85. 陕西省考古研究院、西安市文物保护考古研究院：《汉文帝霸陵考古调查勘探简报》，《考古与文物》，2022年第3期。

86. 睡虎地秦墓竹简整理小组编：《云梦睡虎地秦简》，文物出版社，1990年。

87. 天回医简整理组编著：《天回医简》，文物出版社，2023年。

88. 王明钦：《王家台秦墓竹简概述》，《新出简帛研究》，文物出版社，2004年。

89. 吴小强：《秦简日书集释》，岳麓书社，2000年。

90. 杨军、王楚宁、徐长青：《西汉海昏侯刘贺墓出土〈论语·知道〉简初探》，《文物》，2016年第12期。

91. 银雀山汉墓竹简整理小组编：《银雀山汉墓竹简》（壹），文物出版社，1985年。

92. 张家山二四七号汉墓竹简整理小组：《张家山汉墓竹简（二四七号墓）》，

文物出版社，2001 年。

三、学术专著、个人文集类

93. 白国红：《春秋晋国赵氏研究》，中华书局，2007 年。

94. 曹锦炎：《论张家山汉简〈盖庐〉》，《吴越历史与考古论丛》，文物出版社，2007 年。

95. 曹锦炎：《越王姓氏新考》，《吴越历史与考古论丛》，文物出版社，2007 年。

96. 晁福林：《论平王东迁》，《春秋战国史丛考》，苏州大学出版社，2015 年。

97. 陈絜：《商周姓氏制度研究》，商务印书馆，2007 年。

98. 程浩：《出土文献与郑国史新探》，上海古籍出版社，2021 年。

99. 范希衡：《〈赵氏孤儿〉与〈中国孤儿〉》，上海古籍出版社，2010 年。

100. 傅斯年：《周东封与殷遗民》，《民族与古代中国史》，上海古籍出版社，2012 年。

101. 傅斯年：《论所谓五等爵》，《民族与古代中国史》，上海古籍出版社，2012 年。

102. 顾颉刚：《浪口村随笔·太公望年寿》，《顾颉刚读书笔记》（卷十六），中华书局，2011 年。

103. 顾颉刚：《史林杂识初编·"共和"》，《顾颉刚读书笔记》（卷十六），中华书局，2011 年。

104. 顾颉刚：《孔子事实的变迁》，《顾颉刚古史论文集》（卷四），中华书局，2011 年。

105. 顾颉刚：《州与岳的演变》，《顾颉刚古史论文集》（卷五），中华书局，2011 年。

106. 顾颉刚：《昆仑传说与羌戎神话》，《顾颉刚古史论文集》（卷六），中华书局，2011 年。

107. 顾颉刚：《周公摄政称王——周公东征史事考证之二》，《顾颉刚古史论文集》（卷十），中华书局，2011 年。

108. 顾颉刚：《孟姜女故事研究集》，《顾颉刚民俗论文集》（卷二），中华书局，2011 年。

109. 顾颉刚：《论巴蜀与中原的关系》，四川人民出版社，2019 年。

110. 顾颉刚著、王煦华辑：《苏州史志笔记》，古吴轩出版社，1987 年。

111. 郭必恒：《〈史记〉民俗学探索与发现》，知识产权出版社，2012 年。

112. 郭沫若：《金文丛考·汤盘孔鼎之扬榷》，《郭沫若全集·考古编》（第五卷），科学出版社，2002 年。

113. 郭永秉：《〈老子〉通识》，中华书局，2022 年。

114. 胡厚宣：《甲骨文四方风名考证》，《甲骨学商史论丛初集（外一种）》，河北教育出版社，2002 年。

115. 黄懿陆：《滇国史》，云南人民出版社、云南大学出版社，2012 年。

116. 劳榦：《战国时代的战争》，《秦汉简史》，中华书局，2018 年。

117. 李衡眉：《孔子的出生与古代婚俗》，《先秦史论集》，齐鲁书社，1999 年。

118. 李衡眉：《野合习俗的由来》，《先秦史论集》，齐鲁书社，1999 年。

119. 李家浩：《吴王夫差盉铭文》，《著名中年语言学家自选集·李家浩卷》，安徽教育出版社，2002 年。

120. 李开元：《秦崩：从秦始皇到刘邦》，三联书店，2015 年。

121. 李开元：《楚亡：从项羽到韩信》，三联书店，2015 年。

122. 李开元：《秦谜：重新发现秦始皇》（插图增订版），上海人民出版社，2020 年。

123. 李零：《吴孙子发微》（典藏本），中华书局，2014 年。

124. 李天飞：《号令群神：李天飞"封神"笔记》，江苏凤凰文艺出版社，2020 年。

125. 李维明：《司母戊鼎还有多少待解之谜》，四川人民出版社，2017 年。

126. 李学勤：《走出疑古时代·释楚帛书中的女娲》，《李学勤文集》（第二卷），江西教育出版社，2023 年。

127. 李学勤：《论殷代亲族制度》，《李学勤文集》（第九卷），江西教育出版社，2023年。

128. 李学勤：《论高青陈庄器铭"文祖甲齐公"》，《李学勤文集》（第十六卷），江西教育出版社，2023年。

129. 李学勤：《由新见青铜器看西周早期的鄂、曾、楚》，《李学勤文集》（第十六卷），江西人民出版社，2023年。

130. 李学勤：《论清华简〈保训〉的几个问题》，《李学勤文集》（第二十卷），江西教育出版社，2023年。

131. 李学勤：《周易溯源》，《李学勤文集》（第二十一卷），江西教育出版社，2023年。

132. 李亦辉：《〈封神演义〉考论》，人民文学出版社，2018年。

133. 梁宁森、郑建英：《虢国研究》，河南人民出版社，2007年。

134. 梁云：《西垂有声：〈史记·秦本纪〉的考古学解读》，三联书店，2020年。

135. 刘勃：《失败者的春秋》，百花文艺出版社，2019年。

136. 刘国忠：《古代帛书》，文物出版社，2004年。

137. 刘惠萍：《伏羲神话传说与信仰研究》，陕西师范大学出版社，2013年。

138. 刘起釪：《古史续辨》，中国社会科学出版社，1991年。

139. 卢中阳：《商周指定服役制度研究》，花木兰出版社，2013年。

140. 吕思勉：《中国通史》，上海古籍出版社，2021年。

141. 钱穆：《国史大纲》，商务印书馆，2015年。

142. 裘锡圭：《说"妠"》（提纲），《裘锡圭学术文集》（甲骨文卷），复旦大学出版社，2015年。

143. 裘锡圭：《寒食与改火——介子推焚死传说研究》，《裘锡圭学术文集》（古代历史、思想、民俗卷），复旦大学出版社，2015年。

144. 三门峡虢国博物馆编：《周风虢韵：虢国历史文化陈列》，科学出版社，2019年。

145. 三星堆博物馆、三星堆研究院编：《解说三星堆》，巴蜀书社，2014年。

146. 邵会秋：《君子之兵：青铜剑与草原文化》，上海古籍出版社，2022 年。

147. 沈长云：《"邑姜"、"大姜"辨——周武王后妃称谓释疑》，《上古史探研》，中华书局，2002 年。

148. 苏秉琦：《中国文明起源新探》，三联书店，2019 年。

149. 田成方：《楚系家族墓葬研究》，武汉大学出版社，2021 年。

150. 田余庆：《说张楚——关于"亡秦必楚"问题的探讨》，《秦汉魏晋史探微》（重订本），中华书局，2023 年。

151. 童书业著、童教英校订：《春秋史》（校订本），中华书局，2012 年。

152. 王国维：《鬼方昆夷玁狁考》，《观堂集林（外二种）》，河北教育出版社，2003 年。

153. 王国维：《殷卜辞中所见先公先王考》，《观堂集林（外二种）》，河北教育出版社，2003 年。

154. 王国维：《古诸侯称王说》，《观堂集林（外二种）》，河北教育出版社，2003 年。

155. 王美凤、周苏平、田旭东：《文明的历程·春秋》，上海科学技术文献出版社，2020 年。

156. 王明珂：《弟兄祖先与弟兄民族：根基历史的文本与情境》，中华书局，2009 年。

157. 王明珂：《游牧者的抉择：面对汉帝国的北亚游牧部族》，上海人民出版社，2018 年。

158. 王明珂：《华夏边缘：历史记忆与族群认同》，上海人民出版社，2020 年。

159. 王仁湘：《束带矜庄：古代带钩与带扣》，文物出版社，2022 年。

160. 王玉哲：《秦人的族源及迁徙路线》，《王玉哲文集》，南开大学出版社，2019 年。

161. 吴恩培：《勾吴文化的现代阐释》，东南大学出版社，2005 年。

162. 谢尧亭：《晋国兴衰六百年》，三晋出版社，2019 年。

163. 辛德勇：《〈楚居〉与楚都》，《旧史舆地文编》，中西书局，2015 年。

164. 辛德勇：《云梦睡虎地秦人简牍与李信、王翦南灭荆楚的地理进程》，《旧史舆地文编》，中西书局，2015年。

165. 辛德勇：《生死秦始皇》，中华书局，2019年。

166. 徐昭峰：《东周王城研究》，科学出版社，2019年。

167. 许宏：《最早的中国：二里头文明的崛起》，三联书店，2021年。

168. 杨伯峻：《周易》，《经子浅谈》，中华书局，2016年。

169. 杨伯峻：《论语》，《经子浅谈》，中华书局，2016年。

170. 杨宽：《战国史》，上海人民出版社，1955年。

171. 杨宽：《战国史》，上海人民出版社，1980年。

172. 杨宽：《战国史》，上海人民出版社，2016年。

173. 杨宽：《西周史》，上海人民出版社，2016年。

174. 杨宽：《战国史料编年辑证》，上海人民出版社，2016年。

175. 杨师群：《〈孙子兵法〉与春秋冤仇》，《中国历史的教训》，浙江大学出版社，2012年。

176. 战化军、姜颖：《齐国人物志》，齐鲁书社，2004年。

177. 张广志：《文明的历程·西周》，上海科学技术文献出版社，2020年。

178. 张合荣：《夜郎寻踪——战国秦汉时期的贵州》，贵州人民出版社，2013年。

179. 张君：《神秘的节俗——传统节日礼俗、禁忌研究》，广西人民出版社，2004年。

180. 张淑一：《先秦姓氏制度考索》，福建人民出版社，2008年。

181. 张正明：《楚史》，湖北教育出版社，2024年。

182. 赵林：《殷契释亲：论商代的亲属称谓及亲属组织制度》，上海古籍出版社，2011年。

183. 赵生群：《〈史记〉、〈战国纵横家书〉史料价值考论》，《史记导论》，中华书局，2023年。

184. 赵世超：《西周不存在井田制》，《瓦缶集》，人民出版社，2003年。

185. 赵世超：《指定服役制度略述》，《瓦缶集》，人民出版社，2003年。

186. 赵世超：《周代国野制度研究》（修订本），人民出版社，2020 年。

187. 赵艳霞：《中国早期姓氏制度研究》，天津古籍出版社，2008 年。

188. 周宝宏：《西周青铜重器铭文集释》，天津古籍出版社，2007 年。

189.〔美〕张光直：《商文明》，三联书店，2019 年。

190.〔日〕宫崎市定著、马云超译：《宫崎市定解读〈史记〉》，中信出版集团，2018 年。

191.〔日〕鹤间和幸著，杨振红、单印飞译：《始皇帝：秦始皇和他生活的时代》，中信出版社，2019 年。

192.〔英〕詹姆斯·乔治·弗雷泽著，叶舒宪、户晓辉译：《〈旧约〉中的民间传说》，陕西师范大学出版社，2012 年。

四、学术论文、论文合集类

193. 安子毓：《西汉武昭之际政局辨疑》，《齐鲁学刊》，2020 年第 4 期。

194. 白效咏：《"坑术士"新证》，《文史哲》，2023 年第 5 期。

195. 曹大志：《周原与镐京——关于西周王朝的都城》，《中国国家博物馆馆刊》，2023 年第 7 期。

196. 曹玮、秦小丽：《三星堆文化与中原夏商文化的关系》，《夏商周文明研究（五）：殷商文明暨纪念三星堆遗址发现七十周年国际学术研讨会论文集》，社会科学文献出版社，2003 年。

197. 常雅楠：《李家崖文化年代、族属及鬼方与殷商关系研究》，《中国史研究》，2022 年第 12 期。

198. 晁福林：《谈清华简〈郑武夫人规孺子〉的史料价值》，《史学史研究》，2017 年第 3 期。

199. 陈建宪：《多维视野中的西方洪水神话研究》，《华中师范大学学报》（人文社会科学版），2006 年第 2 期。

200. 陈侃理：《〈史记〉与〈赵正书〉——历史记忆的战争》，《中国史学》第 26 卷，朋友书店，2016 年。

201. 陈侃理：《海昏竹书〈论语〉初论》，《海昏简牍初论》，北京大学出版社，2020 年。

202. 陈连山：《论古代昆仑神话的重要性——古人为什么要探索昆仑的地理位置》，《广西师范学院学报》(哲学社会科学版)，2011 年第 4 期。

203. 陈连山：《现实的昆仑与神话的昆仑》，《文史知识》，2020 年。

204. 陈梦家：《夏世即商世说》，《古史辨》(第七册)，上海古籍出版社，1982 年。

205. 陈瑶：《清华简〈系年〉与夏姬身份考论》，《北方论丛》，2019 年第 6 期。

206. 程浩：《清华简〈五纪〉中的黄帝故事》，《文物》，2021 年第 6 期。

207. 程平山：《秦襄公、文公年代事迹考》，《历史研究》，2013 年第 5 期。

208. 程平山：《两周之际"二王并立"历史再解读》，《历史研究》，2015 年第 6 期。

209. 程平山：《"共和行政"历史再解读》，《历史研究》，2022 年第 4 期。

210. 代生：《也说清华简〈系年〉"周亡王九年"》，《中国社会科学报》，2020 年 11 月 26 日。

211. 冯其庸：《项羽不死于乌江考》，《中华文史论丛》，2007 年第 2 辑。

212. 高强：《浅议"太伯奔吴"》，《宝鸡社会科学》，2005 年第 4 期。

213. 高专诚：《"稷下学派"考疑》，《中国社会科学院院报》，2008 年 4 月 24 日。

214. 顾颉刚：《古史辨第一册自序》，《古史辨》(第一册)，上海古籍出版社，1982 年。

215. 顾颉刚：《论尧舜伯夷书》，《古史辨》(第一册)，上海古籍出版社，1982 年。

216. 顾颉刚：《论禹治水故事书》，《古史辨》(第一册)，上海古籍出版社，1982 年。

217. 顾颉刚：《讨论古史答刘胡二先生》，《古史辨》(第一册)，上海古籍出版社，1982 年。

218. 顾颉刚：《秦汉统一的由来和战国人对于世界的想象》，《古史辨》(第二册），上海古籍出版社，1982 年。

219. 顾颉刚：《纣恶七十事的发生次第》，《古史辨》（第二册），上海古籍出版社，1982 年。

220. 顾颉刚：《周易卦爻辞中的故事》，《古史辨》（第三册），上海古籍出版社，1982 年。

221. 顾颉刚：《古史辨第四册序》，《古史辨》（第四册），上海古籍出版社，1982 年。

222. 顾颉刚：《五德终始说下的政治和历史》，《古史辨》（第五册），上海古籍出版社，1982 年。

223. 顾颉刚：《禅让传说起源墨家考》，《古史辨》（第七册），上海古籍出版社，1982 年。

224. 顾颉刚、童书业：《夏史三论》，《古史辨》（第七册），上海古籍出版社，1982 年。

225. 顾颉刚、杨向奎：《三皇考》，《古史辨》（第七册），上海古籍出版社，1982 年。

226. 郭锐：《〈赵氏孤儿〉元明刊本之比对》，《沧桑》，2007 年第 4 期。

227. 金永平：《干将、莫邪的传说及演化》，《苏州大学学报》，1991 年第 3 期。

228. 李道和：《干将莫邪传说的演变》，《民族艺术研究》，2006 年第 2 期。

229. 李鹏辉：《据安徽大学藏战国竹简〈曹沫之陈〉谈上博简相关简文的编联》，《文物》，2022 年第 3 期。

230. 李秀亮：《由清华简〈系年〉再论"国人暴动"的性质》，《鲁东大学学报》（哲学社会科学版），2016 年第 6 期。

231. 李忠勤：《关于"神医"扁鹊（秦越人）的寓言传说与历史真实之探析》，《商丘师范学院学报》，2019 年第 8 期。

232. 刘光胜：《清华简〈系年〉与共伯和"干王位"考》，《中国史研究》，2019 年第 4 期。

233. 刘国忠：《从清华简〈系年〉看周平王东迁的相关史实》，"简帛·经典·古史"研究国际论坛论文，香港浸会大学 2011 年 11 月。

234. 刘洪涛：《文王食长子伯邑考事考——兼考瞽瞍欲杀舜事》，《殷都学刊》，2018 年第 1 期。

235. 刘建朝：《"叶公好龙"故事的编创者再探》，《濮阳职业技术学院学报》，2018 年第 5 期。

236. 刘杰：《先秦两汉介子推故事的演变》，《晋中学院学报》，2009 年第 1 期。

237. 刘乐贤：《睡虎地秦简日书〈诘咎篇〉研究》，《考古学报》，1993 年第 4 期。

238. 刘庆祝：《秦阿房宫遗址的考古发现与研究——兼谈历史资料的科学性与真实性》，《徐州师范大学学报》（哲学社会科学版），2008 年第 2 期。

239. 刘泰廷：《井伯、百里奚为一人辨》，《辽东学院学报》，2018 年第 4 期。

240. 吕思勉：《盘古考》，《古史辨》（第七册），上海古籍出版社，1982 年。

241. 马非百：《百里奚与孟明视为一人辨》，《历史研究》，1980 年第 3 期。

242. 马楠：《清华简〈郑文公问太伯〉与郑国早期史事》，《文物》，2016 年第 3 期。

243. 马永嬴：《汉文帝霸陵位置考》，《考古与文物》，2022 年第 3 期。

244. 苗江磊：《论先秦两汉时期百里奚故事的流变》，《辽东学院学报》，2018 年第 1 期。

245. 庞朴：《寒食考》，《民俗研究》，1990 年第 4 期。

246. 彭裕商：《禅让说源流及学派兴衰：以竹书〈唐虞之道〉、〈子羔〉、〈容成氏〉为中心》，《历史研究》，2009 年第 3 期。

247. 钱穆：《评顾颉刚〈五德终始说〉下的政治和历史》，《古史辨》（第五册），上海古籍出版社，1982 年。

248. 邵鸿：《海昏侯墓孔子屏风试探》，《江西师范大学学报》（哲学社会科学版），2016 年第 5 期。

249. 芮忠汉：《"张楚"不是一个称谓》，《复旦学报》（社会科学版），1992 年第 1 期。

250. 沈长云：《郑桓公未死幽王之难考》，《文史》（第四十三辑），中华书局，

1997 年。

251. 沈长云:《"长狄"解》,《中国史研究》,2004 年第 4 期。

252. 苏德荣:《武王伐纣不存在孟津观兵之事》,《河南师范大学学报》(哲学社会科学版),1997 年第 1 期。

253. 田昌五:《谈桂陵之战及其相关诸问题》,《文史哲》,1991 年第 3 期。

254. 汪受宽:《"钟鐻金人十二"为宫悬考》,《文史》(第四十辑),中华书局,1994 年。

255. 汪燕岗:《彭祖考略》,《中国社会科学院研究生院学报》,2005 年第 2 期。

256. 王东:《〈管子·轻重篇〉成书时代考辨》,《郑州大学学报》(哲学社会科学版),2010 年第 4 期。

257. 王飞阳:《〈庄子〉中的孔子形象及其意蕴》,《广西师范学院学报》,2022 年第 4 期。

258. 王红亮:《清华简〈系年〉中周平王东迁的相关年代考》,《史学史研究》,2012 年第 4 期。

259. 王红亮:《由清华简〈系年〉论"共和行政"的相关问题》,《史学史研究》,2016 年第 3 期。

260. 王雷生:《论骊山之役与西周的灭亡》,《人文杂志》,1995 年第 4 期。

261. 王雷生:《平王东迁年代新探——周平王东迁公元前 747 年说》,《人文杂志》,1997 年第 3 期。

262. 王利锁:《刘向对赵氏孤儿故事的两种叙述》,《中国艺术报》,2013 年 4 月 10 日。

263. 王祁:《西周早期南征青铜器群及相关史实考察》,《出土文献》(第九辑),中西书局,2016 年。

264. 王青:《从口述史到文本传记——以"曹刿—曹沫"为考察对象》,《史学史研究》,2007 年第 3 期。

265. 王少林:《邑姜为伯邑考遗孀说》,《传统中国研究辑刊》(第二十辑),上海社会科学院出版社,2019 年。

266. 王双怀:《十二金人考》,《陕西师范大学学报》(哲学社会科学版),1996 年第 3 期。

267. 王慎行:《文王非纣臣考辨——兼论文王的文治武功》,《历史研究》,1994 年第 5 期。

268. 王永宽:《漫话小人国》,《文史知识》,1988 年第 4 期。

269. 王子今:《汉代"蚩尤"崇拜》,《南都学坛》,2006 年第 4 期。

270. 王子今:《"焚书坑儒"再议》,《光明日报》,2013 年 8 月 14 日。

271. 王子今:《〈史记〉"失期,法皆斩"辨疑——关于陈胜暴动起因的史学史考察》,《兰州大学学报》(社会科学版),2020 年第 4 期。

272. 魏芃:《西周春秋时期"五等爵称"研究》,南开大学博士毕业论文,2012 年。

273. 吴恩培:《〈左传·定公六年〉吴大子终累解析——兼及吴地文化的历代叠加与层累》,《学术界》,2009 年第 5 期。

274. 吴其昌:《卜辞所见殷先公先王三续考(节录)》,《古史辨》(第七册),上海古籍出版社,1982 年。

275. 吴庆龙等:《公元前 1920 年溃决洪水为中国大洪水传说和夏王朝的存在提供依据》,《中国水利》,2017 年第 3 期。

276. 夏丹妮:《鬼谷子形象的流变及其文学影响》,四川师范大学硕士毕业论文,2013 年。

277. 熊贤品:《战国时期卫君世系考》,《中国史研究》,2018 年第 4 期。

278. 杨博:《〈系年〉"周亡王九年"诸说综析》,《中国社会科学报》,2018 年 2 月 27 日。

279. 杨筠如:《姜姓的民族和姜太公的故事》,《古史辨》(第二册),上海古籍出版社,1982 年。

280. 杨宽:《中国上古史导论》,《古史辨》(第七册),上海古籍出版社,1982 年。

281. 杨太辛、沈松勤:《关于师旷及其故事》,《杭州大学学报》,1980 年第 4 期。

282. 杨云荃：《子贡考论》，曲阜师范大学硕士学位论文，2020 年。

283. 尹弘兵：《地理学与考古学视野下的昭王南征》，《历史研究》，2015 年第 1 期。

284. 尹弘兵、谢晓来：《"张楚"新解》，《长江大学学报》（社会科学版），2022 年第 1 期。

285. 臧知非：《齐国行政制度考源——兼谈〈国语·齐语〉的相关问题》，《文史哲》，1995 年第 4 期。

286. 张昌平：《从五十年到五年——曾国考古检讨》，《江汉考古》，2017 年第 1 期。

287. 张海：《商周时期的鬼方、媿姓族氏及其华夏化》，《殷都学刊》，2015 年第 2 期。

288. 张君：《伍子胥何曾掘墓鞭尸》，《武汉大学学报》（社会科学版），1985 年第 3 期。

289. 张寿林：《老子〈道德经〉出于儒后考》，《古史辨》（第四册），上海古籍出版社，1982 年。

290. 张闻捷：《周代用鼎制度疏证》，《考古学报》，2012 年第 2 期。

291. 张闻捷：《寿县楚王墓的礼器组合研究》，《江汉考古》，2014 年第 1 期。

292. 张袁月：《钟无盐故事的流变及文化意蕴》，《管子学刊》，2011 年第 2 期。

293. 张远山：《西周国、东周国秘史》（上），《社会科学论坛》，2013 年第 12 期。

294. 张远山：《西周国、东周国秘史》（下），《社会科学论坛》，2013 年第 12 期。

295. 赵丛苍：《周公庙墓地性质管窥》，《西北大学学报》（哲学社会科学版），2004 年第 6 期。

296. 郑张尚芳：《古吴越地名中的侗台语成份》，《民族语文》，1990 年第 6 期。

297. 郑张尚芳：《古越语地名人名解义》，《温州师范学院学报》（哲学社会科学版），1996 年第 4 期。

298. 周书灿:《上博简〈容成氏〉九州补论》,《史学集刊》,2012 年第 5 期。

299. 周书灿:《也论姜太公的身世、里籍与年寿问题——兼论古史研究的模糊性》,《齐鲁学刊》,2016 年第 2 期。

300. 周书灿:《姜太公称谓及清华简〈耆夜〉"吕尚父"问题》,《宝鸡文理学院学报》(社会科学版),2020 年第 2 期。

301. 朱锦程、苏俊林:《秦"失期,法皆斩"新证》,《简帛研究》,2017 年秋冬卷。

从声音到文字，分享人类智慧

天喜文化